KB102484

왜 세상이 잘못 돌아가나

What's Wrong with the World

by Gilbert Keith Chesterton

왜 세상이 잘못 돌아가나

길버트 키스 체스터턴 지음 ㅣ 서상복 옮김

연암서가

옮긴이 **서상복**

서강대 철학과와 동 대학원을 졸업하고, 「W. Sellars의 통관 철학: 과학 세계와 도덕 세계의 융합」으로 박사 학위를 받았다. 서강대에서 인식론, 윤리학, 분석철학, 논리학 등을 강의했고, 현재 논리와 비판적 사고를 가르치고 있다. 역서로는『서양 철학사』(공역),『합리주의, 경험주의, 실용주의』,『예일대 지성사 강의』,『내가 나를 치유한다』,『부모와 자식 어른과 아이-길동무로 살아가기』,『러셀 서양 철학사』등이 있다.

왜 세상이 잘못 돌아가나

2021년 7월 10일 초판 1쇄 인쇄
2021년 7월 15일 초판 1쇄 발행

지은이 | 길버트 키스 체스터턴
옮긴이 | 서상복
펴낸이 | 권오상
펴낸곳 | 연암서가

등 록 | 2007년 10월 8일(제396-2007-00107호)
주 소 | 경기도 고양시 일산서구 호수로 896, 402-1101
전 화 | 031-907-3010
팩 스 | 031-912-3012
이메일 | yeonamseoga@naver.com
ISBN 979-11-6087-082-4 03330

값 16,000원

옮긴이의 말

영국의 자유사상가 길버트 키스 체스터턴의 시사 논평 글을 엮은 이 책은 100년 전 세상에 관한 이야기다. 이성보다 직관으로 세상을 이해한 체스터턴은 당대 과학과 기술에 경도된 공리주의와 실용주의에 맞서 제정신으로 건전한 상식에 따라 살아가는 세상을 만들자고 역설한다. 독자들은 현대인이 잃어버린 인류의 보편 가치가 무엇인지 알게 될 것이다.

체스터턴은 세상이 잘못 돌아가는 네 가지 이유를 제시하고, 모든 문제를 해결할 방법은 인류가 오래전부터 알던 평범한 보편 가치를 회복하는 것이라고 주장한다.

첫째, 현대 사회에서 평범한 인간이 자기 집을 소유하지 못하는 것은 세상이 잘못 돌아간다는 징조다. 효율을 추구하고 실용적 인간이 되도록 부추기는 현대 산업주의 사회는 수가 적은 부자에게 부를 집중시키고, 수많은 평범한 사람이 작은 소망을 이룰 기회조차 빼앗았다. 작은 소망이란 자기 집에서 아무 방해도 받지 않고 가족과 더

불어 사적 생활을 누릴 자유인데, 이것은 아주 오래된 보편 가치다.

현대 민주주의 사회에서 평범한 인간의 재산권을 빼앗은 적들은 새로운 귀족 계급, 부자 정치인과 거대 자본가(대부호와 재벌), 자유무역 산업주의자, 국가 사회주의자다. 체스터턴에 따르면 재산권은 참된 민주주의의 꽃이다. 평범한 사람들은 저마다 천국의 모습을 그려내듯 자기 모습을 그려낼 수 있는 재산, 예컨대 작은 집과 소규모 땅, 노동의 대가로 얻는 돈을 원한다. 남자와 여자와 아이에게 생활을 영위할 집과 땅과 돈이 필요하다. 이런 필요를 충족하는 법과 규칙에 따라 통치하는 것이 민주 사회의 참된 목표다.

둘째, 정치적 제국주의와 현대 사회의 황제·영웅 숭배론으로 세상이 잘못 돌아간다. 영국의 정치적 제국주의는 먼 나라에 식민지를 건설하는 것이었으며, 한 나라가 무력으로 다른 모든 나라를 차지하고 지배하려는 제국주의는 전제 정치이자 공포 정치와 다름이 없다. 체스터턴은 이런 제국주의에 맞서 소박하고 단순한 민주주의의 이상을 회복하자고 주장한다. 소규모 공동체에서 평등하게 자치에 참여하는 민주주의는 평범한 사람들이 힘을 모을 때만 실현할 수 있다.

황제·영웅 숭배론은 현대 사회에서 평범한 사람들의 삶을 위협한다. 현대 자본주의 사회에서 부자와 전문가를 경쟁에서 살아남은 영웅처럼 숭배하는 경향이 생겨나기 때문이다. 이로부터 사업 이야기, 사업과 금융 분야의 성공 신화가 유행하고, 수많은 사람이 전문성과 부를 좇는 삶에 전념하게 되었다. 이런 경향은 독재적이며 반민주적이다. 우리는 산업주의와 전문가 지배, 경쟁 체제에 맞서 영혼(마음)

에 필요한 동지애와 사랑, 진정한 민주주의를 지켜내야 한다.

셋째, 체스터턴은 과격한 여성주의가 세상을 혼란에 빠뜨리지 않을까 염려한다. 그는 여성주의란 여성성을 싫어하거나 폐기하려는 견해라고 비꼰다. 성은 생물학적 본성에 따라 구별되고, 성별은 사회의 오랜 관습에 따라 형성된다. 여성성과 남성성의 구별은 갑자기 튀어나온 것이 아니라, 유서 깊은 전통에 따라 서서히 나타났다. 그런데 과격한 여성주의자들은 성과 관련된 전통을 좋은 것이든 나쁜 것이든 모두 거부하려고 한다. 우리는 성과 관련된 좋은 전통과 나쁜 전통을 구별하고 좋은 전통을 보존할 필요가 있다.

체스터턴은 현대 사회에서 가정을 돌보는 동시에 경쟁에 참여하는 직업인으로 살아가는 여자들이 과연 행복한지 문제를 제기한다. 여자들이 모두 남자들처럼 전문 직업에 종사하려고 분투하는 경향이 옳은지 따져보자는 것이다. 전통적으로 여자는 제정신을 차리고 사는 인간의 모습을 대표한다. 여자는 미쳐 돌아가는 세상을 상식이라는 해독제로 바로잡는 보편적 치료법을 상징한다. 우리는 고달픈 공적 생활을 마치고 돌아갈 사적 공간, 지친 몸과 마음을 달래며 쉴 수 있는 가정이 필요하다. 가정을 지키고 돌보는 사람이 꼭 여자일 필요는 없다. 그러나 현대 가정에도 여성성을 구현하는 누군가가 있어야 할 것이다.

넷째, 현대 교육이 평범한 보편적 가치를 무시해서 세상은 잘못 돌아간다. 과학과 기술이 아무리 발전하고 진화론의 지배가 확고해져도, 생명체가 태어나고 자라고 살다가 죽어 사라지는 주기는 언제나 신비롭다. 특히 탄생은 유기체에서 일어나는 가장 신비스러운 중요한 단계이자 탈바꿈이다. 어떤 부모에게 어떤 자식이 태어날지 예측할 수 없기에 신비한 것이다. 아이는 부모로부터 유전자를 모두 이어받아도 부모의 성격을 그대로 물려받지는 않고, 환경과 교육의 영향으로 자기만의 성격을 형성한 독립된 인격체로 자란다.

교육은 '전승'이나 '계승'과 비슷하다. 어른에게서 배운 지혜를 아이들에게 전해줌으로써 우리는 교육에 참여한다. 현대 교육 전문가들은 새로운 것을 아이들에게 줄 수 있다거나, 교육에서 모든 권위를 없애야 한다고 주장한다. 두 가지 주장은 모두 오류다. 왜냐하면 교육은 전통적으로 삶의 지혜와 기술을 전달하는 것이고, 확고한 권위를 갖춘 부모나 교사가 아이들을 도우며 이끌어야 하기 때문이다. 현대 교육에서 부모를 포함한 대중은 계몽시켜야 할 대상으로 격하되었다. 하지만 대중은 인류의 보편 가치를 전승하는 주체들이고, 현대 교육 전문가들은 오히려 대중에게 평범한 삶의 가치를 배워야 한다.

체스터턴은 세상이 잘못 돌아가는 이유를 이렇게 네 가지로 정리하고 미완성 상태로 버려진 대의, 다시 말해 인류의 오래된 보편 가치를 회복함으로써 세상을 잘 돌아가도록 바꾸자고 제안했다.

과거의 전통만 고집하는 보수주의자도 아니고 모든 전통을 버리고 미래만을 위해 나아가려는 진보주의자도 아닌 체스터턴은, 평범한 보편 가치를 회복해서 제대로 실현하려고 노력해야 한다고 강조한다. 이때 우리는 인류의 본성에 적합한 정상적 '진짜 필요'와 부적합한 비정상적 '가짜 필요'를 구별해야 한다. 보편적이지만 사적인 사유재산 이념, 자유롭지만 여전히 가족인 가족 이념, 민주적이지만 여전히 가정적인 가정생활의 이념, 한 인간에게 하나의 집이라는 이념은 여전히 인류에 대한 현실적 통찰로서 자석처럼 우리의 마음을 끌어당긴다.

문명이 발달한 이래 평범한 인간이 원하는 것은 자기 집과 사적 생활의 자유가 보장되는 가정, 먹거리를 생산할 토지, 노동의 대가로 정당하게 얻는 돈이다. 보편적으로 필요한 가치를 대중에게 제공하는 것이 참된 민주 정치의 목표다. 고리대금업자인 지주와 건물주가 사라져야 하기에 재산을 다시 분배해야 하고, 재산을 다시 분배해야 하기에 혁명을 일으켜야 한다고 체스터턴은 100년 전에 말했다. 21세기에도 지구촌 여기저기에는 자기 집 없이 떠도는 사람이 정말 많다. 재산을 분배하기 위한 혁명을 외친 체스터턴의 글은, 지금 자기 집 없이 떠도는 수많은 사람의 심금을 울리고도 남을 것이다.

서상복

차례

옮긴이의 말   005

1부   집 없는 인간

1. 의료적 접근의 실수   016
2. 비실용적 인간 구함   022
3. 신식 위선자   030
4. 과거에 대한 두려움   039
5. 미완성 성당   051
6. 재산권의 적   060
7. 자유로운 가족   065
8. 가정 생활의 야성   071
9. 진보주의자 허지(Hudge)와 보수주의자 거지(Gudge)의 역사   077
10. 낙관론의 압박   084
11. 집 없는 평범한 남자 존스(Jones)   088

2부   제국주의: 혹은 남자에 관한 실수

1. 맹목적 애국심의 매력   096
2. 지혜와 날씨   102
3. 공통 시각   112
4. 제정신이 아닌 필요성   118

3부 　 여성주의: 혹은 여자에 관한 실수

1. 비군사적 여성참정권 운동가　128
2. 만능 지팡이　133
3. 가정 생활의 해방　142
4. 절약의 낭만　151
5. 클로에의 쌀쌀맞음　158
6. 현학자와 야만인　165
7. 현대 여성의 굴복　170
8. 백합꽃 문양의 낙인　175
9. 성실성과 교수대　181
10. 더 수준 높은 무정부 상태　185
11. 여왕과 여성참정권 운동가　192
12. 현대판 노예　195

4부 　 교육: 혹은 아이에 관한 실수

1. 오늘의 칼뱅 신학　202
2. 종족의 공포　206
3. 환경의 속임수　211
4. 교육에 관한 진실　214
5. 사악한 외침　219

6. 불가피한 권위　　　　　　　　　　224

7. 그런디 부인의 겸양　　　　　　　　231

8. 흩어진 무지개　　　　　　　　　　237

9. 좁혀야 할 필요　　　　　　　　　　244

10. 공립학교 찬성론　　　　　　　　　250

11. 위선자를 키우는 학교　　　　　　259

12. 신식 학교의 진부함　　　　　　　268

13. 친권을 박탈당한 부모　　　　　　273

14. 바보짓과 여성 교육　　　　　　　279

5부　　인간의 집

1. 곤충의 제국　　　　　　　　　　　286

2. 우산꽂이의 오류　　　　　　　　　296

3. 보수주의자 거지(Gudge)의 두려운 의무　　303

4. 의심　　　　　　　　　　　　　　307

5. 결론: 재산을 대중에게 분배하라　　309

찾아보기　　　　　　　　　　　　　316

〈일러두기〉
각주는 모두 옮긴이의 것이다.

1부

집 없는
인간

1

의료적 접근의 실수

현대 사회를 다루는 책은 어느 정도 틀이 잡혀 있다. 일반적으로 분석과 통계, 인구를 나타낸 표가 등장하고, 회중교회[1] 신자들의 낮은 범죄율, 신경 발작을 일으키는 경찰관의 증가 추이 같은 확인된 사실에서 시작한다. 그러고는 '치료법'이라고 부르는 장으로 마무리한다. 그런데 '치료법'은 정작 나타나지 않는다. 오로지 주의 깊고 철저한 과학적 방법에 기댄 탓이다. 의료적 관점에서 질문하고 답하는 전략은 큰 실수다. 이것이 바로 사회학이 최초로 저지른 대실수다. 의료적 접근을 고집하는 사람들은 언제나 치료법을 찾기 전에 질병을 진단하라고 말한다. 그러나 사회 문제에 관한 한, 우리는 실제로

1 　회중교회(會衆敎會, Congregational Church)는 조합교회(組合敎會)라고 부르기도 하며, 교회의 회중인 신도가 함께 교회의 일을 결정하고 실천한다는 점에서 특별하다. 영국에서 청교도 개혁 운동이 일어나면서 등장한 개신교 교파다. 초기 회중교회 신자들은 대체로 칼뱅 신학을 따르지만, 장로들에게 권한을 더 많이 주는 장로교회와 구별하기 위해 분리파나 독립파로 불렸다. 회중교회는 미국 식민지에 널리 세워졌으며 현재 미국 개신교의 주요 교파 가운데 하나다.

질병을 진단하기 전에 치료법을 찾아야 한다. 인간은 무엇이고 인간의 존엄성이 무엇인지 분명하게 밝혀야 사회가 초래한 질병에 잘 듣는 치료법도 찾을 수 있다.

치료적 접근의 오류는 생물이나 신체에 빗댄 은유를 남발한 광기에서 기인한 쉰 가지 오류 가운데 하나다. 사회가 유기체라는 은유는 영국이 사자라는 은유처럼 편리하다. 그러나 영국은 사자도 아니고 유기체도 아니다. 어떤 국가에 특정 동물이 지닌 통일성과 단순성을 부여하려는 생각은 터무니없다. 모든 인간은 두 발로 걷지만 다섯 인간이 열 발로 걷지 않기 때문이다. 그런데도 은유를 현실에 적용하여 '젊은 국가'와 '죽어가는 국가'라고, 국가에 신체처럼 고정된 생명 주기가 있는 양 시답지 않게 지껄이는 불합리한 일이 벌어진다. 예컨대 사람들은 스페인이 노령기로 접어들었다고, 이가 몽땅 빠진 늙은 나라라고 말할지도 모른다. 혹은 캐나다가 곧 문학 작품을 써내야 한다고 말할 것이다. 이는 캐나다가 턱수염을 길러야 한다고 말하는 것과 비슷하다. 국민이 국가를 이룬다. 첫 세대가 늙고 약해져도, 만 번째 세대는 활력이 넘칠 수 있다.

이런 오류에 빠진 비슷한 사례는, 국가가 부유해질 때 단순하게 지혜와 나라의 위상이 높아진다고, 신과 인간을 이전보다 잘 이해하고 좋아하게 되리라고 생각하는 사람들에게서 찾을 수 있다. 사실 그들은 국가를 인간의 신체에 빗댄 비유의 중요한 세부까지 생각하지도 않는다. 어떤 제국이 젊었을 때보다 키가 컸는지, 늙어서 살이 쪘는지 물어볼 생각은 추호도 하지 않는다. 신체 비유에 사로잡힌 공상이 빚어낸 오류를 보여주는 최악의 사례는 사회가 앓는 병을 모조리 기술하고 나서 병에 듣는 약을 찾는 습관이다.

이제 우리는 신체가 쇠약해질 때 질병이 더할 나위 없이 딱 맞는 이유라고 말한다. 왜냐하면 신체가 쇠약해지는 방식에 관해 의심할지 몰라도 신체가 다시 회복되어야 한다는 틀에 관해 의심하지 않기 때문이다. 어떤 의사도 눈이나 두 팔과 두 다리를 새롭게 배치하여 신인류를 만들자고 제안하지 않는다. 병원은 치료를 목적으로 필요하면 다리를 하나 절단하고 환자를 집으로 보낼 수도 있지만, 창조의 황홀감에 휩싸여 환자에게 다리를 하나 더 달아준 다음 집으로 보내지 않을 것이다. 의학은 정상 인체에 만족하고 병든 인체를 회복시키려고 노력할 따름이다.

하지만 사회학은 언제나 인간의 정상 상태의 영혼에 만족하지 않는다. 온갖 공상에 사로잡힌 영혼을 팔아먹으려고 내놓는다. 사회 이상주의자로 자처하는 사람은 "청교도로 사는 것은 피곤하다"라고 말할 것이다. "이교도로 살고 싶다"라거나 "개인주의의 어두운 시련을 넘어서, 집산주의[2]로 이룩할 밝은 낙원을 보고 싶다"라고 말하리라. 신체가 앓는 질병 속에 궁극의 이상에 관한 이런 차이는 없다. 환자는 퀴닌[3]을 원할 수도 있고 원하지 않을 수도 있지만, 원하는 것은

---

2   집산주의(collectivism)는 토지, 철도, 광산, 전기 같은 중요한 생산 수단의 국유화를 주장하면서 개인의 경제 생활을 통제하는 정도에 대해 다양한 주장을 허용하는 정치 이론이다. 사유 재산의 전면 폐기를 주장하지 않으므로 공산주의와 다르지만, 중요 생산 수단의 국유화를 주장한 점에서 공산주의나 사회주의와 겹치는 이론이다.

확실히 건강이다. 아무도 "두통 때문에 피곤하다"라고 말하지 않는다. "치통을 원한다"라거나 "이번 러시아 독감에 가장 좋은 것은 몇 차례 독일 홍역을 앓는 것이다"라거나 "국소 염증의 어두운 시련을 뚫고 류머티즘[4]으로 빛나는 밝은 낙원을 보고 싶다"라고 말하지 않으리라.

우리의 공공 생활에서 생기는 아주 곤란한 문제가 하나 있다. 바로 어떤 사람이 병폐라고 여길 만한 치료법을 다른 사람은 찾아 나서고, 어떤 사람이 두말없이 질병이라고 부를 만한 상태를 다른 사람은 아주 건강한 상태라고 부르짖는다는 점이다. 언젠가 벨록[5]은 자기 이를 뽑아버리지 못하듯 재산 관념을 없애지 못한다고 말했다. 그런데 쇼[6]에게 재산은 뽑아낼 수 없는 이가 아니라 치통이다. 밀너[7] 경은 진지하게 독일식 효율이 두드러진 관료체제의 이상을 영국에

---

3   퀴닌(quinine)은 남미산 기나나무 껍질에서 얻는 약물로, 혈액 속 적혈구에 사는 말라리아 원충의 증식과 생식을 억제하는 작용을 한다. 퀴닌을 투여하면 말라리아 환자들의 병세가 호전되지만 재발하는 특징이 있어, 퀴닌의 효과를 강화한 항말라리아제가 개발되었다. 프리마퀴닌이나 피리메타민 따위는 말라리아를 완전히 치료하여 재발을 방지한다. 장기간 투여하면 청각장애, 시각장애, 피부발진, 소화불량 같은 부작용이 생긴다.

4   류머티즘(rheumatism)은 결합 조직, 특히 근육이나 관절에 염증을 일으키는 여러 질병을 가리킨다. 여기서 '류머티즘'은 살면서 어쩔 수 없이 겪는 고통을 의미한다.

5   벨록(Hilaire Belloc, 1870~1953)은 프랑스 태생으로 영국에 귀화한 시인이자 평론가, 수필가였다. 특히 어린이를 위한 쉽고 재미난 시와 명쾌하고 이해하기 쉬운 수필로 유명하다. 풍자소설도 썼는데, 가까운 친구이자 소설가인 체스터턴이 삽화를 그린 책도 있다.

6   쇼(George Bernard Shaw, 1856~1950)는 아일랜드 태생으로 영국에서 활동한 작가이자 비평가였다. 영국식 사회주의 단체인 페이비언 협회의 회원으로 왕성하게 활동했으며, 당대 사회 문제를 파헤치고 신랄하게 비판했다. 『인간과 초인』, 『의사의 딜레마』, 『피그말리온』을 발표하여 명성을 얻었다. 1925년 『성녀 조앤』으로 노벨 문학상을 받았다.

응용하려고 했고, 우리는 대부분 곧 독일의 홍역을 환영할 판이다. 샐리비[8]는 솔직하게 우생학을 지지한다고 말할 테고, 나는 오히려 류머티즘의 고통을 기꺼이 감수할 것이다.

이것이 현대 사회에 관한 토론을 지배하는 사실이고 우리의 시선을 끈다. 우리는 어렵고 힘든 문제뿐 아니라 목표를 두고도 다툰다. 우리는 악에 관해 의견이 일치한다. 그러나 선에 관한 의견은 각자 시각에 따라 다르다. 우리는 모두 게으른 귀족 정치가 나쁜 체제라는 점에 동의한다. 능동적 귀족 정치가 좋은 체제일 가능성이 있다는 것을 제외하고, 무슨 수를 써서라도 인정하면 안 되는 것이 귀족 정치다. 우리는 비종교적 성직 생활에 분노한다. 그러나 어떤 사람은 정말로 종교인이 역겨워서 미쳐버릴 지경에 이른다. 우리의 군대가 약하면 누구나 분개한다. 그런데 우리의 군대가 강하면 더욱 분개할 사람도 있다.

사회 분야와 의료 분야는 정반대로 돌아간다. 의사들은 병의 정확한 본성에 관해 의견이 일치하지 않아도, 건강의 본성에 관해서는 의견이 일치한다. 반대로 우리는 사회 문제를 다룰 때 영국이 건강하지 않다는 데 모두 동의한다. 그러나 우리의 절반은 다른 절반이 건강

---

7   밀너(Alfred Milner, 1854~1925)는 독일과 영국 혈통을 둘 다 물려받은 영국의 뛰어난 행정가다. 열렬한 제국주의자로서 1897년 남아프리카 지역의 고위관리이자 케이프 식민지 총독이 되었다. 보어전쟁(1899~1902)에서 거둔 업적으로 남작이 되었다.

8   샐리비(Caleb Williams Saleeby, 1878~1940)는 영국의 의사이자 작가로 우생학을 지지했다. 제1차 세계 대전 기간 식품 관련 부서의 고문을 지냈고, 건강 문제를 처리하는 행정 부서를 설립하자고 제안했다.

상태가 좋은 편이라고 주장하면, 쳐다보지도 않을 것이다. 공공 생활에서 대중의 힘이 남용되고 폐해가 극심하여, 관대한 사람들은 전부 만장일치라는 허구에 휩쓸린다. 우리는 어떤 일이 남용인지에 관해 의견이 일치하지만, 남용이 구체적으로 무엇인지에 관한 의견은 전혀 다르다. 캐드버리[9]와 나는 나쁜 술집에 관해 의견이 같다. 그러나 우리는 바로 좋은 술집 앞에서 서로 의견이 달라 고통스럽게 개인적 **언쟁**(fracas)을 벌일 터다.

그러므로 나는 먼저 극빈 상태를 분석하거나 성매매에 관한 목록을 작성하는 흔한 사회학적 방법이 전혀 쓸모가 없다고 주장한다. 우리는 모두 극빈 상태를 싫어하지만, 독자적이고 품위 있는 가난을 주제로 토론하기 시작하면 다른 문제가 생길지도 모른다. 우리는 모두 성매매를 승인하지 않지만, 모두 정결을 승인하고 추구하는 것은 아니다. 우리는 모두 국민이 사로잡힌 광기를 알아본다. 그러나 국민이 제정신(sanity)이라는 것은 무엇인가? 이 책의 제목을 "왜 세상이 잘못 돌아가나"로 정했고, 제목의 요지는 쉽고 명료하게 말할 수 있다. 잘못은 우리가 무엇이 옳은지 묻지 않는다는 것이고, 그래서 세상이 잘못 돌아간다.

---

9   캐드버리(Edward Cadbury, 1873~1948)는 영국 캐드버리 제과 회사의 회장이자 경영 이론가, 자선 사업가로 경영과 조직 연구를 선도했다.

2

비실용적 인간 구함

철학자들의 끊임없고 쓸모없는 논증을 전형적으로 드러낸 농담이 대중에게 널리 퍼져 있다. 닭이 먼저냐, 달걀이 먼저냐? 알맞게 이해할 때 어떤 탐구가 끝내 헛된 것인지는 확실치 않다. 여기서 닭이 먼저냐, 달걀이 먼저냐에 관한 논쟁이, 바보 같지만 절묘하게 어울리는 심오한 형이상학적이고 이론적인 차이를 거론할 생각은 없다. 진화 유물론자(evolutionary materialist)는 만물이 달걀, 우연히 나타난 흐릿하고 거대한 타원형 배아에서 생겨난다는 시각으로 적합하고 충분하게 그려질 수 있다. (내가 개인적으로 신봉하는) 초자연주의 사유학파(supernatural school of thought)는 우리의 둥근 세계가 단지 신성한 새, 예언자들의 신비스러운 비둘기가 품은 알일 뿐이라는 환상으로 무가치해지지 않을 것이다. 그런데 내가 말한 이런 구별의 엄청난 힘은 훨씬 더 겸손한 기능에 이른다. 살아 있는 새는 우리의 정신이 연쇄 반응을 시작할 때 있든 없든, 우리의 정신이 연쇄 반응을 끝낼 때 있어야 한다. 새는 목표로 삼아야 할 것, 총이 아니라 생명을 주는 지팡이기 때문이다. 옳은 사고의 본질은 알과 새가 우주적으로 영원히 반복적으로 발생하는 동등한 사건으로 생각되어서는 안 된다는 것이다. 알과 새의 사건 유형은 알과 다트 놀이용 화살 유형처럼 단순하게 생각해서는 안 된다. 하나는 수단이고 다른 하나는 목적이다. 둘은 다른 정신계에 있다. 아침상에 올리는 달걀 요리를 제외하면, 근본적 의미의 달걀이 실제로 있을 뿐이고 그 달걀은 병아리를 만들어낸다. 그런데 닭은 오로지 또 다른 달걀을 낳으려고 살지는 않는다. 닭은 즐기고 신을 찬양하기 위해 살 수도 있다. 어떤 프랑스 극작가에게 기발한 영감을 주기도 한다. 닭은 의식하는 생명체이거나 본래 가치가 있을지도 모른다.

우리의 현대 정치는 시끌벅적한 건망증으로 가득하다. 의식을 가지고 행복하게 사는 인간을 만들어내는 일이, 따지고 보면 모든 복잡함과 타협의 목표라는 것을 잊는다. 우리는 쓸모있는 인간과 작동하는 제도를 빼고는 다른 아무것에 대해서도 말하지 않는다. 다시 말해 우리는 닭에 대해 달걀을 더 많이 낳을 존재로 생각할 따름이다. 우리의 이상적인 새, 제우스를 상징하는 독수리나 셰익스피어를 상징하는 에이번강의 고니[10], 또는 우리가 원하는 무엇이든 길러내는 일은 무시하고, 과정과 배아에 관해서만 떠들어댄다. 신성한 목적과 관계가 끊어지면 과정은 의심스러워지고 병들기도 쉽다. 독이 모든 것

---

10   영국의 시인이자 극작가로 유명한 윌리엄 셰익스피어(William Shakespeare, 1564~1616)를 부르는 별칭이다. 셰익스피어가 에이번강 근처 스트랫퍼드에서 태어난 데서 유래한 호칭이다. '에이번강의 시인'으로 불리기도 한다.

의 배아 속으로 들어가서 우리의 정치는 썩은 달걀이 된다.

이때 이상주의[11]는 모든 것을 실용성에 비추어 고려하고 있을 뿐이다. 여기서 이상주의는 단지 아내를 때리는 짓이 적합한지 토론하기 전에 때릴 때 사용한 부지깽이에 대해 생각해야 함을 의미한다. 이는 단지 달걀이 실용 정치에 충분히 나쁘다고 결정하기 전에 실용 가금류 사육에 충분히 좋은지 물어야 함을 의미한다. 그러나 (실용적 목표를 추구할 뿐인) 이런 일차적 이론 추구는 로마가 불타는 동안 악기를 연주한 행위에 대해 값싼 요금을 매기려는 태도다.[12] 로즈버리 경[13]이 대표로 활동하는 학파는 이제까지 정치의 동기로 작용한 도덕적 이상이나 사회적 이상을, '효율'이라는 별명이 붙은 사회 제도의 일반적 응집력과 완성도로 대체하려고 노력했다. 나는 이런 분파가 문제를 해결하려고 품은 비밀 교의를 별로 신뢰하지 않는다. 내가 알아낼 수 있는 한, '효율'은 기계 장치에 관해 목적을 뺀 모든 것을

11　'이상주의'는 'idealism'의 번역어다. 고대 아테네의 플라톤이 체계적으로 세운 형이상학에서 현상계와 이상계를 나누어, 이상계가 현상계의 인식 근거이자 존재 근거라고 주장한 데서 유래한 견해다. 현상계의 사물은 이상계의 본질을 분유하여 닮을 수는 있어도 완벽하게 구현할 수 없으며, 이상은 우리가 추구할 대상이자 목적으로서 존재론적으로 설정된 무엇이다. 이러한 '이상'은 집단이나 화자의 의도에 따라 다양하게 해석될 수 있다.

12　네로 황제 재위 시절 로마가 불타는 동안 네로가 악기를 연주하며 노래를 불렀다는 소문이 퍼졌다. 네로가 실제로 그랬을 수도 있지만, 역사적 증거는 없다는 것이 역사가들의 중론이다.

13　로즈버리(Archibald Philip Primrose, 1847~1929)는 영국의 총리를 지낸 자유주의 정치인으로 당대 자유주의자이자 제국주의자였다. 강한 국가 방어와 나라 밖으로 제국주의를 지지하지만, 나라 안에서 사회 개혁을 주창한 굳건한 반사회주의자였다. 역사가들은 그를 실패한 외교부 장관이자 총리로 평가한다.

발견해야 한다는 뜻이다. 우리 시대에 아주 특이한 환상, 일이 아주 잘못될 때 실용적 인간이 필요하다는 환상이 생겨났다. 하지만 비실용적 인간이 필요하다고 말하는 것이 참에 더 가까울 것이다. 적어도 우리에게 이론가는 확실히 필요하다. 실용적 인간은 단지 일상의 관행이나 실천, 일이 흔하게 작동하는 방식에 익숙해진 인간을 의미한다. 일이 잘 돌아가지 않을 때 그대는 사상가, 다시 말해 왜 일이 조금이라도 잘 돌아가는지에 관해 어떤 신조를 가진 인간을 만나야 한다. 로마가 불타는 동안 악기를 연주하는 것은 그르다. 그러나 로마가 불타는 동안 수력 이론을 공부하는 것은 지극히 옳다.

그렇다면 누구나 일상적 불가지론을 버리고 **사물의 원인을 이해하려고** 시도할 필요가 있다. 만약 비행기가 가벼운 고장을 일으키면 항공 정비사가 고칠 수도 있다. 그러나 만약 비행기의 고장이 심각하다면, 비행기에 고장을 일으킨 악을 분석하기 위해 대학이나 실험실에서 정신을 다른 데 팔고 있는 백발의 어떤 노교수를 데려오는 것이 더욱 그럴듯하다. 고장이 복잡할수록 고장을 다루는 데 필요한 사람은 머리카락이 더 희고 정신을 다른 데 더 많이 팔고 있는 이론가일 것이다. 몇몇 극단적 사례에서 여러분의 비행기를 발명한 (아마 미친 사람으로 보일 개연성이 높은) 인간 말고 무엇이 문제인지 아무도 말할 수 없을 것이다.

물론 '효율(efficiency)'은 '강한 인간', '의지력', 초인이 헛된 것과 똑같은 이유로 헛되다. 다시 말해 효율은 이미 수행한 다음에 행동을 다룰 뿐이어서 헛된 것이다. 효율이란 벌어지기 전의 사건을 위한 철학이 아니다. 그러므로 선택의 힘이 없다. 행위는 끝날 때 성공하거나 성공하지 못할 수 있을 뿐이다. 만약 어떤 행동이 시작되는 찰나에 있다면 행동은 추상적으로 옳거나 그른 것일 수밖에 없다. 승자를 뒤로 가게 하는 일 같은 것은 없다. 돌아올 때 그는 승자가 아닐 수 있기 때문이다. 이기는 쪽에서 싸우기 같은 것은 없다. 누구든 어느 쪽이 이기는지 알아내려고 싸운다. 만약 어떤 조작이 일어났다면, 그런 조작은 효율적이었다. 만약 어떤 인간이 살해되면, 살인자도 효율적이었다. 랭커셔의 공장 감독이 생산성을 높이려고 노동자를 다그치듯 열대 지역의 태양은 사람들을 게으르게 만들 때 효율적이다. 마테를링크[14]가 이상한 정신력(spirituality)의 떨림으로 인간을 채울 때, 크로스 앤드 블랙웰 식품 회사가 인간을 잼으로 채울 때처럼 효율적이다. 현대의 회의론자 로즈버리 경은 아마 정신력의 떨림을 선호할 것이다. 나는 정통 그리스도교도로서 차라리 잼을 선호한다. 그런데 둘 다 결과를 냈을 때 효율적이고, 결과를 내지 못할 때 비효율적이다. 성공에 관해 많이 생각하는 인간은 몽롱한 감상주의자일 수밖에 없다. 그는 언제나 뒤를 바라보아야 하기 때문이다. 만약 그가 승리를 좋아할 뿐이라면, 싸움터에 늦게 도착할 것임이 분명하다. 행동하는 인간에게는 이상주의가 있을 뿐이다.

---

14   마테를링크(Maurice Maeterlinck, 1862~1949)는 벨기에의 시인이자, 극작가, 수필가로 1911년 노벨 문학상을 수상했다. 반과학주의, 후기 낭만주의, 상징주의 경향을 나타냈으며, 대표작은 『펠리아스와 멜리장드(Pelléas et Mélisande)』(1892)와 『파랑새(L'Oiseau bleu)』(1908)다.

명확한 이상을 설정하는 것은 영국의 기존 골칫거리를 다룰 때 즉각적 계획이나 제안보다 훨씬 긴급한 실천적 문제다. 왜냐하면 현재 혼란은 인간이 처음 목표로 삼았던 모든 것을 일반적으로 망각한 데서 기인하기 때문이다. 어떤 인간도 자신이 욕구한 것을 요구하지 않고, 저마다 자신이 얻을 수 있다고 상상한 것을 요구한다. 곧이어 처음에 진짜 현실적으로 원했던 것을 잊고, 성공을 추구하며 정력을 쏟아부어 정치 생활을 좇다가 인간 자체를 잊어버린다. 전부 과장된 각양각색의 차선들이 벌이는 소동, **편법**의 대혼란이다. 이런 종류의 유연성은 영웅의 언행일치를 방해할 뿐만 아니라 진짜 실용적 타협도 방해한다. 두 논점이 여전히 유효해야 비로소 중간 거리를 찾을 수 있다. 우리는 둘 다 원하는 것을 얻지 못한 두 소송 당사자 사이에서 조정할 수도 있다. 하지만 그들이 원하는 것이 무엇인지 우리에게 말하지 않으려 한다면 조정할 수도 없다. 식당의 관리자는 손님이 저마다 식당 안에 얼마나 많은 식품이 있는지 머리를 싸매고 계산에 빠져들기보다 뭉근히 끓인 따오기 요리든 삶은 코끼리 고기든 재빨리 주문할 때 좋아할 것이다. 우리는 대부분 이기적이지 않으려는 왜곡된 마음 탓에 이기적인 사람보다 폐를 더 많이 끼치는 숙녀들에게 시달려 본 적이 있다. 그런 숙녀들은 거의 맛없는 요리를 주문하고 제일 나쁜 자리를 차지하려고 쟁탈전을 벌인다. 우리는 대부분 이렇게 자기를 망각한 채 야단법석을 떠는 정당이나 원정대를 겪어 보았다. 감탄스러운 여자들의 동기보다 훨씬 천한 이런 동기로, 실용 정치인들은 현실적 요구에 관해 똑같이 의심함으로써 똑같은 혼란에 빠져 현 상태를 유지한다. 서로 얽힌 작은 굴복만큼 합의와 해결을 더 많이 방해하는 것은 없다. 우리는 모든 측면에서 정치인 때문에 당혹스럽다. 정치인들은 세속 교육에 우호적이지만 그것을 위해 일하는 것은 희망이 없다고 생각하고, 세속 교육의 전면 금지를 바라지만 그것을 요구해서는 안 된다고 확신하고, 의무 교육을 유감스러워하지만 체념하며 그것을 유지한다. 자작농 소유권 제도(peasant proprietorship)를 원하면서도 다른 제도에 찬성 투표를 던지는 사람들이 정치인이다. 모든 일을 방해하는 요인은 이렇게 쩔쩔매고 허둥대는 기회주의다. 만약 정치인들이 선견지명이 있다면. 무언가를 실천할지도 모른다. 만약 우리가 추상적인 것을 요구하면, 우리는 구체적인 것을 얻을 수도 있다. 다시 말해 현재 누구든지 원하는 무엇을 얻는 것이 불가능할 뿐만 아니라 일부를 얻는 것도 불가능하다. 왜냐하면 아무도 그것을 지도처럼 분명하게 표시할 수 없기 때문이다. 예전의 협상에 있었던 선명하고 심지어 견실한 성질은 완전히 사라졌다. 우리는 '타협(compromise)'이라는 말에, 무엇보다 엄밀하고 강한 '약속'이라는 말이 포함되어 있다는 점을 잊은 것처럼 보인다. 온건(moderation)은 모호하지 않다. 그것은 완벽할 만큼 명확하다. 중간 지점은 극단에 치우친 지점만큼 고정되어 있기도 하다.

만약 내가 해적이 배에 걸쳐 놓은 널빤지 위를 걷게 되면, 상식적 타협안으로 합당한 거리만큼 널빤지 위를 걷겠다고 제의하는 것은 헛짓이다. 정확히 합당한 거리를 두고 해적과 나는 차이를 드러낸다. 널빤지가 기우는 순간에 정교한 수학상 분할이 있다. 나의 상식은 저

순간 직전에 끝나고, 해적의 상식은 그 순간을 바로 지나서 시작한다. 그러나 지점 자체는 기하학 도형만큼 확고하고, 신학의 교리만큼 추상적이다.

3

신식 위선자

새로 등장한 흐릿한 정치적 비겁함은 예전 영국식 타협을 소용없게 만들었다. 사람들은 단지 완전하다는 이유로 개선에 공포심을 갖기 시작했다. 그들은 사람이 현실적으로 자신의 길을 찾아야 하고, 현실적으로 행동하고 더불어 행동해야 한다는 견해를 공상에 빠진 사회주의 혁명 선동이라고 일컫는다. 타협은 빵 반쪽이라도 없는 것보다 낫다는 의미로 사용했다. 현대 정치꾼 사이에서 타협은 빵 반쪽이 빵 전체보다 낫다는 것을 의미하는 것처럼 보인다.

이런 논증을 예리하게 만들 예시로 끊임없이 나오는 교육 법안이 있다. 우리는 실제로 신식 위선자를 발명하려고 교육 법안을 고안했다. 구식 위선자, 타르튀프(Tartuffe)나 펙스니프(Pecksniff)[15]는 실제로

---

15 타르튀프는 몰리에르(Molière, 1622~1673)의 동명 희곡에서 유래하는 종교적 위선자를 가리키고, 펙스니프는 디킨스(Charles Dickens, 1812~1870)의 소설 『마틴 처즐위트 Martin Chuzzlewit』(1984)에서 건물을 설계하지도 짓지도 않는 측량사이자 건축가, 신앙심이 깊은 척하는 위선자로 그려진 인물이다.

세속적이고 실용적인 목표를 좇지만, 종교적인 척하는 인간이었다. 신식 위선자는 실제로 종교적이지만, 세속적이고 실용적인 척하는 인간이다. 웨슬리 감리교파의 브라운 목사는 신경이나 신조(creed)에 대해 걱정하지 않고 오로지 교육만을 걱정한다고 줄기차게 공언했다. 사실은 거칠고 제멋대로 구는 웨슬리 신학[16](Wesleyanism)이 브라운 목사의 영혼을 가르친다. 영국국교회(성공회) 목사 스미스는 우아한 옥스퍼드 예법에 따라 자신에게 중요한 문제는 학교의 번영과 효율이라고 설명한다. 사실은 어느 부목사가 가질 법한 악한 정념이 영국국교회(성공회) 목사 스미스의 내부에서 울며 부르짖는다. 그것은 정치의 옷을 차려입고 종교적 교리를 퍼뜨리는 투쟁이다. 나는 목사 직을 맡은 신사들이 틀렸다고 생각한다. 그들은 스스로 인정한 것보다 더 경건하다. 신학은 (어떤 이가 가정하듯) 오류라고 말함으로써 삭제되지 않는다. 그것은 도덕상 죄처럼 그저 은폐되어 있을 뿐이다. 클리퍼드[17] 박사는 진실로 핼리팩스[18] 경만큼 어떤 종교적 분위기를

16　웨슬리 신학은 감리교 신학이나 웨슬리-아르미니우스 신학이라고도 불린다. 18세기 복음주의 개혁 운동으로 '감리(methods)'를 강조한 개신교 신학 전통에 속한다. 존 웨슬리(John Wesley)의 신학은 그리스도의 거룩한 생애를 강조했다. 가슴, 마음, 영혼으로 신을 섬기고 이웃을 자신처럼 사랑하라고 가르쳤다. 주관적으로 체험하는 종교와 도덕적 책임도 강조했다. 체스터턴은 웨슬리 신학의 주관주의적 측면을 부정적으로 평가한다.

17　클리퍼드(John Clifford, 1836~1923)는 영국의 복음주의 침례교 목사이자 사회개혁가로 영국 노동운동에 적극적으로 참여했으며 침례교 세계연맹의 초대 회장을 지냈다.

18　핼리팩스(Charles Lindley Wood, 2nd Viscount Halifax, 1839~1934)는 영국의 세계교회주의자(British ecumenist)로 영국국교회(성공회)와 가톨릭교회의 통일 운동에 앞장섰다. 옥스퍼드 운동의 영향을 받았고, 영국국교회 내부에서 가톨릭 신학의 원리와 예식을 장려하는 일에 헌신했다.

원한다. 다른 종교적 분위기를 원하는 것뿐이다. 만약 클리퍼드 박사가 청교도 신학을 구하고 핼리팩스 경이 가톨릭 신학을 구하려 했다면, 무슨 일이든 했을 수도 있다. 어떤 이는 우리가 모두 이슬람교나 아폴로 숭배 같은 다른 종교의 존엄성과 독특함을 인정할 만큼 상상력이 아주 풍부하기를 희망한다. 나는 다른 사람의 종교를 존중할 준비가 확실히 되어 있다. 그러나 내가 다른 사람의 의심, 세속적 망설임과 허구, 정치적 거래와 거짓으로 꾸민 태도까지 존중해야 한다고 요구하는 것은 지나치다. 영국사를 본능으로 받아들인 대다수 비국교도는 캔터베리 대주교에 관한 시적이고 국민적으로 동조하는 느낌을 한 사람의 캔터베리 대주교로 여겼을 수 있다. 대다수 비국교도가 정당하게 짜증을 내도 되는 순간은 캔터베리 대주교가 합리적인 영국 정치인 행세를 할 때다. 담력과 단순성을 알아보는 눈을 가진 대다수 국교도는 클리퍼드 박사를 침례교 목사로 칭찬했을 수 있다. 아무도 클리퍼드 박사를 믿지 못하게 되는 순간은 그가 단순히 시민이라고 말하는 때일 듯하다.

하지만 정말 사실은 이보다 더 기이하다. 신조가 빠진 모호한 태도를 조장했던 한 가지 논증은, 이런 모호한 태도가 우리를 광신주의에서 구했다는 것이다. 하지만 신조가 빠진 모호한 태도는 우리를 광신주의에서 구하지 못한다. 반대로 고유한 힘으로 광신주의를 만들어내고 갱신한다. 이상해 보여도 참말이므로 나는 독자들에게 더 세밀하게 주목하라고 요청할 것이다.

어떤 사람들은 '교리'라는 말을 좋아하지 않는다. 다행스럽게도 그들은 자유로우며 대안이 있다. 인간의 정신에 교리와 편견[19]이 있을 뿐이다. 중세는 이성의 시대이자 교리의 시대였다. 우리의 시대는 기껏해야 시의 시대이자 편견의 시대다. 교리는 명확한 지점이고, 편견은 방향이다. 인간은 잡아먹혀서는 안 되지만, 소는 잡아먹힐 수도 있다는 것이 교리다. 어떤 것이든 가능한 한 적게 잡아먹혀야 한다는 생각이 편견이고, 이것은 때때로 이상이라고 불린다. 어떤 방향은 언제나 계획보다 훨씬 환상적이다. 나는 왼쪽으로 돌라는 일반적 권고보다 차라리 브라이턴[20]행 길을 표시한 가장 낡은 지도를 갖고 싶다. 평행하지 않은 직선은 마침내 만날 수밖에 없지만, 곡선은 영원히 되감길 수도 있다. 한 쌍의 연인은 서로 멀리 떨어지라는 모호한 말을 듣게 되지 않는 한, 프랑스와 독일의 국경을 따라 각각 한쪽과 다른 쪽에서 걸을 수도 있다. 이것은 안개 속에서 그렇듯 인간을 잃어버리고 떼어놓는 현대의 모호한 태도에 따른 효과를 보여주는 정확히 참된 비유다.

신조가 사람들을 하나로 묶는다는 것은 사실이 아니다. 아니, 분명하다면 신조의 차이가 사람들을 하나로 묶는다. 경계선은 맞닿아 있다. 다수의 너그러운 이슬람교도와 의협심이 강한 십자군은 틀림없이 훨씬 가깝다. 왜냐하면 그들은 캠벨이 다니는 예배당의 좌석에

---

19 편견(prejudice)은 '한쪽으로 치우친 생각'을 의미한다. 체스터턴은 '편견'이란 개인성에서 비롯하며, 사회성이 요구되는 건전한 생활을 방해한다고 여긴다.

20 브라이턴(Brighton)은 영국 잉글랜드 남동부 이스트서식스주 서쪽 끝에 자리한 마을이다. 조지 4세의 후원으로 휴양도시로 발전했다.

앉은 집 없는 두 불가지론자가 아니라 두 교리 신봉자이기 때문이다. "나는 신이 하나라고 말한다," 그리고 "나는 신이 하나이고 셋이기도 하다고 말한다," 이는 다투기 좋아하는 인간적 우정의 시작이다. 그러나 우리의 시대는 이런 신조를 경향이라고 말하리라. 삼위일체론 신봉자는 (그것이 그의 '기질'이었기 때문에) 복수성 자체를 따른다고 말할 테고, 나중에 삼위일체에서 삼백서른세 가지 격을 찾아낼 것이다. 다른 한편 우리의 시대는 이슬람교도를 일원론자로, 지적으로 타락한 무서운 자로 만들 터다. 그것은 건강한 사람이 하나의 신이 있었을 뿐만 아니라 다른 아무것도 없었다고 미리 인정하도록 강요하는 셈이다. 각자 아주 오랫동안 (종소리처럼) 콧등에 비친 어슴푸레한 빛을 따라갈 때, 그런 신조들은 다시 나타나리라. 그리스도교 다신론자와 이슬람교 범아론자는 둘 다 광기에 사로잡혀 서로 이해하는 일이 훨씬 힘들고 어렵다.

정치도 똑같다. 정치적으로 모호한 태도는 사람들을 갈라놓고, 융합시키지 못한다. 맑은 날에 사람들은 협곡의 가장자리를 따라 걸어갈 것이다. 그러나 안개가 자욱한 협곡에서는 수천 미터 떨어져 걸으려 하리라. 그래서 **만약 사회주의가 무엇인지 안다면**, 토리당원[21]은 사회주의의 가장자리로 걸어갈 수 있다. 하지만 만약 사회주의란 정

---

21   18세기 영국의 정치를 대표한 두 정당은 휘그당(Whig Party)과 토리당(Tory Party)이다. '휘그'와 '토리'라는 용어는 원래 1679년 요크 공작(제임스 2세)의 왕위 계승 배제 법안을 두고 의회 내 찬성파(토리)와 반대파(휘그)가 주고받은 경멸이 담긴 말이었다. 이후 토리당원은 진보주의자를 가리키고, 휘그당원은 보수주의자를 가리키는 말로 사용되었다.

신, 숭고한 기운, 고귀하지만 분명치 않은 경향이라는 말을 들으면, 그때 토리당원은 사회주의의 길에서 물러난다. 아주 옳은 행동이기도 하다. 어떤 이는 주장에 논증으로 맞설 수 있다. 그러나 건강한 완고함은 어떤 이가 그런 경향에 맞설 유일한 방도다. 일본 스모 기술은 갑자기 누르기가 아니라 갑자기 자리를 내어주기로 구성된다. 이것은 내가 일본 문명을 싫어하는 이유 가운데 하나다. 굴복을 무기로 사용하는 짓은 가장 나쁜 동양 정신이다. 그런데 확실히 정복하기 쉬운 힘만큼 싸우기 어려운 것도 없다. 이런 힘은 언제나 굴복한 다음 되돌려준다. 그것은 현대 세계를 여러 가지 점에서 사로잡은 개인과 무관하지만 엄청난 편견이다. 엄격하고 강철 같은 제정신, 일시적 유행에 귀를 기울이지 않고 감염되지 않으려는 결의를 제외하면 이것에 대항할 무기는 없다.

요컨대 합리적 인간의 신앙은 논리의 시대에 논리로 무장했듯 편견의 시대에는 편견으로 무장할 수밖에 없다. 그러나 정신에서 나온 교리와 편견의 차이는 표식이 있으며 오해할 여지가 없다. 차이의 핵심은 이렇다. 편견들은 나뉘고 갈라진다. 반면에 신조들은 언제나 서로 부딪치고 맞선다. 신앙인들은 서로 마주하고 부딪친다. 반면에 완고한 사람들은 서로 피하고 붙여주지 않는다. 신조는 집단에 속하고, 신조의 위반조차 사회에 기초한다. 편견은 개인에 속하고, 편견에 대한 관용은 인간을 혐오하는 반사회성에 기초한다. 그래서 편견은 우리가 이미 가진 의견들과 섞인다. 우리의 기존 의견들은 서로 피한다. 토리당 신문과 급진당의 신문은 서로 응답하지 않는다. 그들은 서로 무시한다. 진정한 논쟁, 일반 청중 앞에서 벌이는 공정하고 활발한 의견 교환은 우리의 특별한 시대에 아주 드문 일이 되었다. 진지한 논쟁가는 무엇보다 좋은 경청자다. 진짜 열렬한 광신자는 훼방놓지 않는다. 간첩이 적군의 배치에 귀를 기울이듯, 그는 상대의 논증에 열심히 귀를 기울일 것이다. 그러나 만약 그대가 반대되는 정치적 견해를 가진 현대의 신문과 실제 논쟁을 시도한다면, 그대는 폭력과 회피 사이에 허락된 어떤 중간 지점도 없음을 알게 될 터다. 그대는 비방이나 침묵 말고 어떤 대답도 듣지 못할 것이다. 현대 신문 편집자는 정직하게 말하는 혀에 어울리는 열심히 듣는 귀가 없음이 분명하다. 그는 귀를 막고 아무 말도 하지 않을지도 모른다. 그것을 품위라고 부른다. 혹은 귀를 막은 채 시끄러운 소리를 낼지도 모른다. 그것을 신랄한 기자정신(journalism)이라고 부른다. 어떤 경우든 논쟁은 없다. 현대 정당을 대표하는 싸움꾼들의 목적은 들리지 않는 데서 비난하는 것이 전부다.

이런 모든 일의 유일한 논리적 치료법은 인간의 이상을 주장하는 것이다. 이 문제를 다룰 때, 나는 이성적으로 논하는 만큼 초월적 관점을 거의 드러내지 않으려고 애쓸 것이다. 신성한 인간에 대한 가르침이 없는 한, 우리는 모든 남용을 너그러이 봐줄 수도 있다고 말하는 것으로 충분하다. 진화는 남용을 유용으로 바꿀 수도 있기 때문이다. 과학을 내세우는 금권 정치인은 지금 우리가 악이라고 생각한 어떤 조건이든 인류는 적응하리라고 쉽게 주장할 것이다. 예전의 폭군은 과거를 불러냈지만, 새로운 폭군은 미래를 불러내리라. 진화는 달팽이와 올빼미를 만들어냈다. 진화는 달팽이보다 더 큰 공간을 원하지 않고 올빼미보다 더 많은 빛을 원하지 않는 노동자를 만들어낼 수 있다. 고용주는 흑인 일꾼을 일하라고 지하로 보내면서 신경 쓸 필요가 없다. 일꾼은 곧이어 두더지처럼 지하 동물이 되리라. 고용주는 잠수부가 숨을 참고 깊은 바다로 뛰어들게 보내면서 신경 쓸 필요가 없다. 잠수부는 곧이어 심해 동물이 될 것이다. 인간은 조건을 바꾸느라 고생할 필요가 없다. 조건이 곧이어 인간을 바꿀 터다. 머리는 모자에 맞춰 두들겨 작게 변형할 수 있다. 노예의 족쇄를 풀지 말라. 족쇄를 잊을 때까지 노예를 때려라. 억압에 찬성하는 그럴싸한 모든 현대적 논증에 맞선 유일하게 적절한 대답은, 혼동하지도 파괴하지도 못할 인간의 이상이 있다고 주장하는 것이다. 지구에서 가장 중요한 인간은 지구에 없는 완벽한 인간이다. 그리스도교는 특히 이상을 구현한 인간적 진리에 대한 사상을 주장함으로써 우리의 영혼이 궁극적으로 제정신(sanity)에 도달해야 한다고 공표했다. 우리의 삶과 법은 신성한 우월함이 아니라 단순한 인간적 완벽함으로 판단한다. 아리스토텔레스는 인간적 완벽함의 척도는 인간이라고 말한다. 성경은 산 자와 죽은 자를 판단할 존재는 사람의 아들, 예수 그리스도라고 말한다.

그러므로 인간의 이상에 대한 가르침은 불화를 일으키지 않는다. 도리어 오직 가르침이 우리의 불화를 치유할 수 있다. 거칠게라도 국가나 가족의 추상적이고 이상적인 모습이 인간의 갈망을 충족할지 물을 필요가 있다. 이것은 우리가 그런 이상에 완전히 도달할 수 있을지와 별개의 문제다. 하지만 정상인에게 필요한 것이 무엇이고, 모든 국민의 바람이 무엇인지, 이상적인 집이나 도로, 규칙, 공화국, 왕, 사제직이 무엇인지 물을 때, 우리는 현대에 특이한 이상하고 거슬리는 곤란한 문제와 마주한다. 일시 중단을 외치고 우리는 그런 장애를 검토해야 한다.

4

과거에 대한 두려움

　지난 수십 년은 미래에 대한 낭만적 이야기를 쏟아낸 특별한 시기로 흔적을 남겼다. 우리는 과거에 무슨 일이 벌어졌는지에 대해 오해하기로 마음을 정한 것처럼 보인다. 그리고 안도감을 느끼며 미래에 무슨 일이 벌어질지 말하는 쪽으로 돌아선다. 미래로 향하는 것이 (겉보기에) 훨씬 쉬운 일이다. 현대인은 자신의 증조할아버지에 대한 기억을 더는 보전하지 않고, 자신의 증손자에 대해 권위 있고 자세한 전기를 쓰는 일에 몰두한다. 우리는 죽은 사람의 망령 앞에서 떠는 대신, 태어나지 않은 아기의 그림자 아래서 비굴하게 떨고 있다. 이런 풍조는 이곳저곳에 나타나고 심지어 미래파 낭만적 이야기 양식을 만들어낸다. 스콧 경[22]은 19세기 초 과거의 이야기를 대표한다.

22　스콧 경(Sir Walter Scott, 1771~1832)은 스코틀랜드의 시인이자 역사 소설가다. 그의 많은 작품은 영문학과 스코틀랜드 문학사에서 고전으로 읽힌다. 이야기 형식의 시 「호수의 여인」, 역사 소설 『웨이벌리』, 『아이반호』가 유명하다.

웰스[23]는 20세기 초 미래의 이야기를 대표한다. 옛날 이야기는 이렇게 시작한다. "어느 겨울 늦은 저녁에 두 마부는 …을 보았을지도 모르죠." 새로운 이야기는 틀림없이 이렇게 시작한다. "어느 겨울 늦은 저녁에 두 비행사는 …을 보게 될 테죠." 미래로 향한 운동은 매력적인 요소가 없지 않다. 괴상해도 아직 벌어진 적 없는 싸움을 되풀이하는 많은 사람, 여전히 내일 아침에 대한 기억으로 빛나는 사람들이 보기에 기백이 넘치는 무엇이 있다. 시대를 앞선 인간이라는 말은 아주 익숙하다. 시대를 앞선 시대라는 말은 정말 이상하다.

현대인이 미래로 향한 일에 깃든 시적이고 아주 인간적인, 괴팍하지만 해롭지 않은 요소를 충분히 허용했을 때, 나는 주저 없이 이런 미래 숭배가 시대를 외면한 나약함이자 비겁함이라고 주장하겠다. 싸우기 좋아함조차 근본적으로 두려움의 대상이 되는 것이 이 시대의 특이한 악이다. 맹목적 애국자(Jingo)는 경멸할 만한데, 뻔뻔하기 때문이 아니라 소심하기 때문이다. 현대의 군사 장비가 십자군의 무기와 문장 장식과 달리 상상력에 불을 붙이지 못하는 이유는, 광학에 의지한 시력으로 포착한 추함이나 아름다움과 거리가 아주 멀기 때문이다. 몇몇 전함은 바다만큼 아름답고, 많은 노르만인이 썼던 투구의 코싸개는 노르만인의 코만큼 볼품이 없다. 우리의 과학적 전쟁을 둘러싸고 퍼진 볼품없음은 심장부에 놓인 사악한 공황 상태에서 나

---

23 웰스(Herbert George Wells, 1866~1946)는 영국의 기자이자 작가로 활동했으며, 『타임머신』(1895), 『투명인간』(1897), 『우주전쟁』(1898) 같은 공상과학 소설로 유명하다.

온다. 십자군이 치른 비용은 신을 향해 나아가려고 치른 비용이자 용감한 사람이 누리는 거친 위안이었다. 현대 군사 장비에 치른 비용은 전혀 비용이 아니다. 그것은 뒤진 자를 잡아갈 악마에게 져서 달아나는 것, 악마를 피해 뒤로 물러섬이자 도주다. 중세에 살던 어떤 기사가 프랑스인이 쓰던 창이 점점 더 길어지는 현상에 대해 말하고 점점 더 커지는 독일의 배에서 쓰던 떨리는 억양을 정확히 말하는 것은 불가능하다. 해군 만능 학파를 해군 회피 학파라고 불렀던 남자는 그런 학파 자체가 본질상 부정하지 못할 심리적 진실을 공표했다. 2국 표준 원칙[24]조차 필요한 것일지라도 어떤 점에서 품위를 낮춘다. 제국주의에서 유래한 대규모 사업에 너그러운 사람들에게, 냉혹한 약탈과 공포가 지배하는 세상에 맞서 은근히 또는 갑작스럽게 방어 자세를 취하는 것보다 더 낯선 일은 없다. 예컨대 보어전쟁[25]은 우리가 옳게 행동하고 있었다는 신조보다 보어인과 독일인이 아마 그르게 행동하고 있었으리라는 신조로 물들었다. (들리는 말에 따르면) 우

24　제1차 세계 대전이 일어나기 전 유럽의 여러 나라가 주도권을 잡기 위해 정치, 외교, 군사력 측면에서 경쟁했다. 영국은 영국의 해군력이 유럽에서 영국 다음가는 경쟁국 두 나라의 해군력을 합친 전력과 같거나 더 큰 전력을 유지해야 한다는 원칙을 세우고 지켰다. 이를 2국 표준 원칙이라고 불렀다.

25　보어전쟁(Boer War)은 당시 남아프리카 지역에 정착해 살던 네덜란드계 보어인과 영국이 벌인 전쟁이다. 1차 보어전쟁은 1880년 12월 16일에 시작되어 1881년 3월 23일에 평화 조약이 체결되면서 끝났다. 2차 보어전쟁은 1차 보어전쟁에서 독립국으로 인정받은 트란스발 공화국과 오렌지 자유국 지역에서 다이아몬드 광산과 금광이 발견되면서 영국과 분쟁이 발생한 뒤 보어인이 선제공격한 1899년 10월 11일에 시작되어 1902년 5월 31일에 영국이 승리함으로써 종결되었다. 그 결과로 트란스발 공화국과 오렌지 자유국의 영토는 영국령에 편입되었다.

리를 바다로 몰아내려는 신조였다. 체임벌린[26](Joseph Chamberlain, 1836~1914)은 보어전쟁이 자신의 모자에 달린 깃털 장식이었다고 말했다. 그래서 보어전쟁은 하얀 깃털 장식이 되었다.

우리가 애국심에 기댄 군비 확충에 돌진할 때 내가 처음 느낀 것과 같은 극심한 공포를, 나는 우리가 사회의 미래상을 향해 돌진할 때도 느낀다. 현대인의 정신은 어떤 피로감 탓에 어쩔 수 없이 미래로 향하고, 이런 피로감은 과거로 여긴 것에 대한 공포가 섞이지 않은 순수한 것이 아니다. 현대인의 정신은 도래할 시간을 향해 몰려간다. 대중적 용어로 정확히 표현하면, 현대인의 정신은 내쫓겨 사라진다. 현대인의 정신을 이렇게 열심히 미래로 부추기는 몰이 막대기는 미래에 대한 애정이 아니다. 미래는 아직 미래이기 때문에 실존하지 않는다. 오히려 그것은 과거에 대한 두려움이다. 단지 과거에 깃든 악에 대한 두려움이 아닌 과거에 깃든 선에 대한 두려움이기도 하다. 뇌는 인류가 견뎌낼 수 없는 덕 아래서 무너진다. 우리가 붙잡을 수 없지만 불타오르는 신앙은 많았다. 우리가 모방할 수 없는 많은 영웅적 자질이 있었다. 우리에게 숭고함과 비애를 한꺼번에 일으키는 듯한 기념할 만한 건물이나 군인의 빛나는 영예에 이르려는 위대한 노력도 많았다. 미래는 우리의 선조가 겪은 모진 경쟁에서 벗어나기 위한 도피처다. 구세대가 아니라 신세대가 우리의 문을 두드리고 있다.

26　체임벌린(Joseph Chamberlain, 1836~1914)은 영국계 독일 작가로 인종주의를 옹호했다. 체스터턴은 인종주의에 반대하며, 모든 인간이 신 안에서 평등한 존재라고 믿는다.

헨리(William Ernest Henley, 1849~1903)가 말했듯 한 번도 존재한 적 없던 여인숙이 서 있는 가까운 미래의 거리로 탈출하는 것은 동의할 만하다. 아이들, 특히 태어날 미래의 아이들과 장난치는 것은 즐겁다. 미래는 인간이 저마다 자신의 이름을 좋을 대로 크게 적을 수 있는 밋밋한 벽이다. 내가 찾은 과거는 이미 플라톤, 이사야, 셰익스피어, 미켈란젤로, 나폴레옹 같은 읽기 어려운 휘갈겨 쓴 글자들로 덮여 있다. 나는 미래를 나 자신만큼 좁게 만들 수 없다. 과거는 인간성만큼 넓고 사납게 요동칠 수밖에 없다. 이런 현대적 태도의 요지는 현실적으로 다음과 같다. 사람들은 감히 오래된 이상을 이루려고 시도하지 않기 때문에 새로운 이상을 발명한다. 그들은 뒤돌아보기 두려워서 열심히 앞을 바라본다.

역사에서 회복이 아닌 혁명은 없다. 내가 눈을 미래에 고정한 현대인의 습관에 의문을 품게 된 가장 큰 이유는, 현실적으로 미래와 아무 관계도 없는 사람들이 모두 역사적으로 눈을 과거에 고정했다는 점이다. 나는 르네상스[27]를 언급할 필요가 없는데, 바로 나의 경우로 입증되기 때문이다. 미켈란젤로와 셰익스피어의 독창성은 단연코 오래된 항아리와 낡은 필사본을 발굴하면서 시작되었다. 시인

---

[27] 르네상스(Renaissance)는 14~16세기 유럽에서 일어난 문화 운동으로 고대 그리스와 로마의 학문과 지식을 부흥시켜 인간성을 실현하려는 움직임이었다. 고전 학문을 활발하게 연구했으며, 동시에 신대륙의 발견과 지동설의 등장, 봉건제의 몰락, 상업의 성장, 종이·인쇄술·항해술·화약과 같은 신기술의 발명을 촉진했다. 르네상스 정신의 시작은 인문주의 운동이었다. 인문주의가 처음 발생하고 열매를 맺은 곳은 이탈리아였고, 이후 유럽 전역으로 퍼졌으며, 특히 미술 분야에서 가장 큰 발전을 이룩했다.

의 야성은 골동품 수집가의 온유함에서 비롯한다. 그래서 중세의 르네상스는 로마 제국에 대한 기억이었다. 그래서 종교개혁은 성경과 성경이 유래한 시대를 되돌아보았다. 그래서 현대 가톨릭교회의 운동은 교부 시대를 되돌아보았다. 그런데 많은 사람이 무정부 상태로 가장 기울었다고 여길 만한 현대의 운동은 이런 점에서 가장 보수적이다. 프랑스 혁명가들보다 과거를 더 공경했던 사람들은 없었다. 그들은 신들을 불러낸 어떤 사람이 지닌 완벽한 확신에 따라 소규모 공화파를 불러냈다. 하층민 출신의 과격한 상퀼로트[28]는 (이름이 함축하듯) 단순한 삶으로 돌아가야 한다고 믿었다. 그들은 가장 경건하게 가장 먼 과거를 믿었다. 어떤 이는 그것을 신비스러운 과거라고 부른다. 어떤 이상한 이유로 인간은 언제나 이렇게 자신의 과일나무를 묘지에 심을 수밖에 없다. 인간은 오로지 죽은 사람 가운데서 인생을 찾아낼 수 있을 뿐이다. 인간은 기형의 괴물로 발은 앞으로 향하고 얼굴은 뒤로 향한다. 인간은 과거에 대해 생각하는 한, 미래를 사치스럽고 거대하게 만들 수 있다. 인간은 미래 자체에 대해 생각하려고 시도할 때, 자신의 정신을 어리석게도 핀의 끝만큼 줄어들게 만들고, 이것을 어떤 이는 해탈이라고 부른다. 내일은 고르곤[29]이고, 인간은

---

28 상퀼로트(sansculottes)는 프랑스 혁명 때 혁명군 중에서 남루한 옷차림새에 장비도 허술했던 의용군이다. 나중에 급진민주파를 뜻하게 되었다. 대부분 빈민층이거나 하층민의 지도자들이었으나, 공포정치 기간에 공무원들과 고등교육을 받은 사람들이 자신들을 '상퀼로트 시민들'이라고 불렀다. 전형적인 상퀼로트 복장은 상류층이 입는 퀼로트(반바지) 대신에 판탈롱(긴 바지)과 카르마뇰(짧은 코트), 자유를 상징하는 빨간 모자, 사보(나막신)였다. 이들의 영향력은 로베스피에르의 몰락 이후 불어닥친 반동의 물결과 함께 사라졌다.

오직 어제라는 빛나는 방패에 비친 내일을 보아야 한다. 만약 내일을 직접 보면 돌로 변한다. 이것이 운명과 미래의 상태를 현실적으로 분명히 불가피하게 보았다고 여긴 모든 사람의 운명이었다. 칼뱅파는 완벽한 예정설의 신조와 함께 돌로 변했다. 현대 사회과학자들은 그들의 극심한 우생학과 함께 돌로 변한다. 청교도는 엄숙한 조각상으로 바뀌고, 우생학자는 조금 재미있는 조각상으로 바뀐다는 점이 유일한 차이다.

그런데 과거는 무엇보다 현대인에게 도전하고 현대인을 우울하게 만들고 특징없는 미래로 향하도록 몰아대는 한 가지 특징이 있다. 이행되지 않고 때로는 포기해버린 거대한 이상들이 지금 여기에 있다는 것이다. 이런 찬란한 실패의 흔적들은 휴식하지 못한 채 병든 세대에 속한 현대인에게 우울한 광경으로 드러난다. 그들은 이상한 침묵을 유지하고, 때로는 비양심적 침묵에 이른다. 그들은 찬란한 실패의 흔적들을 신문에 전혀 내지 않고 역사책에 거의 싣지 않는다. 예를 들어 그들은 자주 그대에게 (도래할 시대를 찬미하면서) 우리가 유럽 통일 국가를 향해 움직이고 있다고 말할 것이다. 그러나 주의 깊게 우리가 유럽의 통일 국가에서 멀어지고 있다는 말은 생략한다. 이런 통일 국가는 글자 그대로 로마에 실제로 있었고 본질상 중세에 실존했는데도 말이다. 현대인은 (야만적이라고 부른) 나라 사이에 퍼

---

29 고르곤(Gorgon; Gorgones)은 고대 그리스 신화에 나오는 괴물로 머리에 뱀이 머리카락처럼 달린 세 자매로 그려지는데, 이 괴물을 보는 사람은 누구나 돌로 변했다고 한다.

진 증오심이 현실적으로 아주 최근의 현상, 신성 로마 제국의 몰락과 함께 생겼음을 인정하지 않는다. 혹은 현대인은 다시 그대에게 사회 혁명이, 부자들에 맞선 가난한 사람들의 위대한 봉기가 일어날 참이라고 말할 것이다. 하지만 프랑스가 그런 장엄한 시도를 돕지 않았고, 우리와 온 세계가 그것을 짓밟고 잊히도록 허용했다고 아픈 데를 꼬집어 말하지 않는다. 단언컨대 현대인의 글에서 과거의 이상을 무시하면서 미래의 이상을 예측하는 것만큼 두드러진 현상은 없다. 누구든지 이것을 스스로 시험할 수 있다. 유럽의 평화를 옹호한 어떤 글의 30쪽이나 40쪽, 혹은 소책자를 읽어보라. 그러면 얼마나 많은 글이 유럽의 평화를 지키기 위해 옛 교황들이나 황제들을 찬양하는지 보게 될 것이다. 사회 민주주의를 찬양하는 수필과 시를 한 아름 모아서 읽어보라. 그러면 얼마나 많은 글이 민주주의를 만들어내고 민주주의를 위해 죽은 옛 자코뱅파를 찬양하는지 보게 될 것이다. 이런 장대한 폐허는 현대인에게 거대한 흉물일 따름이다. 그는 과거의 골짜기를 따라 되돌아보고 찬란하지만 완성되지 않은 도시들이 펼쳐낸 경치를 본다. 도시들은 미완성인데, 언제나 적의나 우연이 아니라 변덕과 정신의 피로감, 낯선 철학에 대한 강력한 욕망이 자주 영향을 미치기 때문이다. 우리는 해야 했던 일을 하지 않은 채 남겨두었을 뿐만 아니라 우리가 하고자 원했던 일도 하지 않은 채 남겨두었다.

그것은 현대인이 모든 시대의 상속자이며, 과거로부터 이어진 인류의 실험에서 비롯한 선을 얻었음을 시사한다. 내가 과거라는 거울에 비추어 현대인을 바라보았듯 독자들도 그렇게 하라고 요청하는 것 말고, 이에 대해 어떤 대답을 해야 할지 모르겠다. 그대와 내가 과거의 아주 높이 치솟은 모든 통찰로 건축된, 별처럼 반짝이는 두 개의 탑이라는 것은 현실적으로 참인가? 매머드를 돌칼로 죽일 만큼 충분히 용감했던 우리의 벌거벗은 조상부터 그리스의 시민들과 그리스도교의 성인들을 거쳐, 맨체스터 자작농의 칼에 맞았거나 1848년에 총에 맞았을지도 모를 우리의 할아버지나 증조할아버지에 이르기까지, 우리는 현실적으로 위대한 역사적 이상을 전부 줄줄이 이행했는가? 우리는 여전히 매머드를 창으로 잡을 만큼 충분히 강하지만, 지금은 살려줄 만큼 아주 다정한가? 우리가 (어떤 두드러진 방식으로) 우리의 할아버지들처럼 붉은 깃발을 휘날리며 방어벽을 가로질러 총을 쏘지 않겠다고 정중히 거절할 때, 우리는 현실적으로 사회주의자들이나 군인들에게 경의를 표하며 거절하고 있는가? 우리는 정말로 전사를 앞질렀고 금욕적인 성인을 지나쳤는가? 나는 우리가 어쩌면 전사에게서 달아난다는 의미로만 전사를 앞지른 것은 아닌지 두렵다. 그리고 만약 우리가 성인을 지나쳤다면, 나는 우리가 고개를 숙여 인사하지 않고 지나친 것은 아닌지 두렵다.

이는 맨 먼저 내가 새로운 사상의 편협함, 미래를 제한하는 효과로 의미한 것이다. 현대 예언적 이상주의는 끈덕지게 제거하는 과정을 밟았기 때문에 편협하다. 우리는 오래된 것을 요구하도록 허락되지 않기 때문에 새로운 것을 요구할 수밖에 없다. 전체 입장은 과거의 사상에서 얻을 수 있는 선을 모두 얻었다는 사상에 근거한다. 그러나 우리는 과거 사상에서 모든 선을 얻지 못했고, 어쩌면 이 순간 과거 사상에서 어떤 선도 얻지 못했을 것이다. 여기서 요지는 혁명뿐 아니라 회복을 선택할 완전한 자유를 인정할 필요가 있다는 것이다.

우리는 오늘날 어떤 반군이 낡아빠진 전제 정치나 케케묵은 미신을 공격하는 용맹이나 배짱에 대한 글을 자주 읽는다. 낡아빠지거나 케케묵은 것을 공격할 때 누군가의 할머니에게 싸우자고 제의할 때처럼 현실적으로 어떤 용기도 필요치 않다. 진짜 용감한 인간은 아침처럼 젊은 전제 정치와 처음 핀 꽃처럼 새로운 미신에 도전하는 사람이다. 유일하게 참된 자유사상가는 과거만큼 미래에도 많이 얽매이지 않은 지성을 가진 사람이다. 그는 있었던 일만큼 있게 될 일에도 신경을 덜 쓰는 사람이다. 참된 자유사상가는 오로지 있어야 할 것에 관심을 가질 따름이다. 그리고 현재 목적을 위해, 나는 특히 이런 추상적 독립성을 강력히 주장한다. 만약 내가 무엇이 잘못된 것인지 토론해야 한다면, 첫째로 잘못된 일 가운데 하나는 다음과 같다. 과거의 일은 불가능해졌다는 가정을 깊은 침묵 속에서 받아들인다는 점이다. 현대인이 아주 좋아하는 은유가 한 가지 있다. 그들은 언제나 "그대는 시계를 되돌릴 수 없다"라고 말한다. 하지만 단순하고 명백한 대답은 "그대는 되돌릴 수 있다"라는 것이다. 인간이 구성한 일부로서 시계는 어느 숫자나 시간으로든 되돌릴 수 있다. 같은 방식으로 인간이 구성한 일부로서 사회는 이전에 실제로 있었던 어떤 계획에 근거하든 재구성할 수 있다.

또 "그대가 그대의 침대를 만들었으니, 그 위에 누울 수밖에 없다"

라는 속담이 있다. 이것 역시 거짓말이다. 만약 내가 나의 침대를 불편하게 만들었다면, 어떻게든 나는 침대를 다시 만들 것이다. 만약 우리가 선택했다면, 우리는 칠왕국 시대[30]나 역마차 시대를 다시 되돌렸을 수 있다. 그렇게 하는 데 시간이 좀 걸릴지도 모르고, 그런 일이 대단히 권할 만하지 않을 수도 있지만, 확실히 지난 금요일로 다시 돌아갈 수 없는 것만큼 불가능하지는 않다. 이것이 내가 주장하는 첫째 자유, 복원할 자유다. 나는 최대 다수의 악을 제거할 듯하다면 스코틀랜드의 구식 고지대 씨족 가부장제를 하나의 해결책으로 제안할 권리를 주장한다. 구식 고지대 씨족 가부장제는 확실히 몇 가지 악, 예컨대 냉혹하고 가혹한 이방인들, 한낱 관료들과 경찰관들에게 복종할 때 느끼는 부자연스러움을 제거할 것이다. 나는 우리의 골칫거리에서 벗어날 최선의 출구인 것처럼 보인다면 그리스나 이탈리아 작은 도시들, 브릭스턴이나 브롬프턴 주권 도시의 완전한 독립을 제안할 권리를 주장한다. 그것은 우리가 마주한 골칫거리 가운데 몇 가지에서 벗어날 출구가 될 터다. 우리는 작은 국가에서 예컨대 대형 국영 신문이나 국제 신문이 조장하는 인간이나 척도에 관한 거대한 환상을 가질 수 없을 것이다. 그대는 햄프셔의 어느 마을에서 그 마을의 술고래가 술을 한 모금도 마시지 않는 사람이었다거나 동네의 바보가 정치인이었다고 설득할 수 없는 것처럼, 어느 도시 국가에서

---

30   칠왕국(Heptarchy)은 5세기 앵글로색슨족의 브리타니아 정착부터 10세기 초 잉글랜드 왕국으로 통일된 시기까지에 있었던 앵글로색슨 잉글랜드 지역의 일곱 왕국을 가리킨다.

베이트 씨가 영국인이었거나, 혹은 딜런 씨가 무법자였다고 설득할 수 없을 것이다. 그런데도 나는 브라운 씨와 스미스 씨를 따로따로 알아보아야 한다고 제안하지 않는다. 나는 클래펌이 독립을 선언해야 한다고 제안하지도 않는다. 나는 나의 독립을 선언할 뿐이다. 나는 단지 우주에 있는 모든 도구에 대해 선택할 수 있다고 주장한다. 그리고 모든 도구 가운데 어떤 것도 단지 사용되었기 때문에 무뎌졌다는 것을 나는 인정하지 않겠다.

미완성 성당

현대 이상주의자들의 과제는, 만약 패배했다면 그것은 반증된 셈이라고 언제나 배워서 너무 쉽게 생겨난다. 논리적으로 말하면 사실은 정반대다. 잃어버린 대의는 정확히 세상을 구했을 수도 있다. 만약 어떤 사람이 젊은 참주[31](the Young Pretender)가 영국을 행복하게 만들었으리라고 말한다면, 그에게 응답하기 어렵다. 만약 누가 조지라는 이름으로 불린 왕들[32]이 영국을 행복하게 만들었다고 말한다면, 나는 우리가 모두 어떻게 응답할지 알기를 바란다. 무엇이든 예방하면 난공불락이다. 그리고 영국의 유일하게 완벽한 왕은 숨이 막

31　영국사에서 젊은 참주는 제임스 2세의 손자 찰스 에드워드 스튜어트(Charles Edward Stuart)를 가리킨다. 1715년과 1745년에 스튜어트 가문의 왕위계승권 요구자인 제임스 에드워드와 그의 아들 찰스 에드워드가 왕권회복을 시도했으나 실패했다.

32　영국사에서 조지 1~4세는 하노버 왕가에 속한 왕들이다. 하노버 왕가는 선제후인 게오르크 루트비히가 1714년 조지 1세로 영국 왕에 즉위함으로써 시작되었으며, 조지 1세(1714~27 재위)를 비롯해 조지 2세(1727~60 재위), 조지 3세(1760~1820 재위), 조지 4세(1820~30 재위), 윌리엄 4세(1830~37 재위), 빅토리아 여왕(1837~1901 재위)을 배출했다.

혀 죽은 사람이었다. 우리는 정확히 자코뱅파의 급진주의가 실패했다고 하여 실패라고 부를 수 없다. 엄밀히 말해 파리 코뮌 정부가 반란으로 무너졌다고 해서 체제로서도 무너졌다고 말할 수 없다. 그런데 이런 폭발은 짧게 이어지거나 부수적으로 일어난 일시적 사건이다. 가장 큰 노력과 역사를 채운 사실 가운데 얼마나 많은 일이 완전히 계획적으로 좌절되고 거구의 절름발이처럼 우리의 시대까지 전해 내려왔는지 알아채는 사람은 거의 없다. 나는 근대 역사에 속한 가장 큰 사건을 두 가지만 언급하려 한다. 가톨릭교회, 그리고 프랑스 혁명에 뿌리를 둔 근대의 성장이다.

네 명의 기사가 캔터베리의 성 토머스[33]를 살해하고 피와 뇌를 흩뿌렸을 때, 그것은 분노의 전조였을 뿐 아니라 일종의 어둠을 찬미하는 징후였다. 그들은 성 토머스의 피를 갖고 싶었지만, 그의 뇌를 더 갖고 싶었다. 이런 일격은 성 토머스의 뇌가 바닥에 흩어지기 직전 무엇을 생각하고 있었을지 우리가 알아채지 못하는 한, 언제까지나 이해할 수 없을 것이다. 성 토머스의 뇌는 교회가 세계의 심판관이라는 중세의 위대한 개념을 품고 있었다. 베켓은 성직자가 대법관의 심리를 받는 일조차 반대했다. 이유는 단순하다. 대법관이 성직자의 심리를 받고 있었기 때문이다. 사법부 자체가 **심리 중**(sub judice)에 있

---

33   성 토머스 베켓(Saint Thomas Becket, 1118년경~1170)은 잉글랜드 왕 헨리 2세 시절 대법관(1155~62)을 지냈으며, 캔터베리 대주교(1162~70)로 임명되었다. 헨리 2세의 충신이었으나 캔터베리의 대주교가 되고 나서 교회법을 받아들이고 헨리 2세와 대립했다. 헨리 2세에게 충성하는 네 명의 기사가 대성당에서 베켓을 암살했고, 이후 성인으로 추앙받았다.

었다. 왕들은 스스로 피고석에 앉았다. 무기나 감옥은 없으나 지상의 모든 왕국을 공적으로 비난할 완전한 자유를 누리면서 눈에 보이지 않는 왕국을 창조할 생각이었다. 이런 최고 교회가 사회를 치료했는지 명확히 단언할 수는 없다. 당시 교회는 최고 교회가 아니었기 때문이다. 우리는 어쨌든 영국의 군주들이 교회의 성인들을 무력으로 정복했다는 사실을 알 뿐이다. 우리는 세상이 원했던 것이 우리 앞에 있음을 알아본다. 어떤 이는 그것을 실패라고 부른다. 그러나 우리는 단순히 교회가 실패했다고 해서 교회가 원했던 것이 실패했다고 말할 수 없다. 트레이시[34]는 너무 이르게 일격을 가했다. 영국은 왕이 잘못을 저지를 수 없다는 개신교의 위대한 발견을 아직 하지 못했다. 왕은 대성당에서 매를 맞았다. 교회에 나가는 일이 인기 없음을 유감스러워하는 사람들에게 내가 추천하는 구경거리다. 하지만 개신교는 위대한 발견을 했고, 트레이시가 베켓의 뇌를 사라지게 했듯 헨리 8세는 베켓의 뼈를 흩어버렸다.

물론 나는 가톨릭교회가 심리를 받지 않았음을 의미한다. 많은 가톨릭교도는 심리를 받았고 죄가 있음이 드러났다. 내가 드러내려는 논점은 세상이 교회의 이상이 아니라 교회의 현실에 싫증을 냈다는 것이다. 수도원은 수도사들의 정결함(chastity)이 아니라 불결함(unchastity) 탓에 의심을 받았다. 그리스도교는 겸손이 아니라 그리

---

34   트레이시(William de Tracy)는 1170년 헨리 2세에게 충성하기 위해 캔터베리의 대주교 토머스 베켓을 살해한 네 명의 기사 가운데 한 사람이다.

스도교도의 거만함 탓에 인기를 잃었다. 교회가 실패했다면 확실히 그것은 대체로 성직자와 교인들 탓이었다. 하지만 이와 동시에 적대적 요소들이 교회가 직무를 수행하기 훨씬 전부터 갈라놓기 시작했다. 세상의 일이 늘 그렇듯 교회는 유럽의 생활과 사상을 위한 공통 계획이 필요했다. 하지만 중세 체제는 도덕적으로 무너지는 미약한 징후를 보여주기 훨씬 전에 지성의 측면에서 무너지기 시작했다. 알비파[35] 같은 중세 초기 대규모 이단들은 도덕적 우월함에서 논란의 여지가 거의 없다. 그리고 종교개혁이 가톨릭교회가 힘을 모으기 전에 유럽을 갈라놓기 시작했다. 예컨대 프로이센 사람들은 종교개혁에 꽤 가까운 시기까지도 그리스도교로 개종하지 않았다. 가난한 사람들은 개신교라는 말을 듣기 전에 가톨릭교도가 될 여유가 없었다. 이것은 뒤이어 그들이 나타낸 행동을 대부분 설명한다. 그러나 나는 이것을 일반적 진리에 속한 첫째로 꼽을 만한 가장 명백한 사례로 받아들일 뿐이다. 과거에 속한 위대한 이상들은 (완전히 살아냄을 의미하는) 오래 살아서 실패하지 않고 충분히 살지 못해서 실패했다. 인류는 중세를 뚫고 지나가지 못했다. 오히려 인류는 반발하고 완패하여 중세에서 후퇴했다. 그리스도의 이상은 시도된 적이 없어 부족한 점을 찾아낸 적도 없다. 그리스도의 이상은 실현하기 어렵다고 생각

---

35 알비파(Albigenses)는 12~13세기 프랑스 남부에서 발생한 카타르파 이단 분파로 금욕 생활을 하며 당시 부패한 성직자들을 비판하여 인기를 끌었다. 1209년 당시 교황 인노첸시오 3세가 시토 수도회 수사들에게 알비파에 대한 십자군원정을 명령했다. 이 십자군원정은 프랑스 북부의 귀족 전체가 남부 귀족들을 공격하여 프로방스 지방의 문화를 짓밟고 파리 조약(1229)으로 끝났다.

되었고 시도되지 않은 채 남았다.

물론 프랑스 혁명의 경우에도 똑같다. 우리가 현재 느끼는 당혹스러움은 대부분 프랑스 혁명이 절반은 성공하고 절반은 실패했다는 사실에서 생겨난다. 어떤 점에서 발미의 싸움[36]은 서양의 결정적 전투였고, 또 다른 전투는 트라팔가르 해전[37]이다. 우리는 정말로 가장 넓은 영토의 전제 정치를 파괴했고, 영국을 제외한 거의 모든 그리스도교 국가에서 자유농민 계급을 만들어냈다. 이것에 대해 곧이어 더 말하겠다. 대의 정부라는 한 가지 보편적 유물은 완전한 공화주의 사상의 아주 빈약한 단편이다. 프랑스 혁명의 이론은 정부와 관련해 두 가지를 선제했다. 혁명이 일어난 때에 달성했으나 영국, 독일, 미국의 모방자들에게 확실히 물려주지 못했던 일이었다. 첫째, 명예를 지킬 수 있는 가난의 이상이었다. 정치인은 금욕적인 사람이어야 한다는 것이다. 둘째, 최고 수준의 공공성(publicity)이라는 이상이었다. 칼라일(Thomas Carlyle, 1795~1881)을 비롯해 상상력이 풍부한 영국의 여러 작가는 로베스피에르(Robespierre, 1758~1794)나 마라(Jean-Paul Marat, 1743~1793) 같은 사람이 어떻게 열렬히 찬양받았는지 상상할 수 없을 듯하다. 최선의 대답은 그들이 부유해졌을 수도 있던 때에

---

36 발미의 싸움은 프랑스 혁명기인 1792년에 프랑스의 마른(Marne)주의 발미(Valmy)에서 프랑스 혁명군이 프로이센과 오스트리아 연합군을 격파하고 최초로 승리한 싸움이다.

37 트라팔가르 해전(Battle of Trafalgar)은 1805년 10월 카디스와 지브롤터 해협 사이에 있는 스페인의 트라팔가르곶 서쪽에서 피에르 드 빌뇌브가 이끄는 33척의 함대(프랑스 함대 18척과 스페인 함대 15척)와 호레이쇼 넬슨 제독의 영국 함대 27척 사이에 벌어졌다. 영국은 이 전투에서 승리함으로써 이후 100년 동안 서유럽에서 해군력의 우위를 지켰다.

가난하게 살았기 때문에 찬양을 받았다는 것이다.

　이 나라 영국의 고급 정치판에서 가식이라도 이런 가난의 이상이 실제로 있다고 말할 사람은 없을 것이다. 우리 영국의 국내 정치가 부패하지 않았다는 주장은 실제로 정반대 논증에 근거한다. 그것은 지위를 보장받은 부유한 사람들이 금융 사기의 유혹에 넘어가지 않을 것이라는 이론에 근거한다. 나는 지금 영국 귀족 정치의 역사가 수도원 약탈부터 광산 합병에 이르기까지 이런 이론을 완전히 지지하느냐는 문제를 다루고 있지 않다. 그러나 부가 정치적 부패의 보호막이라는 것이 확실히 우리의 이론이다. 영국의 정치인은 매수되지 않도록 매수되어 있다. 정치인은 입에 은수저를 물고 태어나서, 나중에 호주머니의 은수저를 찾지 않을지도 모른다. 우리는 금권 정치의 보호를 강하게 믿어서 혈통도 예의도 없이 부를 상속한 가문들의 손아귀에 붙잡힌 우리의 제국을 점점 더 신뢰하고 있다. 우리의 정치판에서 의원들은 혈통의 덕을 본 벼락부자들이고, 문장을 수놓은 겉옷 같은 저속한 것에 손을 댄다. 다수의 경우에 현대 정치인이 입에 은수저를 물로 태어난다고 말하는 것은 부적절하고 과도하다. 현대 정치인은 입에 은 칼을 물고 태어난다. 그런데 이것은 모두 가난이 정치인에게 아주 위험하다는 영국식 이론의 예시일 뿐이다.

　일어났던 상황을 프랑스 혁명에서 공공성(publicity)이 관여한 전설과 비교하더라도 똑같을 것이다. 오래된 민주주의 신조는 국가의 모든 부처에 빛을 더 많이 들게 할수록 잘못되거나 그릇된 일에 맞서 즉각 의분이 일어나기 쉽다는 것이었다. 달리 말해 군주는 유리

집에 살아야 했고 군중은 유리 집에 돌을 던질 수도 있었다. 반면에 기존 영국 정치를 찬미하는 어떤 사람도 (만약 기존 영국 정치를 찬미하는 누구든지 있다면) 현실적으로 이런 공공성의 이상을 철저히 규명하거나 심지어 시도하는 척도 하지 않을 것이다. 분명히 공적 생활은 날이 갈수록 더 사적인 것이 되어간다. 프랑스인은 정말로 비밀을 폭로하고 추문을 들추는 전통을 계속 따랐다. 따라서 그들은 우리 영국인보다 죄가 아니라 죄의 고백에서 더 노골적이고 명백하다. 드레퓌스의 첫 재판[38]은 영국에서 일어났을 수도 있다. 정확히 말해 그것은 법률상 불가능했을 두 번째 재판이다. 그러나 정말로 만약 우리가 원형 공화주의의 정강에 얼마나 미치지 못하는지 깨닫기를 바란다면, 가장 분명한 시험 방법은 우리가 얼마나 구체제의 공화주의적 요소에도 미치지 못하는지에 주목하는 것이다. 우리 영국인은 당통 (Georges Jacques Danton, 1759~1794)과 콩도르세(Marquis de Condorcet, 1743~1794)보다 덜 민주적일뿐더러 여러 면에서 슈아죌(Étienne-François de Choiseuil, 1719~1785)과 마리 앙투아네트(1755~1793)보다

---

38   1894년 프랑스에서 태어난 유대인 드레퓌스(Alfred Dreyfus, 1859~1935)는 독일 대사관에 군사정보를 제공한 혐의로 체포되어 뚜렷한 증거도 없이 단순히 간첩과 필체가 비슷하다는 이유로 종신형을 선고받는다. 드레퓌스의 가족은 진상을 알아내고 진짜 간첩 행위를 한 에스테라지 소령을 고발했지만, 군부는 그를 무죄 석방했다. 그러나 당대 유명한 소설가 에밀 졸라가 공개한 '나는 고발한다'(J'Accuse)라는 제목의 격문을 계기로 수년 동안 프랑스인의 단결과 반유대주의를 주장한 우파와, 진실의 편에서 드레퓌스의 무죄를 주장한 좌파가 정치적으로 대립했다. 결국 드레퓌스는 무죄 판결을 받았고 프랑스 공화정의 기반을 다지고 좌파 세력의 결속을 촉진하며, 프랑스의 정교분리 원칙인 라이시테 원칙을 수립하는 계기가 되었다.

도 덜 민주적이다. 프랑스 혁명 이전 부유한 귀족 계급은 우리 영국의 로스차일드 가문과 러셀 가문에 비해 궁핍한 중산층 사람들이었다. 공공성의 문제에서 프랑스의 옛 군주국은 오늘날 존속한 어떤 군주국보다 한없이 민주적이었다. 특히 누구든 원하면 궁전으로 걸어 들어가 왕이 아이들과 놀거나 손톱 다듬는 모습을 볼 수 있었다. 대중/민중은 앵초 언덕을 소유하듯 군주국을 소유했다. 대중/민중은 군주국을 움직일 수 없었으나 완전히 결딴낼 수 있었다. 프랑스의 옛 군주국은 고양이가 왕을 볼 수도 있다는 탁월한 원칙에 따라 세워졌다. 그러나 오늘날 고양이는 아주 길든 고양이가 아니라면 왕을 볼 수 없을지도 모른다. 심지어 언론이 비판의 자유를 누리는 곳에도 언론은 아부에 가까울 만큼 찬사를 늘어놓곤 한다. 실체적 차이는 다음과 같이 흔치 않은 경우로 드러난다. 18세기 전제 정치는 "브랜트퍼드의 왕은 난봉꾼이다"라고 누구든 말할 수 있었음을 의미했다. 20세기의 정치적 자유는 현실에서 "브랜트퍼드의 왕은 가정적인 남자의 모범이다"라고 누구든 말하도록 인정함을 의미한다.

그런데 우리는 위대한 중세의 꿈처럼 위대한 민주주의의 꿈이 엄격한 실천이라는 뜻에서 이행되지 않았다고 보여줄 중요한 논증을 너무 오래 미뤘다. 현대 영국의 문제가 무엇이든 베켓의 가톨릭 신학이나 마라의 평등을 지나치게 글자 그대로 완수했다거나, 혹은 완성도가 기대에 미치지 못했다는 것이 아니다. 지금 나는 이런 두 가지 사례를 만 가지 다른 경우의 전형이기에 다루었다. 세상은 이행되지 않은 이상, 미완성 성당으로 가득하다. 역사는 공사를 마친 다음에 무너진 폐허로 이루어지지 않는다. 오히려 파산한 건축업자가 포기한 반쯤 지어진 별장들로 구성된다. 세상은 황폐한 공동 묘지가 아니라 미완성 주택 지구와 더 비슷하다.

6

재산권의 적

바야흐로 이상(ideal)을 정의하려는 문턱에서 설명이 필요한 특별한 이유는 이렇다. 내가 방금 다루었던 역사적 오류 탓에, 많은 독자는 내가 어떤 새로운 이상을 제안하리라고 기대할 것이다. 지금 나는 새로운 이상을 제안하는 것에 관심을 두지 않는다. 현대 궤변론자들의 광기로 상상 가능한 어떤 새로운 이상도 없다. 이런 새로운 이상이 있다는 것은 오래된 이상 가운데 어느 하나를 성취하는 것만큼 깜짝 놀랄 일이겠다. 어떤 진부한 격언이든 완수되는 날에는 모든 나라에 지진 같은 엄청난 일이 벌어질 것이다. 태양 아래 일어날 수 있는 유일하게 새로운 한 가지 일이 있다. 그것은 태양을 바라보는 일이다. 그대가 6월의 우울한 어느 날 시도하면, 인간이 왜 이상을 직접 보지 못하는지 알게 되리라. 이상들로 행할 수 있는 현실적으로 놀라운 한 가지 일은 실현하는 것이다. 이는 이글거리는 논리적 사실, 그리고 무서운 귀결에 직면하는 것이다. 그리스도는 율법을 파괴하는 것보다 이행하는 것이 더 깜짝 놀랄 만한 벼락임을 알았다. 그것은 내가 인용했던 두 사례뿐 아니라 모든 사례에서 사실이다. 이교도는 언제나 순수(purity)를 상징한 여신들, 아테나와 아르테미스, 베스타를 찬미했다. 처녀 순교자들은 도전적으로 순수함을 보여줄 때 야생 동물을 찢어발겨 빨갛게 달아오른 석탄 위에 굴렸다. 세상은 언제나 가장 높은 지위에 오른 가난한 사람을 사랑했다. 그것은 신데렐라부터 휘팅턴[39]에 이르는 모든 전설, 성모의 노래부터 프랑스의 애국가에 이르는 모든 시로 증명할 수 있다. 왕들이 프랑스에 반대하는 미치광이가 되었던 까닭은 프랑스가 이런 이상을 이상으로 만들었기 때문이 아니라, 그것을 실현했기 때문이다. 오스트리아의 프란츠 요제프 1세(1830~1916)와 러시아의 예카테리나 2세(Yekaterina II, 1729~1796)는 대중/민중이 지배해야 한다는 점에 전적으로 동의했다. 그들을 공포에 떨게 했던 것은 대중/민중이 실제로 지배했다는 점이었다. 그러므로 프랑스 혁명은 모든 참된 혁명의 전형이다. 혁명의 이상은 늙은 아담만큼 나이를 먹었으나 혁명의 이행은 거의 새로운 예루살렘만큼 신선하고 기적에 가깝고 새롭기 때문이다.

그러나 현대 세계에서 우리는 일차로 사람들이 오래된 이상을 실현하려고 시도했던 적이 없었기 때문에 새로운 이상으로 돌아선 기이한 광경을 목도한다. 사람들은 그리스도교에 싫증이 나지 않았다. 그들은 그리스도교를 싫증이 날 만큼 충분히 알아낸 적이 없었다. 사

---

[39] 본명은 리처드 휘팅턴(Richard Whittington, 1358?~1423)이고, 전설에 따르면 가난한 고아였으며 런던의 한 부자 상인에게 고용되어 접시닦이로 일했다. 유일한 재산인 고양이를 매개로 부유한 무어인의 딸과 결혼하여 사업을 이어받고 세 번 런던 시장을 지냈다.

람들은 정치적 정의에 싫증을 낸 적이 없었다. 사람들은 정치적 정의를 기다리느라 지쳤을 뿐이다.

이 책의 목적을 위해 나는 오래된 이상 가운데 하나만 골라잡자고 제안한다. 나는 가정 생활의 원칙을 고른다. 이상적인 집, 행복한 가족, 역사를 가진 신성한 가족을 예로 들어보자. 가정 생활의 원칙이 교회와 비슷하고 공화국과도 비슷하다고 잠시 논평할 필요가 있다. 가정 생활의 원칙은 이를 알지 못했거나 이행하지 못했던 사람들에게 주로 공격받았다. 셀 수 없이 많은 여성이 이론적으로 가정 생활에 반항했는데, 실천적으로 알았던 적이 없었기 때문이다. 셀 수 없이 많은 가난한 사람들은 이상적인 집을 알지 못한 채 구빈원[40]으로 내몰린다. 일반적으로 말해 노동자 계급이 버젓한 집(decent home)에 들어가겠다고 외치는 바로 그때, 문화를 익힌 계급은 버젓한 집에서 나가겠다고 비명을 지르고 있다.

만약 우리가 이런 집이나 가정을 시험할 수단으로 삼으면, 우리는 아주 일반적으로 단순한 정신적 토대를 놓거나 집이라는 이념을 세울 수도 있다. 신은 무에서 유를 만들어낼 수 있는 존재다. 인간은 (참으로 그렇게 말할 수 있을지도 모르지만) 무엇이든 어떤 것에서 무언가를 만들어낼 수 있는 존재다. 달리 말해 신의 기쁨은 한계가 없는 창조임이 분명하고, 인간의 특별한 기쁨은 한계가 있는 창조, 창조와

---

40 구빈원(救貧院, workhouse)은 자기를 부양할 능력이 없는 사람에게 거처와 일자리를 마련해 주는 시설로 영국의 잉글랜드와 웨일스에 있었다. '구빈원'이라는 용어는 1631년에 처음 사용되었다.

한계의 결합이다. 그러므로 인간이 찾는 즐거움은 조건을 소유하는 것이다. 그런데 인간은 얼마간 조건의 지배를 받는다. 플루트를 연주하는 사람은 자신이 연주할 플루트에 반쯤 지배당하거나, 농부는 자신이 일구는 밭에 반쯤 지배당한다. 신나는 일은 주어진 조건을 최대로 활용하는 데서 생긴다. 주어진 조건은 늘어나지만 무한정 늘어나지 않을 것이다. 인간은 낡은 편지 봉투에 불멸의 시를 쓰거나 돌덩이를 깎아 영웅상을 만들어낼 수 있다. 그러나 돌덩이에 시를 새기는 일은 품이 아주 많이 드는 일이며, 편지 봉투를 접어 영웅상을 만드는 일은 실용 정치의 영역에서 벗어난다. 이런 한계와 더불어 결실을 보는 갈등은 교육받은 계급이 가벼운 오락에 관심을 가질 때 예술로 흘러간다. 하지만 대중/민중은 볼 수 없거나 추상적인 아름다움을 추구할 시간도 소질도 없다. 대중/민중에게 예술의 창조라는 이념은 현재 토론의 대상으로 삼은 인기 없는 관념, 바로 재산권이라는 이념으로 표현할 수 있을 뿐이다. 평범한 인간은 점토를 잘라 인간의 형태를 만들 수 없지만, 땅을 나누어 정원의 형태를 만들 수 있다. 그는 고랑을 곧게 내고 붉은 꽃이 피는 제라늄과 파란 꽃이 피는 감자를 번갈아 심을지라도 여전히 예술가다. 이런 행동은 그가 선택한 것이기 때문이다. 재산권은 단지 민주주의의 기술이자 예술이다. 모든 인간이 저마다 천국의 모습을 그려내듯 자기 모습을 그려낼 수 있는 무엇을 가져야 한다는 뜻이다. 하지만 인간은 신이 아니라 신이 세상에 새겨놓은 모상일 뿐이기 때문에, 인간의 자기 표현은 엄밀하고 아주 작은 한계를 적당히 처리해야 한다.

우리 시대에 '재산'이라는 말이 거대 자본가들의 부패로 더럽혀졌음을 나는 잘 안다. 사람들의 말을 들으면, 누구든 로스차일드 가문이나 록펠러 가문이 재산권을 지지하는 편에 섰다고 생각하리라. 하지만 명백히 그들은 재산권의 적들이다. 왜냐하면 그들은 인간의 고유한 한계를 넘어서기 때문이다. 그들은 자신들의 땅이 아니라 다른 사람들의 땅을 원하며 이웃의 경계표를 제거할 때, 자신의 경계표도 제거한다. 작은 삼각형 밭을 사랑하는 사람은 밭이 삼각형이기 때문에 사랑해야 한다. 작은 삼각형 밭의 주인에게 땅을 더 많이 주어서 삼각형을 망친 이는 누구든지 삼각형 밭을 훔친 도둑이다. 진짜 시를 소유한 인간은 자신의 정원이 스미스의 정원과 만나는 곳에 벽이 세워지기를 바란다. 자신의 농장이 브라운의 농장과 만나는 곳에 울타리가 세워지기를 바란다. 자기만의 정원이나 농장을 원하는 것이다. 그는 이웃의 땅끝을 볼 수 없다면 자기 땅의 모양을 볼 수 없다. 서덜랜드의 공작이 모든 농장을 하나의 부동산으로 소유해야 한다는 것은 재산권을 부정한다는 뜻이다. 서덜랜드의 공작이 우리의 아내들을 모두 하나의 후궁[41]에 가두어 첩으로 삼으면 결혼 제도를 부정하는 셈인 것과 마찬가지다.

---

[41] 후궁(harem)은 흔히 이슬람 문화권의 전통으로 알려졌으나 아시리아·페르시아·이집트에서 대부분의 왕궁 안에 후궁을 두었고, 통치자의 부인들, 첩, 시녀와 환관들이 거주했다. 통치자들은 자주 정치 권력을 과시하려 후궁에 부인의 숫자를 늘렸다. 부인들은 궁정의 주도권을 잡기 위해 경쟁을 벌였다. 일반적으로 남자들의 공적 생활에서 배제된 여자들의 개인 생활 공간을 가리킨다.

7

자유로운 가족

이미 말했듯 나는 그저 중요한 예를 하나 들고자 한다. 개인의 주거 공간이나 가족 제도, 다시 말해 가족의 껍데기와 속을 예로 들려 한다. 우리는 우주와 정치로 기우는 경향으로 단순히 고대의 독특한 가정을 떠올리게 된다고 생각한다. 내가 가족 자체에 관해 말해야 할 모든 것은 몇 마디로 충분할 것이다. 나는 가족이 동물의 특성에서 유래하는지에 관한 사색과 가족이 사회를 재구성하는 세부 내용을 다루지 않고 남겨둔다. 가족이 명백히 널리 퍼져 있다는 점에 관심을 둘 뿐이다. 가족은 인류에게 필요한 것이다. (만약 그대가 이렇게 말하고 싶다면) 가족은 인류가 빠진 함정이다. 누구든지 거대한 사실을 위선적으로 무시함으로써만, 마치 사랑이 담배를 한 대 피우거나 혹은 휘파람으로 노래를 한 곡조 부르듯 작은 사건인 것처럼, '자유 연애'에 대해 궁리하고 말할 수 있다. 인간이 담배를 피울 때마다 동그란 모양의 담배 연기에서 솟아난 요정이 거구의 노예처럼 가는 곳마다 따라다녔다고 가정해보라. 인간이 휘파람으로 노래를 한 곡조 부를 때마다 '천사를 끌어내려' 끈에 매달고 영원히 걸어 다녀야 했다고 가정해보라. 이런 재앙에 가까운 그림은 자연이 성(sex)에 부가했던 지진 같은 결과와 아주 약하게 평행할 뿐이다. 처음부터 인간이 자유 연애를 즐길 수 없음은 아주 명백하다. 인간은 반역하는 자거나 속박되는 자다. 가족을 창조한 둘째 요소는 가족이라는 결과가 대단히 중요한데도 점진적으로 생겨난다는 점이다. 담배는 아기 거인을 만들어내고 노래는 유아 상태의 천사를 만들어낼 따름이다. 이로부터 오래 지속된 협동 체계의 필요가 생겨나고 교육상 충분한 의미를 지닌 가족이 생겨난다.

이런 가족 제도는 하나의 무정부 상태의 제도라고 말할 수도 있다. 다시 말해 가족 제도는 법보다 더 오래되었으며 국가 밖에 존재한다. 본성상 가족 제도는 풍습이나 친족 관계에 속한, 정의 내릴 수 없는 위력으로 생기를 되찾거나 부패한다. 이것은 국가가 가족을 지배할 권위가 없음을 뜻한다고 이해되어서는 안 된다. 국가의 권위는 비정상적인 많은 경우에 행사되고 행사되어야 한다. 하지만 가족이 기쁨과 슬픔을 함께 나누며 정상적으로 생활할 때 대부분 국가가 들어갈 방법은 없다. 법이 간섭해서는 안 된다기보다 간섭할 수 없다. 법과 멀리 떨어진 분야가 있듯 법과 너무 가까운 분야도 있다. 인간은 자기 등뼈를 보지 못해도 북극을 볼 수는 있다. 작고 가까운 문제는 거대하고 먼 문제만큼 통제를 벗어난다. 그리고 가족의 진짜 고통과 쾌락은 이를 보여주는 강력한 예다. 아기가 달 때문에 울더라도, 경찰은 달을 따다 줄 수 없다. 어떤 것도 아기의 울음을 멈추게 할 수 없다. 수많은 남편과 아내, 어머니와 아이처럼 서로 너무 가까운 사람들은 서로를 행복하거나 불행하게 만들 힘이 있고, 이것은 공적으로 강제함으로써 다룰 수 없다. 만약 결혼이 매일 아침 힘을 잃는다면 아내의 잔소리에 잠을 설친 남편에게 밤의 휴식을 돌려주지 못할 터다. 남편이 오로지 작은 평화를 원할 때 많은 힘을 주는 것이 무슨 소용인가? 아이는 완벽하지 않은 어머니에게 의존할 수밖에 없고, 어머니는 보잘것없는 아이에게 헌신할 수도 있다. 이런 관계에 법률상 복수는 헛된 일이다. 법이 이런 곤경을 수습해야 하는 비정상적인 경우도 항상 발견된다. 치안 판사를 당황하게 만드는 사례는 많다. 치안 판사는 가장을 빼앗기고 굶주릴 아이들을 구해야 한다. 또 치안 판사가 어떤 아내의 가슴을 자주 찢어놓을 수밖에 없는 까닭은, 그녀의 남편이 이미 그녀의 머리를 다치게 했기 때문이다. 국가는 가족의 뿌리 깊은 관습과 얽히고설킨 애정을 떼어낼 섬세한 도구가 없다. 행복하든 불행하든 두 가지 성(sex)은 너무 단단히 묶여 있어 우리는 그들 사이에 법이라는 주머니칼의 날을 들이대지 못한다. 남자와 여자는 한 몸이다. 둘은 하나의 정신이 아닐 때도 한 몸이다. 인간은 모두 두 팔과 두 다리가 있다. 이런 고대의 무정부 상태에서 유지되는 친밀함에 근거한 정부의 유형들은 작거나 효과가 없다. 스위스 공화국이나 시암[42]의 전제 정부에서 인간은 자기 성(sex)의 건전함과 상냥

---

[42] 샴/시암(Siam)은 태국(Thailand)의 옛 이름이다. 19세기 초 쿠데타가 일어나 절대 군주제가 무너지고 입헌군주제 정부가 세워졌으며 1939년에 국가의 공식 명칭을 시암에서 태국으로 바꾸었다.

한 습관으로 행복하거나 불행하다. 시암에 사는 공화주의자조차 샴 쌍둥이[43]에게 자유를 주기 위한 일을 그렇게 많이 하지는 못할 터다.

문제는 결혼이 아니라 성(sex)에 있고, 가장 자유로운 축첩 풍습에 있음이 드러날 터다. 그런데도 인류의 압도적 다수는 이런 문제에 관해 자유를 믿지 않고, 오히려 더하든 덜하든 영원히 이어주는 끈이 있다고 믿는다. 부족과 문명은 유대 관계가 느슨해질 수도 있는 경우에 관해 차이를 드러내지만, 모두 보편적 고립 상태가 아니라 느슨해질 어떤 유대 관계가 있다는 점에 동의한다. 이 책의 목적을 위해 내가 믿는 결혼에 대한 신비주의적 견해, 다시 말해 결혼이 신성하다는 유럽의 대단한 전통에 관해 논하고 싶지 않다. 이교도든 그리스도교든 비슷하게 결혼을 유대 관계를 맺는 것으로 여겼다는 점을 지적하는 것으로 충분하다. 이런 유대 관계는 정상적인 경우에 끊어지지 않는다. 간단히 말해 성(sex)과 관련된 이런 인간의 믿음은 현대인이 매우 부적절한 연구를 하게 만들었던 원리에 의존한다. 그것은 어쩌면 걷기의 두 번째 호흡의 원리와 거의 평행할지도 모른다. 가질 만한 가치가 있는 모든 것에, 모든 즐거움에도 넘겨야 할 고통스럽거나 지루한 지점이 있어서 즐거움이 되살아나고 지속될 수도 있다는 원리다. 전투의 기쁨은 첫 번째 죽음의 공포를 이겨낸 다음에 온다. 베르

---

43 샴 쌍둥이(Siamese twins)는 몸의 일부가 붙은 채로 태어난 쌍둥이를 가리키는 말이다. 생물학적으로 수정란이 불완전하게 분리된 일란성 쌍둥이를 말한다. 1811년, 샴에서 배가 붙은 채로 태어난 쌍둥이에서 유래한 명칭이고, 최근 들어 결합 쌍둥이라고 바꿔 부른다.

길리우스[44](Publius Vergilius Maro, 기원전 70~19)를 읽는 기쁨은 베르길리우스를 배우는 지루한 과정을 밟은 다음에 온다. 해수욕을 하는 사람이 느끼는 온기는 해수욕의 얼음같이 차가운 충격을 감내한 다음에 온다. 그리고 결혼의 성공은 신혼기의 실패를 이겨낸 다음에 온다. 인간의 모든 서약, 법, 계약은 이런 한계점, 잠재된 굴복의 순간을 성공적으로 견뎌내는 여러 방식이다.

필요나 명예를 제외하고 지상에서 행할 가치가 있는 모든 일에는 아무도 밟으려고 하지 않을 단계가 있다. 그때 제도는 인간을 떠받치고 더 단단한 땅 위로 나아가도록 돕는다. 인간의 본성에 속한 이런 확고한 사실이 그리스도교가 승인한 결혼의 숭고한 헌신을 옳게 만들 것인지는 전혀 다른 문제다. 인간의 본성에 속한 확고한 사실은 결혼이 확고한 것이고 결혼의 해소는 허물이거나 적어도 불명예라는 일반적 느낌을 충분히 옳은 것으로 만든다. 본질적 요소는 지속이 아니라 안정이다. 두 사람은 20분 동안 춤추든 20년 동안 결혼 생활을 하든 진가를 충분히 발휘하기 위해 결합해야 한다. 두 경우에 논점은 한 사람이 처음 5분이 지나고 지루함을 느끼더라도 이어나가야 하고 억지로라도 행복해야 한다는 것이다. 강제는 용기를 북돋움의 일종이다. 무정부 상태가 (또는 누군가 자유라고 부르는 것이) 본질상 압박을 초래하는 까닭은, 그것이 본질상 용기를 꺾기 때문이다. 만약

---

44 베르길리우스는 로마의 서사시 『아이네이스』의 저자이자 뛰어난 시인으로 이후 유럽에서 위대한 시인으로 추앙받았다.

우리가 모두 거품처럼 공중에 떠돌며 어디든 아무 때나 자유롭게 표류한다면, 아무도 대화를 시작할 용기를 실제로 내지 못할 터다. 다정히 속삭이듯 문장을 하나 시작했는데 상대가 형체 없는 공기처럼 자유롭게 떠돌고 있어서 문장의 나머지 절반을 크게 외쳐야 한다면 당혹스러울 것이다. 두 사람이 충분히 대화를 나누려면 서로 가까운 거리에 있어야 한다. 만약 미국인이 '기질이 맞지 않는' 탓에 이혼할 수 있다면, 왜 전부 이혼하지 않는지 나는 이해할 수 없다. 내가 아는 한, 행복한 결혼의 사례는 많아도 기질이 맞는 결혼의 사례는 하나도 없다. 결혼의 온전한 목표는 기질이 맞지 않아도 싸움을 거쳐 문제가 되지 않는 순간까지 살아내는 것이다. 한 남자와 한 여자는 자체로 기질이 맞지 않기 때문이다.

가정 생활의 야성

대충이라도 빈곤 문제, 특히 산업주의가 지배하는 현대 사회에서 인간성을 파괴하는 가난에 대해 간단히 언급해야 하겠다. 하지만 가정 생활의 이상에서 중요한 사안과 관련해 어려운 점은 가난이 아니라 부의 문제다. 인생을 속이거나 왜곡하는 것은 여가와 사치에 대한 특별한 심리의 문제다. 현대에 일어난 '진보' 운동을 조금 경험하면서 나는 진보 운동이 일반적으로 부유층의 고유한 경험에 기초하고 있음을 확신하게 되었다. 내가 이미 이야기했던 자유 연애, 곧 잇따른 작은 사건들로 생각되는 성생활도 그렇다. 진보 운동은 한 여자에게 권태를 느끼는 긴 휴가와 다른 여자를 찾아 어슬렁거리는 자동차를 암시한다. 유지 비용을 암시하기도 한다. 어떤 총괄 지배인은 다른 사람의 아내는커녕 자기 아내를 사랑할 시간도 없다. 현대 '문제극'(problem plays)이 성공과 더불어 결혼 생활이 소원해진다고 묘사한 것은 연극이 묘사할 수 없는 한 가지, 곧 힘든 하루가 있다는 사실에서 기인한다. 나는 진보주의의 일시적 유행의 배후에 이런 금권 정치가 가정되어 있음을 보여주는 다른 예를 많이 들 수 있다. 예컨대 "여자는 왜 경제적으로 남자에게 의존해야 하는가?"라는 질문은 금권 정치를 배후에 가정한다. 답은 가난하고 실천하는 사람 가운데 여자가 없다는 것이다. 이때 남자가 여자에게 의존한다는 의미는 배제된다. 사냥꾼은 옷이 찢어질 수밖에 없고, 수선할 사람이 있어야 한다. 어부는 물고기를 잡아야 하고, 요리할 사람이 있어야 한다. 여자는 단지 '들러붙은 기생충'이거나 '노리개' 따위라는 근대의 모호한 개념이, 은행업에 종사하는 부유한 가족의 침울한 사색을 통해 생겨났다는 점은 아주 분명하다. 거기서 은행가는 적어도 시내에 가서 무슨 일을 하는 척하지만, 은행가의 아내는 공원에 가서 아무것도 하지 않는 척한다. 가난한 남자와 그의 아내는 동업자 관계를 맺는다. 만약 어느 출판사의 한 배우자는 저자와 면담하고 다른 배우자는 사무관과 면담한다면, 두 사람 가운데 한 사람은 경제적으로 의존하는가? 호더와 스토턴 출판사의 호더는 스토턴에게 들러붙은 기생충이었는가? 마셜과 스넬그로브 백화점을 창업한 마셜은 스넬그로브에게 단지 노리개였는가?

그런데 단지 부로 생겨난 근대의 모호한 개념 가운데 최악은 가정생활이 따분하고 길들었다는 생각이다. 가정 안에 죽은 예법과 지루하고 기계적인 일이 있고, 가정 밖에 모험과 다양한 것이 있다. 이는 정말로 부유한 남자의 견해다. 부유한 남자는 자기 저택이 소리를 내지 않는 거대한 부의 수레바퀴로 움직인다는 것을 안다. 고용된 많은 사람의 신속하고 조용한 의례에 따라 흘러간다. 다른 한편 온갖 종류의 방랑벽이나 연애 감정은 바깥의 거리에 나가면 부유한 남자에게 열려 있다. 돈이 많은 남자는 방랑자가 될 여유가 있다. 촌놈의 길들고 온순한 모험은 즉결 재판으로 끝날지도 모르지만, 부유한 남자의 길들지 않은 야성을 드러낸 모험은 고급 음식점에서 마무리될 것이다. 만약 부유한 남자가 창문을 때려 부수면, 그는 부서진 창문에 대해 값을 치를 수 있다. 만약 부유한 남자가 어떤 남자를 후려치면, 부유한 남자는 맞은 남자에게 보상금을 줄 수 있다. 부유한 남자는 (소설에 나오는 백만장자처럼) 비싼 술을 한 잔 마시려고 호텔을 살 수도 있다. 또한 사치스러운 남자는 거의 모든 '향상되고' '진보한' 사상의 어조로 호령하기에, 우리는 가정이 현실적으로 인류에 속한 압도적 다수에게 어떤 의미가 있는지를 거의 잊어버렸다.

진실을 말하면 적당히 가난한 사람들에게 가정은 자유를 누릴 유일한 장소다. 아니, 무정부 상태가 허락되는 유일한 곳이다. 한 남자가 갑자기 배치를 바꾸고, 일시적 기분에 따라 마음대로 할 수 있는 지상의 유일한 곳이다. 다른 모든 곳에서 그는 우연히 들른 가게, 여관, 회관, 혹은 박물관의 엄한 규칙을 수용해야 한다. 하지만 그는 원한다면 자기 집 방바닥에서 음식을 먹을 수 있다. 나는 자주 방바닥에서 음식을 먹는데, 별나고 어린애로 돌아간 듯하고 시적이고 소풍을 즐기는 것처럼 느껴진다. 만약 내가 찻집에서 그렇게 해보려 했다면 꽤 말썽을 일으켰을 터다. 어떤 남자는 자기 집에서 실내복 차림으로 실내화를 신고 지낼 수 있다. 나는 이것이 사보이 가문[45]에서 허락되지 않았으리라 확신하지만 실제로 확인하지는 않았다. 만약 그대가 식당에 가면, 그대는 차림표에 나온 포도주를 주문해 마셔야 한다. 그런데 만약 그대가 정원이 딸린 저택이 있고 원한다면 접시꽃 차나 삼색메꽃 술을 만들어볼 수 있을 것이다. 소박하고 근면한 남자에게 가정은 모험이 가득한 세상에서 길든 하나의 장소가 아니라 규칙과 정해진 과제로 가득한 세상에서 하나 남은 야생의 장소다. 가정은 천장에 양탄자를 깔거나 방바닥에 석판을 놓을 수 있는 하나 남은 장소다. 어떤 남자가 밤마다 술집이나 희극과 음악 공연장(music hall)에서 시간을 보낼 때, 우리는 그가 불규칙한 생활을 한다고 말한다. 하지만 그렇지 않다. 그는 이런 장소의 지루하고 억압적인 법규에 따라 매우 규칙적인 생활을 하고 있다. 때로는 술집에서 앉지도 못하고, 희극과 음악 공연장에서 노래를 부르지 못하는 일도 빈번하다. 호텔은 그대가 어쩔 수 없이 옷을 차려 입어야 하는 장소로 정의될 수도 있다. 극장은 그대가 담배를 피우는 것이 금지되는 장소로 정의될지도 모른다. 어떤 남자는 오로지 가정에서만 소풍을 즐길 수 있다.

이미 말했듯 나는 이런 작은 인간적 전능, 자유가 보장되는 이런 작은 방이나 회의실의 소유를 현재 탐구에 적합한 작업 모형으로 삼는다. 모든 영국인에게 무료 집(free home)을 제공할 수 있든 없든, 적

45　사보이 가문은 15세기에 신성 로마 제국에서 공작의 지위에 올랐고, 18세기 처음 시칠리아 왕국, 다음에 사르데냐 왕국의 왕가가 되었다. 이탈리아 통일 운동에 이바지한 덕분에 19세기 중엽 이탈리아의 왕가가 되어 1946년 이탈리아 공화국이 수립될 때까지 이탈리아를 통치했다.

어도 우리는 무료 집을 욕망해야 하고, 영국 남자는 그것을 욕구한다. 지금 우리는 영국 남자가 얻으리라 기대하는 것이 아니라 원하는 것에 대해 말한다. 예컨대 그는 단독 주택을 원하지 연립 주택을 원하지 않는다. 그는 상업으로 이윤을 추구하는 인종으로서 어쩔 수 없이 다른 남자와 벽을 하나 공유하게 될 수도 있다. 비슷하게 그는 다리가 셋 달린 인종으로 다른 사람과 다리 하나를 공유하게 될 수도 있다. 그러나 우아하고 자유롭게 꿈을 꾸며 스스로 그려낸 것은 아니다. 게다가 그는 공동 주택을 욕망하지 않는다. 그는 공동 주택에서 자고 먹고 신을 찬양할 수 있다. 우리는 기차에서 먹고 자고 신을 찬양할 수 있다. 그러나 기차는 집이 아니다. 바퀴가 달린 집이기 때문이다. 또 공동 주택은 제대로 만든 집이 아니다. 기둥에 의지한 집이기 때문이다. 땅에 맞닿음과 토대라는 이념은 분리와 독립이라는 이념처럼 교육받은 인간이 그린 그림의 일부다.

그러면 나는 여기서 한 가지 제도를 시험대에 올린다. 모든 정상적인 남자는 한 여자와 그 여자가 낳은 아이를 원할 때, 그들이 들어가서 살 자기 집을 원한다. 그는 단지 위로 지붕과 아래로 의자를 원하는 것이 아니라, 어떤 목표와 눈에 보이는 왕국을 원한다. 좋아하는 음식을 요리할 화덕과 초대한 친구에게 열어 줄 대문을 원한다. 이는 남자들의 정상적인 욕망이다. 나는 예외가 없다고 말하지는 않는다. 필요를 넘어선 곳에 성자가 있고 필요의 지배를 받는 박애주의자들이 있다. 이제 공작인 오팔스타인[46]은 이것보다 더한 것에 익숙해졌을 수도 있고, 재소자였을 때 이보다 덜한 것에 익숙해졌을 수도 있다. 그러나 정상적인 것은 거대하다. 모든 사람에게 일상 생활에 필요한 집을 제공하면 누구나 기뻐하리라. 바로 그것이 내가 변명할 여지 없이 주장하는 점이다. 지금 현대 영국에서 (여러 사람이 열심히 지적하듯) 거의 모든 사람에게 집을 제공하는 것은 대단히 어렵다. 정말 그렇다. 나는 **필요한 것**(desideratum)을 설정할 뿐이다. 그리고 독자에게 필요한 것을 설정하고 나와 함께 우리 시대의 사회 전쟁 속에서 어떤 일이 정말로 벌어지는지 살펴보자고 요청한다.

---

46 오팔스타인(Opalstein)은 영국의 시인이자 평론가인 시먼즈(John Addington Symonds, 1840~1893)를 가리키는 것 같다. 시먼즈는 이탈리아 르네상스에 대한 평론으로 유명하고, 양성애와 동성애에 관한 글도 썼다. 동시대 영국의 소설가 스티븐슨의 수필에서 시먼즈가 오팔스타인으로 알려진 데서 유래한 이름으로 보인다.

진보주의자 허지(Hudge)와 보수주의자 거지(Gudge)의 역사

이를테면 혹스턴에 질병이 퍼지고 범죄와 난교가 득실대는 어떤 더러운 빈민굴이 있다. 거기에 순수한 의도를 가진 (그대가 좋다면) 귀족 태생의 두 젊은이가 있다. 두 사람을 진보주의자 허지(Hudge)와 보수주의자 거지(Gudge)라고 부르기로 하자.[47] 진보주의자 허지는 바쁘게 움직이는 부류에 속한다. 그는 사람들이 무슨 수를 쓰더라도 비참한 소굴에서 헤어나야 한다고 지적한다. 그는 돈을 기부하고 모으면서, (허지들에게 막대한 금융 이익을 주지만) 사람들이 현장에서 턱없이 적은 임금을 받고 일할 수밖에 없음을 깨닫는다. 그리하여 벌집처럼 높고 헐벗은 연립 주택을 세우고, 곧바로 가난한 사람들을 모두 작은 벽돌 방에 입주시켰다. 작은 방이 방수 처리가 되어 있고 환기

---

47   체스터턴은 이 장에서 세 인물을 등장시켜 이야기한다. 거지(Gudge)와 허지(Hudge), 존스(Jones)다. 거지와 허지는 지배 계급에 속한 신사들로, 전자는 보수주의자이자 산업 자본가, 개인주의자를 대표하고, 후자는 자유주의자이자 사회주의자, 진보주의자를 대표한다. 존스는 상식을 대변하는 평범한 가장을 대표한다.

도 되며 깨끗한 물이 제공되는 한, 확실히 전에 살았던 낡은 곳보다 더 나았다. 그러나 보수주의자 거지는 본성이 더 섬세하다. 이름을 붙일 수는 없어도 작은 벽돌 상자 거주지에 무언가 부족하다고 느낀다. 그는 수도 없이 많은 이의를 제기한다. 그는 심지어 기념할 만한 허지 보고서를 거지의 소수파 보고서로 공격한다. 한 해가 끝날 무렵 거지는 허지에게 사람들이 이전보다 훨씬 더 행복해졌다고 열띠게 말하게 된다. 사람들이 두 보고서에서 똑같이 상냥한 분위기를 얼떨떨하게 느낄 때, 어느 쪽이 옳은지 간파하기는 무척 어렵다. 하지만 아무도 악취나 굶주림을 좋아하지 않았고 특이한 쾌락이 사람들을 얽어매어 꼼짝할 수 없게 만들었다고 말해도 틀리지 않을지도 모른다. 섬세한 보수주의자 거지는 그렇게 느끼지 않는다. (허지 대 거지를 비롯한 다른 사람의) 마지막 싸움이 벌어지기 오래전에, 거지는 빈민가와 악취가 정말 좋은 것이고, 한 방에서 열네 사람이 자는 습관이 영국을 위대하게 만들었으며, 덮개가 없는 하수구 냄새는 바이킹족을 길들이려면 절대 없어서는 안 된다고 자신을 설득했다.

그동안 허지는 타락하지 않았을까? 슬프게도 나는 진보주의자 허지가 타락한 것 같아 두렵다. 허지가 원래 인명을 구하려고 가식 없이 세웠던 볼품없는 건물은 착각에 빠진 그의 눈에 나날이 점점 더 사랑스러워졌다. 조잡한 필수품이라는 점을 제외하면 방어하려고 꿈도 꾸지 않았을 것, 공동 주방이나 악명 높은 석면 난로 같은 것이 단지 거지에 대한 분노를 반영하기 때문에 허지의 눈 앞에 신성하게 빛나기 시작한다. 허지는 사회주의자의 열망이 담긴 작은 책자의 도움을 받아 인간이 현실적으로 집이 아니라 벌집에서 더 행복하다고 주장한다. 모든 낯선 사람을 그대의 침실에 들어오지 못하게 하기가 실제로 어려운 느낌을 허지는 형제애라고 기술한다. 차가운 돌계단을 23층까지 올라가야 할 필요를 노력이라고 부른다. 진보주의자들이 박애를 실천한 모험의 최종 결과는 이렇다. 어떤 이는 옹호할 수 없는 빈민가와 훨씬 더 옹호할 수 없는 빈민가의 지주를 옹호하게 되었고, 다른 이는 오로지 절망을 의미하던 오두막과 배수관을 신성한 것으로 취급하게 되었다. 지금 거지는 칼튼 클럽[48]의 부패하고 화를 잘 내는 늙은 토리당원이다. 만약 여러분이 그에게 가난에 대해 언급하면, 그는 굵고 쉰 목소리로 "그들에게 좋은 일을 하시오"로 추측되는 말을 크게 외친다. 허지가 더 행복한 것도 아니다. 왜냐하면 그는 뾰족한 회색 턱수염을 가진 야윈 채식주의자고, 마침내 우리가 모두 하나의 만능 침실에서 잠을 자게 되리라고 모든 사람에게 계속 말하고 돌아다니며, 신을 잊은 사람처럼 전원도시에서 살기 때문이다.

　허지와 거지의 개탄스러운 역사는 이렇다. 나는 이것을 현대 영국에서 늘 마주하는 분통 터지는 끝없는 오해의 한 유형으로 소개할 뿐이다. 인간을 빈민굴에서 헤어나게 하려고 공동 주택에 입주시킨다. 처음에 건강한 인간의 영혼은 허지와 거지를 둘 다 혐오한다. 인

---

48 칼튼 클럽(Carlton Club)은 런던의 세인트 제임스 궁에 있고 보수당 중앙 당사가 만들어지기 전 보수당의 본거지였다.

간의 첫째 욕구는 빈민굴에서 되도록 멀리 떨어지는 것이고, 심지어 그의 정신 나간 행동이 모형 주택으로 이끌 것이다. 자연스럽게 인간의 둘째 욕구는 빈민굴로 돌아가게 될지라도 모형 주택에서 도망치는 것이다. 그러나 나는 허지의 추종자도 거지의 추종자도 아니다. 환상에 빠진 두 유명 인사의 실수는 한 가지 단순한 사실에서 빚어진다고 나는 생각한다. 허지도 거지도 인간이 자신을 위해 어떤 집을 좋아할 것인지 잠시라도 생각했던 적이 없다는 데서 실수가 생겨났다. 간단히 말해 그들은 이상과 함께 시작했고, 그러므로 실제로 행동하는 정치인이 아니었다.

우리는 미래 예찬과 과거의 실패에 관해 어색한 괄호 넣기를 덧붙인 취지로 돌아갈 수도 있다. 자기 집을 가지는 것이 모든 인간의 이상이고, 우리는 이제 (이런 필요를 모든 필요의 전형으로 여기면서) 왜 어떤 인간이 자기 집을 갖지 못했는지, 또 자기 집을 갖지 못한 것이 어떤 철학적 의미로든 자신의 잘못인지 물을 수도 있다. 나는 어떤 철학적 의미로 그것이 누군가의 잘못이라고 생각한다. 더욱 철학적 의미로 누군가의 철학에서 비롯한 잘못이라고 생각한다. 그리고 나는 이것을 지금부터 설명해야 한다.

뛰어난 수사력을 갖추었으나 현실에 거의 직면하지 않았던 버크[49]는 (내가 생각하기에) 어떤 영국인의 집이 성(castle)이라고 말했다.

---

[49] 버크(Edmund Burke, 1729~1797)는 아일랜드 더블린 출신의 영국 정치인이자 정치 철학자, 연설가다. 자유주의를 표방한 휘그당의 당원이었으나 대의 정부와 귀족 신분제를 옹호하고, 사유 재산을 인정하고, 전통과 관습을 옹호했으며, 프랑스 혁명의 이념을 부정했

이런 말은 솔직히 재미있다. 왜냐하면 공교롭게도 영국인은 유럽에서 거의 유일하게 자기 집으로 성을 소유하지 못하기 때문이다. 다른 어디든 소작인의 소유권 장악이 거의 실제로 존재한다. 가난한 남자는 자기가 소유한 땅의 주인일 뿐이라도 지주일 수도 있다. 지주와 소작인이 동일인이 되면 소작인은 소작료를 내지 않고 지주는 일을 조금 한다는 점에서 확실히 사소한 이점이 있다. 그러나 나는 소규모 소유권의 옹호에 관심이 없고, 단지 영국을 제외한 거의 어디든 소규모 소유권이 실제로 있다는 사실에 관심을 가질 따름이다. 하지만 소규모로 소유한 이런 사유지가 지금 어디에서나 공격당한다는 것도 사실이다. 소규모 사유지는 우리 영국에 실제로 존재했던 적이 없었으며 우리의 이웃 나라에서 결딴날지도 모른다. 그러므로 소규모 사유지가 일반적으로 인간으로서 살아갈 때 어떤 것이고, 개별적으로 국내의 이상으로서 어떤 것인지, 현실적으로 이 나라에서 특히 자연스러운 인간의 창조적 삶을 망쳤는지 우리는 물어야 한다.

인간은 언제나 길을 잃었다. 에덴동산에서 쫓겨난 이래 부랑자였다. 그러나 인간은 자신이 무엇을 찾는지 알았거나 안다고 생각했다. 인간은 저마다 정교하게 만들어진 우주의 어딘가에 집이 있다. 집은 느리게 흐르는 노퍽 강 속에 허리까지 담그거나 서식스의 언덕에서

다. 신분에 관계 없이 도덕적 품성과 능력에 따라 높은 자리를 차지해야 한다는 능력주의를 주장하기도 했으나, 빈곤을 극복하기 위한 국가의 직접적 복지 개입이 아니라 귀족과 부자의 도덕적 고결함에 기초한 자발적 온정주의에서 나온 복지를 주장했다. 이런 이유로 버크는 근대와 현대 보수주의의 아버지로 불린다.

햇볕을 쬐는 사람을 기다린다. 인간은 언제나 이 책의 주제인 자기 집을 찾고 있었다. 이제 인간은 한 치 앞도 볼 수 없게 내리는 음산한 싸락눈 같은 회의주의에 지배당하면서 처음으로 희망이 아니라 절망으로 오싹해지기 시작했다. 역사상 처음으로 인간은 지구에서 방랑하는 목적을 정말 의심하기 시작한다. 인간은 언제나 길을 잃었다. 그러나 지금 인간은 자신의 주소지를 잃었다.

상류 계급의 확실한 철학이 압박하는 가운데 (달리 말해 허지와 거지의 압력을 받으면서) 평범한 인간은 노력으로 달성할 목표를 둘러싸고 참으로 당혹스러워졌다. 그리하여 인간의 노력은 점점 더 힘을 잃는다. 자기 집을 가진다는 단순한 생각은 속물근성이나 감상주의, 또는 비열한 그리스도교로 조롱받는다. 여러 가지 형태로 거리에서 떠돌거나 작업장으로 가라고 추천한다. 전자는 개인주의[50]라고 부르고 후자는 집산주의[51]라고 부른다. 잠시 이런 과정을 조금 더 주의 깊

---

50 개인주의(個人主義 individualism)는 프랑스의 정치학자 알렉시 드 토크빌(Alexis de Tocqueville, 1805~1859)이 처음 사용했다. 개인주의의 가치관은 인간 중심적 가치와 자체 목적으로서 개인을 중시하며 모든 개인이 도덕적으로 평등하다는 관점을 공유한다. 자립·사생활·타인에 대한 존중에 높은 가치를 두며 개인의 소유권과 결사의 자유를 옹호한다. 19세기 후반과 20세기 전반에 대규모 사회조직이 나타나면서 빛을 잃게 되었지만, 현대 사회에서 여전히 영향을 미치고 있다.

51 집산주의(集産主義 collectivism)는 주요 생산 수단의 공유화를 이상으로 추구하는 정치 이론이다. 토지와 철도, 광산을 비롯한 모든 자본의 국유화를 주장하지만, 개별 소비의 자유는 인정하는 견해다. 러시아의 사상가 바쿠닌(Mikhail Bakunin, 1814~1876)이 제안했다. 바쿠닌은 '파괴의 열정이 바로 창조의 열정'이라고 단언했던 무정부주의 성향의 혁명가였다. 그는 국가 권력을 철폐하고 협동조합 사회주의를 건설하자고 제안했는데, 여기서 집산주의가 시작되었다. 20세기 초반까지 유럽의 무정부주의 사회 운동에 지대한 영향을 미쳤다. "사회주의 없는 자유는 특권이자 불의며, 자유 없는 사회주의는 야만이자 노예제다."라

게 살펴보겠다. 여기서 허지와 거지가, 정확히 말해 지배 계급이 어떤 현대적 문구가 부족해서 예전부터 차지했던 우세한 지위를 지킬 것이라고 말할지도 모른다. 그런데 대지주들은 반동적 근거로 더는 거부할 수 없다면 진보적 근거로 영국 농부의 3에이커 땅과 소 한 마리 소유를 거부할 것이다. 그들은 국가의 소유라는 근거로 농부의 3에이커 땅 소유를 부정하고, 인도주의에 근거하여 농부의 소 한 마리 소유를 금지할 것이다.

영국 국민의 정책적 요구를 막았던 이런 특이한 영향을 최종적으로 분석해보자. 내가 알기로 과두 정치가 영국을 지배한다는 점을 여전히 부정하는 사람이 몇몇 있다. 나로서는 어떤 사람이 당대의 신문을 훑어보고 30년 동안 잠들었다가 최근 깨어나 후대의 신문에서 같은 사람들에 관한 내용을 읽는다고 상상했을 수도 있음을 아는 것으로 충분하다. 어떤 사람은 한 신문에 세실 경, 글래드스턴 선생, 완드햄 선생, 처칠, 체임벌린, 트레벨리언, 벅스턴을 찾아낼 터다. 다른 신문에서도 세실 경, 글래드스턴 선생, 완드햄 선생, 처칠, 체임벌린, 트레벨리언, 벅스턴을 찾아낼 것이다. 만약 가문이 지배하는 것이 아니라면, 어떻게 그런 일이 생기는지 나는 상상하기 어렵다. 내 생각에 예사롭지 않은 우연의 일치로 민주주의 사회에서 가문의 지배가 나타난다.

는 바쿠닌의 주장에는 인류의 진보를 위한 지침이 담겨 있다.

낙관론의 압박

여기서 우리는 귀족 정치의 본성과 생존이 아니라 고유한 권력의 기원에 관심을 두고 있다. 귀족 정치는 왜 유럽의 진짜 과두 정치의 최후 형태인가? 그리고 왜 귀족 정치가 조만간 종말을 맞게 될 가망이 없는 것처럼 보이는가? 이상하게 여전히 알아채지 못해도 설명은 간단하다. 귀족 정치의 편에 선 친구들은 귀족 정치를 예스럽고 자비로운 전통으로서 보존할 만하다고 자주 찬양한다. 귀족 정치에 맞선 적들은 귀족 정치를 잔혹하고 시대에 뒤떨어진 관습에 매달린다고 자주 비난한다. 귀족 정치의 친구와 적은 둘 다 잘못을 저지른다. 일반적으로 말해 귀족 정치는 좋은 전통도 나쁜 전통도 보존하지 않는다. 그것은 권력 놀이를 빼고 아무것도 보존하지 못한다. 귀족 가운데 누가 어디서 옛 관습을 찾으려는 꿈을 꾸었을까? 누구나 옛 관습을 찾는 편이 나을 수도 있을까! 귀족 계급이 떠받든 신은 전통이 아니라 유행이며, 이것은 전통과 반대다. 만약 그대가 옛날 노르웨이의 머리 장식을 찾고 싶다면 스칸디나비아의 최상류층 멋쟁이들을 찾을까? 아니다. 귀족들은 관습을 가진 적이 없다. 기껏해야 그들에게는 동물과 비슷하게 습관이 있다. 오로지 군중만 관습을 낳는다.

영국 귀족 계급의 실권은 정확히 전통의 반대편에 놓여 있다. 상류 계급이 거머쥔 권력을 단순하게 파악할 열쇠는 이렇다. 그들은 언제나 진보라고 불리는 편을 주의 깊게 가려내어 지지했다. 그들은 언제나 첨단을 걸었으며, 이것은 귀족에게 아주 쉬운 일이다. 왜냐하면 귀족들은 우리가 방금 전에 이야기했던 마음가짐을 최고로 잘 보여준 사례이기 때문이다. 새로움은 그들에게 거의 필요에 가까운 사치다. 무엇보다 그들은 과거와 현재를 지루하게 여겨서 지독한 갈망을 느끼며 입을 벌린 채 넋이 나간 듯 미래를 바라본다.

그 밖에도 대지주들은 대학교 교수들이나 노심초사하는 금융업자들이 가장 많이 논의하는 새로운 것을 대신하는 일이 자기들의 과업임을 잊은 적이 없었다. 따라서 그들은 교회에 맞서 종교개혁의 편을 들었고, 스튜어트 왕가에 맞서 휘그당의 편을 들었으며, 낡은 철학에 맞서 베이컨이 옹호한 과학의 편을 들었고, 직공들에 맞서 제조업 체계의 편을 들었으며, (오늘날) 구식 개인주의자들에 맞서 증가한 국가 권력의 편을 들었다. 간단히 말해 부자들은 언제나 현대적이다. 이것이 그들의 일이다. 그런데 이런 사실이 우리가 연구하는 문제에 미친 직접적 효과는 조금 특이하다.

평범한 영국 남자는 별개의 곤경이나 진퇴양난에 빠질 때마다 자신의 상황이 어떤 특별한 이유로 최선이라는 말을 들었다. 그는 어느 청명한 아침에 일어나서 800년 동안 여관이자 피난처로 동시에 이용했던 공유 재산이 여섯이나 일곱 사람의 사유 재산을 늘리기 위해 전부 갑자기 야만적으로 철폐되었다는 것을 알게 되었다. 평범한 영국 남자가 저런 사실에 화가 났으리라고 누구든지 짐작할 터다. 평범한 영국 남자는 여러 곳에서 군대에 진압당했다. 하지만 그를 조용히 있게 만든 것은 군대만이 아니었다. 그는 군대뿐 아니라 현자들 때문에 조용히 있었다. 가난한 사람들에게서 여관을 빼앗았던 예닐곱 사람은 자신들을 위해서가 아니라 미래의 종교, 곧 개신교의 위대한 여명과 진리를 위해 그렇게 했다고 말했다. 그래서 17세기 귀족들은 농부의 울타리를 허물어뜨리고 농지를 훔칠 때는 언제나 흥분하며 (당시에 어쩌면 화난 표정의) 찰스 1세나 제임스 2세의 얼굴을 가리킴으로써 단순한 농부의 주의를 딴 데로 돌렸다. 위대한 청교도 영주들이 영국 공화국[52]을 세웠고 공유지를 파괴했다. 청교도 영주들은 가난한 시골 사람들이 선박세[53]를 내는 치욕을 면하게 했지만, 의심할 여지 없이 너무 약해서 지키지 못할 쟁기와 가래 비용을 그들에게서 빼앗아갔다. 멋진 옛 영어 시구는 귀족의 이런 당연한 습관을 길이 남겼다.

---

52 영국 공화국은 크롬웰(Oliver Cromwell, 1599~1658)이 청교도 혁명으로 잉글랜드의 스튜어트 왕가를 전복시키고 세운 공화국을 가리킨다. 크롬웰은 독실한 개신교도로서 1653~1658년 잉글랜드와 스코틀랜드, 아일랜드를 포함한 공화국의 호국경을 지냈다. 영국의 입헌 정치와 영국 연방의 확립에 공헌했으나 군사 독재자라는 비난도 받는 인물이다.

53 선박세는 중세에 영국의 왕이 전시 방어를 위해 의회의 동의 없이 해안 도시와 촌락에 부과했던 세금이다. 찰스 1세가 선박세를 일반세로 강화하려 하자 거센 반발을 불러일으켰고 청교도 혁명이라고도 부르는 영국 내란의 주요인이 되었다.

그대들은 공유지에서 몰래 거위를 훔친

남자나 여자를 고소하지,

그러나 거위에게서 공유지를 훔친

더 큰 악한은 풀어 준다네.

하지만 여기서 우리는 수도원의 사례에서 그랬듯 이상한 복종의 문제와 마주한다. 만약 그들이 거위에게서 공유지를 훔쳤다면 어떤 이는 자신이 그것에 맞설 큰 거위였다고 말할 뿐이다. 진실은 그들이 거위들을 설득했다는 것이다. 그들은 이런 모든 일이 스튜어트 여우를 바다에 빠뜨리려면 필요하다고 설명했다. 그래서 19세기 광산 기업주와 철도 회사의 임원이 되었던 대단한 귀족들은 자신들이 좋아서 일한 것이 아니라, 새로 발견된 경제 법칙 때문에 이런 일을 했다고 모든 사람에게 진지하게 장담했다. 그래서 우리 세대의 전도유망한 정치인들은 가난한 어머니가 자신의 아기를 낳지 못하도록 만드는 법안을 도입한다. 또는 소작인들이 공중 술집에서 맥주 마시는 것을 조용히 금지한다. 그러나 이런 오만한 태도는 (그대가 가정하듯) 터무니없는 봉건 제도라고 모든 사람이 아우성치게 만들지 않는다. 그것은 슬며시 사회주의라고 비난받는다. 왜냐하면 귀족 정치는 언제나 진보적이기 때문이다. 그것이 보조를 맞추는 방식이다. 귀족들은 점점 더 늦은 밤까지 잔치를 벌인다. 왜냐하면 그들은 내일을 살려고 애쓰기 때문이다.

집 없는 평범한 남자 존스(Jones)

우리가 처음에 이야기했던 미래는 (적어도 영국에서) 언제나 전제 정치의 동맹자였다. 평범한 영국 남자는 속아서 옛 소유물을 빼앗겼고, 언제나 진보의 이름으로 사기를 당했다. 대수도원의 파괴자들은 평범한 영국 남자의 빵을 빼앗고 돌덩이를 주면서 그것이 귀한 돌이라고, 주님이 선택한 사람의 하얀 조약돌이라고 장담했다. 그들은 그에게서 오월의 기둥과 원형 시골 생활을 빼앗은 대신 수정궁에서 거행된 평화와 상업의 황금 시대를 약속했다. 이제 그들은 주택 보유자이자 가장으로서 그에게 남은 작은 존엄마저 빼앗은 대신 (아주 적합하게) '기대'나 '아무 데서도 오지 않은 소식'이라고 불리는 이상향을 그에게 약속했다. 사실상 우리는 이미 언급했던 주요 특징으로 돌아왔다. 과거는 공동체를 중심으로 돌아갔으나, 미래는 개인주의를 조장할 수밖에 없다. 과거에 민주 정치의 모든 악, 예컨대 다양성과 폭력, 의심이 있다. 그러나 미래가 순수한 독재 정치를 초래하는 까닭은, 미래란 순전히 속임수이기 때문이다. 내가 어제 인간 바보였으나, 내일은 쉽게 초인이 될 수 있음을 안다.

그렇지만 현대 영국인은 이런저런 이유로, 결혼 생활의 시작을 의미하던 집에 영구히 들어가지 못하는 사람과 비슷하다. 이 남자는 (그를 평범한 남자 존스라고 부르기로 하자) 언제나 신성하고 평범한 것을 갖고 싶었다. 평범한 남자 존스는 사랑하기에 결혼했고, 겉옷처럼 딱 맞는 작은 집을 선택하거나 지었다. 그는 증조할아버지이자 지역의 수호신이 될 준비가 되어 있다. 그가 이사하는 바로 그때 일이 잘못 돌아간다. 개인적으로나 정치적으로 어떤 전횡 탓에 갑자기 존스는 집에 들어가지 못하고, 앞마당에서 음식을 먹어야 한다. (단지 우연의 일치로 그를 바깥으로 내몬 사람이기도 한) 지나가던 철학자가 걸음을 멈추고 난간에 우아하게 기대어 존스가 이제 자연의 풍요에 따라 용감한 인생을 살고 숭고한 미래의 삶이 이어질 것이라고 설명한다. 평범한 남자 존스는 앞마당에서 풍요보다 더 용감한 삶을 발견하고, 다음 거리에 있는 변변치 않은 셋방으로 이사하는 수밖에 없다. 임대료를 올릴 의도로 마침 셋방에 들른 (그를 바깥으로 내몬) 철학자는 평범한 남자 존스가 이제 실생활에서 장사로 이익을 얻으려는 분투에 내몰리고 있다는 설명을 그만둔다. 평범한 남자 존스와 여자 집주인의 경제 투쟁은 숭고한 미래에 국부가 생겨날 수 있는 유일한 길이다. 평범한 남자 존스는 경제 투쟁에서 패배하고 구빈원으로 간다. 평범한 남자 존스를 바깥으로 내몬 철학자는 (때마침 구빈원을 시찰하려고 들러서) 존스가 지금 인류의 목표인 멋진 황금빛 공화국에 마침내 있다고 장담한다. 평범한 남자 존스는 모두 평등하고 과학의 혜택을 누리는 사회주의 정치 공동체에 있으며, 정치 공동체는 국가가 소유하고 공무원이 지배한다. 사실상 이것이 숭고한 미래의 정치 공동체다.

그런데도 비합리적인 남자 존스는 여전히 밤마다 평범한 자기 집을 가지는 오래된 이상을 꿈꾼다. 그는 작은 것을 요구했고, 너무 많은 것을 받았다. 그는 세계와 체제를 뇌물로 받았고, 에덴동산과 이상향, 새 예루살렘을 받았다. 그는 자기 집을 원했을 뿐이지만 거부당했다.

이런 교훈담은 글자 그대로 과장하지 않은 영국사에 기록된 사실에 근거한 이야기다. 부자들은 글자 그대로 가난한 사람들을 낡은 하숙집에서 길거리로 내쫓으면서 그것이 진보로 향하는 길이라고 말했다. 부자들은 글자 그대로 가난한 사람들을 공장과 현대판 임금 노예 제도 속에 강제로 밀어 넣고, 시간이 날 때마다 이것이 부와 문명에 이르는 유일한 길이라고 장담했다. 부자들은 시골 사람들에게서 수도원 음식과 맥주를 끌어당기며 천국의 거리는 금으로 포장되어 있다고 말했던 것과 꼭 마찬가지로, 이제 시골 사람들에게서 동네 음식과 맥주를 끌어당기며 런던의 거리는 금으로 포장되어 있다고 말했다. 시골 사람들은 청교도 신학의 음울한 입구로 들었을 때, 마찬가지로 부자들이 미래의 문이라고 말한 산업 체제의 음울한 입구로 들어섰다. 여기까지 그는 감옥에서 감옥으로, 아니, 칼뱅 신학이 천국으로 통하는 아주 작은 창문을 열어 두었기에 어둑한 감옥으로 갔을 따름이었다. 지금 그는 똑같이 교육받은 티가 나고 권위가 넘치는 어조로 또 다른 어두운 입구에 들어서라고 요구하는 소리를 듣는다. 그는 자신의 아이들과 자신의 작은 소유물, 자기 아버지에게서 물려받은 습관을 전부 보이지 않는 손에 넘겨주어야 한다.

이런 최근의 시작이 진실로 청교도 신학과 산업주의에 따른 예전의 시작보다 더 흥미로운 문제인지는 나중에 논의할 수 있을 것이다. 그런데 내 생각에 만약 집산주의의 어떤 형태가 영국에 강요되면, 다른 모든 것이 그렇듯 교육받은 정치인 계급이 국민에게 일부는 냉담하게 일부는 최면을 걸어 집산주의를 강요할 것이다. 귀족 계급은 청교도 신학과 맨체스터학파의 자유무역주의[54]를 관리했듯 집산주의를 '관리할' 준비가 되어 있다. 어떤 점에서 이런 중앙 집중식 정치권력은 필연적으로 부자들에게 매력적이다. 그것은 몇몇 순진무구한 사회주의자가 고결한 바보에게 인상된 봉급에 해당하는 우표 공급뿐만 아니라 우유 공급을 받도록 유도한다고 가정하는 것만큼 어렵지 않을 것이다. 쇼는 교구 회의에서 부자들이 '재정적 소심함'에서 자유로워서 가난한 사람들보다 더 선하다고 논평했다. 이제 영국의 지배 계급은 재정적 소심함에서 전적으로 자유롭다. 서식스의 공작은 같은 나사 조이기 방법으로 서식스의 행정가가 될 준비가 확실히 되어 있을 것이다. 하커트 경[55]은 전형적 귀족으로서 정확히 이렇

---

54 맨체스터학파는 19세기 전반 영국의 맨체스터를 근거지로 하여 자유 무역을 주장한 고전파 경제학의 한 갈래로 경제 분야에서 모든 법적 제한을 철폐하는 운동을 펼쳤으며, 현대 자유무역주의의 모태가 되었다.

55 하커트 경(Sir William Harcourt, 1827~1904)은 영국의 법률가이자 정치인,

게 말한다. "우리는 (다시 말해 귀족들은) 모두 이제 사회주의자들이다."

그러나 이것이 내가 끝내기를 바란 본질적 정보는 아니다. 나의 주요 주장은 아무튼 산업주의와 집산주의가 적나라한 이상이나 욕구가 아니라 필요한 것으로서 수용되었다는 점이다. 아무도 맨체스터학파의 자유무역주의를 좋아하지 않았다. 부를 생산하는 유일한 방도여서 견뎠을 뿐이다. 아무도 마르크스주의를 좋아하지 않는다. 가난을 막을 유일한 방도여서 참아낼 따름이다. 진짜 심장을 가진 이라면 아무도 자유인의 농장 소유를 막는다거나 늙은 여자의 정원 가꾸기를 막는다는 생각에 동의하지 않는 것처럼, 진짜 심장을 가진 이는 아무도 심장이 없는 기계와 전투를 벌이지 않는다. 이번 장의 목적은 이런 제안이 또한 완전 금주 운동(teetotalism)처럼 **최후의 수단**(a pis aller)이자 절망에 빠진 차선임을 드러낼 때 충분히 이바지하는 것이다. 나는 여기서 사회주의가 독성을 포함한 학설이라고 입증하려는 것이 아니다. 사회주의가 약이지 포도주가 아니라는 주장으로 충분하다.

보편적이지만 사적인 사유 재산 이념, 자유롭지만 여전히 가족인 가족 이념, 민주적이지만 여전히 가정적인 가정 생활의 이념, 한 인

언론인으로 영국 자유당 정부에서 다섯 차례 각료를 지내면서 1894년 상속세와 재산세를 개혁했다. 특히 사망자의 총자산에 대해 누진세를 부과한 1894년도 상속법안은 단지 수혜자가 상속한 양에만 세금을 부과하는 방식보다 더 많은 수입을 올릴 수 있었다. 새로운 상속법안은 정부의 세수를 늘리는 수단이었고, 반대자들은 대토지 상속자에 대한 공격으로 보았다.

간에게 하나의 집이라는 이념은 여전히 인류에 대한 현실적 통찰로서 자석처럼 우리의 마음을 끌어당긴다. 세상은 더 형식적이고 일반적이며, 덜 인간적이고 친밀한 이념을 수용할지도 모른다. 그러나 세상은 행복한 결혼 생활을 하지 못해 상심한 여자와 비슷한 처지에 놓일 것이다. 사회주의는 세상을 구할 이념일지도 모르지만, 세상이 바라는 이념은 아니다.

2부

제국주의:
혹은
남자에 관한
실수

맹목적 애국심의 매력

나는 여기서 다루는 내용에 알맞은 제목을 찾으려고 두루 애썼고, '제국주의(Imperialism)'라는 말이 내가 전하려는 의미를 투박하게 표현한 것이라고 고백한다. 그런데 다른 어떤 말도 내가 전하려는 의미에 더 가깝지 않다. '군국주의(Militarism)'는 훨씬 오해를 불러일으켰을 테고, '초인'이라는 말은 어떤 논의든 무의미하게 만든다. 어쩌면 '황제 숭배론(Ceasarism)'이라는 말이 더 가까운 의미를 담고 있을지도 모른다. 나는 대중에게 알려진 말을 찾고 싶다. 제국주의는 (독자들이 알아보듯) 대부분 내가 논의하려는 남자들과 이론들을 대부분 포괄한다.

그렇지만 이런 작은 혼동은 내가 대중적 의미의 제국주의를 이 나라에 속한 애국 정서의 양상이나 이론과 마찬가지로 불신한다는 사실로 인해 커진다. 그러나 영국의 대중적 제국주의는 내가 개략적으로 진술하고 싶은 황제 숭배론에 근접한 제국주의와 거의 관계가 없다. 나는 로즈[1]와 키플링[2]의 식민지 이상주의와 의견이 다르다. 그러나 몇몇 반대자들과 달리 나는 로즈와 키플링의 식민지 이상주의가 영국의 혹독함과 탐욕이 빚어낸 오만불손한 창조물이라고 생각하지 않는다. 내 생각에 제국주의는 영국인의 혹독함이 아니라 영국인의 유연함, 아니 어떤 점에서 영국인의 친절함이 창조한 허구다.

호주를 믿는 이유는 대부분 천국을 믿는 이유만큼 감상에 젖어 있다. 뉴 사우스 웨일스는 글자 그대로 악인이 문제를 일으키지 않고 지친 사람이 쉬는 장소로 여겨진다. 다시 말해 부정직한 사람이 되어 버린 삼촌들과 지겨워하는 조카들을 위한 낙원이다. 브리티시 컬럼비아는 엄밀한 의미를 따져보면 요정 나라다. 마법과 비합리적 행운이 막내 아이들을 보살핀다고 추측되는 세상이다. 지상의 끝을 두고 펼친 이런 이상한 낙관론은 영국인의 나약함에서 기인한다. 이상한 낙관론이 냉정함이나 혹독함에서 기인하지 않는다고 보여주기 위해, 문학의 거장이자 영국의 감상주의자로서 위대한 디킨스[3]가 누구보다 이상한 낙관론을 더 많이 공유했다고 말하는 것으로 충분하다.

---

1   로즈(Cecil John Rhodes, 1853~1902)는 경제인으로 남아프리카 식민지에 거대한 통합 광산 회사를 세웠고, 정치인으로서 제국주의를 옹호했으며 남아프리카 케이프 식민지의 총독을 지냈다. 그의 유언에 따라 옥스퍼드대학교에 로즈 장학회가 설립되었다.

2   키플링(Joseph Rudyard Kipling, 1865~1936)은 영국의 소설가이자 시인으로 인도에서 태어났으며, 『정글북』의 작가로 알려져 있다. 제국주의를 찬양한 글을 많이 썼으며, 1907년 노벨 문학상을 받았다.

3   디킨스(Charles Dickens, 1812~1870)는 영국의 소설가다. 『픽윅 클럽 여행기』, 『데이비드 코퍼필드』, 『크리스마스 캐럴』, 『위대한 유산』 같은 작품이 유명하다. 가장 희극적인 작가이면서 당시 사회와 부조리에 대한 이해와 문학적 재능으로 19세기 시대 정신을 대변하는 작가로 인정받았다.

『데이비드 코퍼필드』의 끝은 비현실적이다. 단지 낙관적 결말이 아니라 제국주의적 결말 때문에 비현실적이다. 데이비드 코퍼필드와 아그네스를 위해 세심하게 계획된 점잖은 영국식 행복은 에밀리가 연기하는 희망 없는 비극이나 미코버가 연기하는 어찌할 도리 없는 광대극을 오랫동안 끊임없이 마주하면 거북해질 것이다. 그리하여 에밀리와 미코버는 암담한 식민지로 배를 타고 떠나고, 거기에서 기후를 빼고는 원인을 가늠조차 할 수 없는 변화가 그들에게 밀려든다. 단지 항해하고 캥거루를 처음 보게 된 결과로 비극에 빠졌던 여자는 흡족함을 느끼고, 희극을 즐겼던 남자는 책임을 지게 된다.

그러므로 내가 가벼운 정치적 의미의 제국주의에 반대하는 이유는 위안을 준다는 착각을 불러일으키기 때문이다. 심장이 약해진 제국은 특히 끝자락의 식민지를 자랑스럽게 여길 수밖에 없는데, 그것은 뇌의 기능이 떨어진 멋쟁이 늙은 남자가 여전히 자신의 다리를 뽐내야 한다는 사실만큼이나 숭고해 보이지 않는다. 제국주의는 영국의 명백한 추함과 무감각을 먼 대륙과 섬에서, 유망한 청년이 펼치는 영웅적 분투의 전설로 포장함으로써 남자들을 위로한다. 세븐 다이얼 구역의 불결한 곳에 앉은 남자는 인생이 순진무구하며 덤불이나 초원에 나타난 신과 비슷하다고 느낀다. 한 남자가 세븐 다이얼 구역에 앉아 인생이 순진무구하며 덤불이나 초원에 나타난 신과 비슷하다고 느끼는 만큼 브릭스턴과 서비턴은 '새로운' 곳이다. 두 구역은 야금야금 자연을 갉아먹었다는 점에서 '자연과 더 가까운' 곳이다. 유일한 반론은 사실에 근거한 반론이다. 브릭스턴의 젊은이들은 젊은 거인이 아니다. 서비턴을 사랑한 사람들은 달콤한 봄기운을 노래한 이교도 시인이 아니다. 식민지의 거주민들은 젊은 거인이나 이교도 시인이 아니다. 그들은 대부분 보 종소리[4]가 들리는 범위를 벗어나서 실물이 내는 아름다운 마지막 울림을 기억하지 못하는 런던 토박이들이다. 키플링은 퇴폐적이지만 진짜 천재로 이미 서서히 사라지는 그들에게 신비한 매력이 흘러넘치는 이론을 내놓았다. 정확히 말해 키플링은 오히려 놀랍게도 규칙을 입증한 예외적 인물이다. 그가 동양풍의 잔혹한 상상력을 발휘한 까닭은 새로운 나라에서 자라지 않고 정확히 지상에서 가장 오래된 나라에서 자랐기 때문이다. 그는 과거, 다시 말해 아시아의 과거에 뿌리를 박고 있다. 만약 키플링이 멜버른에서 태어났다면 그는 결코 『카불강』을 쓰지 못했을 것이다.

그러므로 (회피하는 태도를 보이지 않는 한) 흔히 애국심으로 가장한 제국주의는 나약하고 위험해 보인다. 그것은 현실의 유럽을 대신해 유럽의 한 나라가 지배하는 일종의 창피스러운 유럽을 만들어내려는 시도다. 현실의 유럽은 여러 나라가 공유할 수 있을 따름이다. 애국심으로 가장한 제국주의는 열등한 사람들이나 하급자들과 살기 좋아하는 마음과 유사하다. 단독으로 자신을 위해 로마 제국을 회복하겠다는 생각은 다른 형태로 거의 올가미처럼 모든 그리스도교 국

---

4 보 종소리(Bow Bells)는 세인트 메리 보 교회의 종소리를 가리킨다. 이 종소리가 들리는 범위 내에서 태어난 사람을 런던 토박이라고 한다.

가를 사로잡았던 꿈이다. 스페인 사람들은 한결같고 보수적이다. 그러므로 스페인은 오래도록 이어진 왕조 위에 그리스도교 제국을 세우려는 시도를 결행했다. 프랑스 사람들은 난폭하다. 그래서 무기를 앞세워 폭력적으로 스페인을 두 번 정복했다. 영국 사람들은 무엇보다 시적이고 낙관주의 성향이 강하다. 그러므로 영국인의 제국은 어렴풋하지만 공감하고 멀지만 사랑받는다. 그러나 가장 멀리 떨어진 곳에서 강력해지려는 영국인의 이런 꿈은 타고난 약점인데 아직도 남아 있는 나약함이다. 스페인이 소유한 금의 양이나 나폴레옹에게 돌린 영광보다 영국의 나약함은 훨씬 두드러진다. 언제든 우리가 현실의 형제들과 경쟁자들을 만나서 갈등을 빚게 되면, 우리는 이런 환상을 고려하지 않을 터다. 우리는 프랑스와 겨루려고 태즈메이니아의 조각품을 만들지 않는 것과 마찬가지로 호주의 군대를 독일의 군대와 싸우게 하려는 꿈도 꾸지 않으리라. 누가 대중적으로 인기 없는 태도를 숨긴 것에 대해 나를 비난하지 않는 한, 여기까지 흔히 이해되는 의미의 제국주의를 내가 왜 믿지 않는지 설명했다. 내 생각에 애국심으로 가장한 제국주의는 다른 사람들에게 이따금 잘못된 것일 뿐만 아니라 나 자신에게 계속 영향을 미치는 허약함이자 고름이 흐르는 상처다. 하지만 내가 이런 제국주의에 기대서 살아왔다는 것도 사실이고, 이는 내가 이번 장에서 편의를 위해 제국주의라고 부를 수밖에 없었던, 더 깊고 불길한데도 설득력이 있는 견해와 얼마나 다른지 일부라도 보여주기 위해 호감을 주려는 망상이다. 이런 악과 상당히 비영국적인 제국주의의 뿌리를 이해하려면, 우리는 인간 교

류의 최초 필요에 대한 더 일반적인 논의로 되돌아가 새로 시작해야
한다.

2

지혜와 날씨

　흔한 일은 진부하지 않다고 누구나 승인한다. 태어나는 순간은 정확히 충격을 크게 주고 기괴할 정도로 놀라운 일이어서 휘장으로 가려진다. 죽음과 첫사랑은 누구에게나 일어나지만 생각하기만 해도 심장이 멎을 수 있다. 이를 인정하지만 어떤 주장을 덧붙일 수도 있다. 이렇게 보편적으로 벌어지는 일이 이상하다는 것은 사실에 그치지 않는다. 더욱이 보편적으로 벌어지는 일은 미묘하다. 최종 분석을 거치면 흔한 일은 대부분 매우 복잡하다는 점이 드러날 것이다. 어떤 과학자들은 정말로 쉬운 부분만 논함으로써 난점을 처리한다. 따라서 그들은 첫사랑을 성과 관련된 본능이라고 부르고, 죽음에 대한 두려움을 자기보존 본능이라고 부른다. 그러나 이것은 공작의 초록색을 묘사하려다 생긴 난점을 파란색이라고 불러서 처리할 뿐이다. 파란색은 거기에 있고 초록색이 아니다. 사랑의 이야기와 **죽음의 상징**(Memento Mori)에 둘 다 강한 물리적 요소가 들어 있다는 점은, 일부 과학자들이 완전히 지적으로 생각했을 수준보다 더욱 당황스럽다.

어떤 인간도 자신의 성생활이 아름다움에 대한 깨끗한 사랑이나 바다로 도망칠 때처럼 돌이킬 수 없는 모험에 대한 그저 소년 같은 근질거림으로 얼마나 많이 물들었는지 정확히 말할 수 없다. 어떤 인간도 끝에 대한 자신의 동물적 두려움이 도덕과 종교에 관여한 신비한 전통과 얼마나 혼합되었는지 정확히 말할 수 없다. 이런 모든 난점은 신비한 전통이 동물적 본능과 관계가 있지만 별로 동물적이지 않다는 데서 생긴다. 유물론자들은 쉬운 부분을 분석하고 어려운 부분을 부정한 다음 차를 마시러 집으로 간다.

어떤 일이 세속적이므로 세련되지 못하다고 가정하는 것은 완전히 오류다. 다시 말해 낱말을 정의하는 일은 미묘하고 어려운 작업이다. 내가 젊은 시절에 부르던 '땅거미가 질 무렵에, 오 나의 사랑'으로 시작하던 객실용 노래는 매우 세속적이었다. 그런데도 인간다운 열정과 해가 진 다음 어스름한 때의 관계는 절묘하고 측량할 수조차 없는 것이다. 혹은 명백한 다른 예를 들어보자. 의붓어머니에 관한 농담은 거의 섬세하지 않다. 그러나 의붓어머니의 문제는 그녀가 해가 진 다음 어스름한 때와 비슷해서 미묘하다. 의붓어머니는 일관성이 없는 두 가지, 다시 말해 법과 어머니를 섞어놓은 신비한 존재다. 풍자 만화는 의붓어머니를 잘못 묘사하는데, 현실 속 인간과 관련된 수수께끼에서 생겨난다. 『코믹 커츠Comic Cuts』[5]는 의붓어머니에

---

5 『코믹 커츠』는 영국의 만화 잡지로 1890년부터 1953년까지 3006호를 발행했고 초창기에 다른 출판업자들이 경쟁 만화 잡지를 만들도록 영감을 주었다.

관한 난점을 잘못 다루는데, 난점을 옳게 다루려고 최선을 다한 조지 메러디스[6]가 필요할 터다. 문제를 가장 가깝게 포착한 진술은 어쩌면 이러할 것이다. 의붓어머니는 틀림없이 심술궂지 않고 대체로 다정하고 좋은 사람이다.

어쩌면 우리가 모두 저속하다거나 진부하다고 경멸조로 들었던 일상의 관습을 예로 드는 것이 최선일 수도 있다. 논증을 위해 날씨에 관해 말하는 관습을 들어보자. 스티븐슨[7]은 그것을 '좋은 대화자들의 밑바닥이자 웃음거리'라고 부른다. 지금 날씨에 관해 말하는 관습에는 아주 깊은 이유, 깊을 뿐만 아니라 미묘한 이유가 있다. 이런 이유는 층을 이룬 지혜(stratified sagacity)에 켜켜이 쌓여 있다. 맨먼저 날씨에 관해 말하는 관습은 원시적 숭배 의식을 드러내는 몸짓 같은 것이다. 하늘은 기도의 대상이었음이 분명하다. 모든 일을 날씨와 더불어 시작하는 것은 기도와 함께 모든 일을 시작하는 이교도의 방식이다. 평범한 존스와 브라운은 날씨에 관해 말하고, 작가로 활동한 밀턴과 셸리도 날씨에 관해 말한다. 그러면 날씨에 관해 말하는 관습은 예의 바름, 다시 말해 동등이나 평등이라는 기본 사상을 표현

6   조지 메러디스(George Meredith, 1828~1909)는 영국의 빅토리아 시대에 살았던 시인이자 소설가다. 재치가 넘치는 대화와 경구를 잘 구사한 소설로 유명하다. 등장인물의 심리를 탐구하고, 시대를 앞서 여자와 남자가 동등하다고 여긴 주체적 인생관을 강조했다. 대표작으로는 『리처드 페버럴의 시련』(1859)과 『이기주의자』(1879) 등이 있다.

7   스티븐슨(Robert Stevenson, 1850~1894)은 스코틀랜드의 수필가이자 시인, 소설가이자 여행기 작가다. 모험 소설 『보물섬』(1881)과 추리소설 『지킬 박사와 하이드 씨』(1886)로 유명하다.

한 것이다. 왜냐하면 바로 예의 바름(politeness)이라는 말은 시민 의식(citizenship)을 뜻하는 그리스어일 뿐이기 때문이다. 예의 바름이라는 말은 경계하고 살피는 사람을 뜻하는 경찰관(policeman)이라는 말과 아주 비슷하다. 매력적이고 멋진 생각이다. 적당히 이해하면 시민은 신사보다 더 예의 바른 사람일 터다. 어쩌면 경찰관은 제삼자에게 예의범절을 가장 잘 지키고 우아한 태도를 보일지도 모른다. 그런데 좋아 보이는 모든 예절은 분명히 단순한 방식으로 어떤 것을 공유하는 데서 시작할 수밖에 없다. 두 사람은 우산 하나를 공유해야 한다. 두 사람에게 우산이 없다면, 그들은 재치와 철학을 드러낼 풍성한 잠재력이 있는 비를 공유하지 않으면 안 된다. "신이 태양을 빛나게 하니." 여기에 날씨와 관련된 두 번째 요소가 있다. 우리는 모두 짙고 파랗게 반짝이는 별들이 박힌 우주라는 우산 아래서 모자를 쓴다는 점에서 인간의 평등을 인식한다. 여기서 날씨에 관해 말하는 관습의 세 번째 건전한 특징이 생겨난다. 내 말은 그것이 신체와 우리의 신체 모습으로 불가피하게 느끼는 형제애와 더불어 시작한다는 뜻이다. 모든 참된 친근감은 불과 음식, 마실 것, 비나 서리에 대한 인식과 함께 시작된다. 신체와 관련된 일의 목적에서 **시작하지** 않으려는 사람들은 도덕군자인 체하는 사람이거나 이제 곧 크리스천 사이언스[8]

8　크리스천 사이언스(Christian Science)는 미국의 에디(Mary Baker Eddy, 1821~1910)가 1866년 신약을 읽고 지병이 치유되었다고 주장하면서 세운 신흥 종교다. 신앙의 힘으로 병을 고치는 정신 요법을 강조했다. 그리스도의 마음을 가지려면 물질적인 겉모습 이면의 영적 능력을 스스로 깨달아야 한다고 보았다.

의 추종자가 될지도 모른다. 인간의 영혼은 제각기 어떤 점에서 자신을 위해, 그리스도가 인간이 된 육화에 숨은 엄청난 겸손을 연기해야 한다. 모든 인간은 인간 종족을 만나려면 육신을 가진 존재로 내려와야 한다.

간략히 말해 '맑은 날'이라는 단순한 관찰 속에 인간 전체의 동지애(comradeship)라는 대단한 이상이 들어 있다. 지금 순수한 동지애는 널리 퍼져 있지만 당혹스러운 일 가운데 하나다. 우리는 모두 동지애를 느끼지만, 그것에 대해 말하게 될 때 거의 언제나 허튼 말을 지껄인다. 주로 우리가 동지애를 실제보다 더 단순한 것으로 가정하기 때문이다. 행동은 단순하다. 그러나 분석은 단순하지 않다. 동지애는 기껏해야 인생의 절반일 뿐이다. 다른 절반은 사랑이고, 또 다른 우주를 위해 만들어졌다고 상상할 수도 있을 만큼 동지애와 다르다. 나는 단지 성이 개입된 사랑을 의미하지 않는다. 어떤 종류든 집중된 열정이나 모성애, 강렬한 우정은 순수한 동지애와 성질이 다르다. 동지애와 사랑은 삶에 아주 중요하고, 누구나 둘을 나이와 성에 따라 달리 인식한다. 그러나 대체로 여자는 사랑의 존엄을 대표하고, 남자는 동지애의 존엄을 대표한다고 여전히 말할 수도 있다. 내 말은 만약 인간 종족에 속한 남성이 지키지 않았다면, 사랑과 동지애를 구별한 제도는 존중받기 어려웠으리라는 뜻이다. 여자들이 탁월한 능력을 발휘하는 애정은 훨씬 큰 권위와 강렬함을 지녀서, 순수한 동지애가 동아리, 단체, 전문학교, 연회, 연대로 규합하고 지켜지지 않는다면 씻겨 사라질 정도다. 우리는 대부분 안주인이 남편에게 담배를 피우며 너무 오래 앉아 있지 말라고 하는 소리를 들었다. 그것은 동지애를 파괴하려는 무시무시한 사랑의 목소리다.

　모든 참된 동지애는 날씨에 대한 일상적 감탄문으로 논평했던 세 가지 요소를 갖추고 있다. 첫째, 참된 동지애는 공통으로 경험하는 평범한 하늘처럼 넓은 의미의 철학을 포함하고 우리가 모두 같은 상태의 우주 아래서 살고 있음을 강조한다. 우리는 모두 같은 배, 트렌치[9]의 시에 나오는 '날개 모양 바위'에 타고 있다. 둘째, 참된 동지애는 이런 연대가 아주 중요하다고 인정한다. 왜냐하면 동지애는 단순하게 남자들이 현실적으로 평등한 어떤 측면에 드러난 인간성이기 때문이다. 옛날 작가들은 남자들의 평등에 대해 말할 때 아주 현명했다. 그들은 여자들에 대해 언급하지 않은 점에서도 아주 지혜로웠다. 여자들은 언제나 권위주의에 휘둘린다. 그들은 언제나 위에 있거나 아래에 있다. 시적으로 표현하면 결혼이 일종의 널뛰기가 되는 이유도 바로 그것이다. 세상에서 여자들이 이해하지 못하는 세 가지는 자유와 평등, 형제애다. 그러나 (현대 세계에서 거의 이해되지 않은 부류로서) 인간은 이런 세 가지가 숨을 쉬기 위해 필요한 공기만큼 소중하다는 점을 발견한다. 학식과 교양을 갖춘 대다수 여성은 이런 멋진 동지애를 허용할 때까지는 자유와 평등, 박애도 이해하지 못할 것이다. 마지막으로 박애는 날씨에 관해 말하는 관습의 셋째 성질, 다시 말해 신체와 신체에 필수적인 만족의 집요함을 포함한다. 먹고 마시

9　트렌치(Herbert Trench, 1865~1923)는 아일랜드의 시인이자 극작가다.

고 담배를 피우려는 간절한 열의, 많은 여자에게 돼지 같아 보일 뿐
인 떠들썩한 유물론을 받아들이지 않는 사람은 동지애도 전혀 이해
하지 못했다. 그대는 먹고 마시고 담배를 피우는 일을 고대 그리스의
주신제나 가톨릭교회의 성찬식이라고 부를 수도 있다. 그런 일은 확
실히 삶에 본질적이며, 개인의 거만한 태도에 맞선 철저한 저항이다.
아니, 그것의 활갯짓과 울부짖음은 비천하다. 시골벅적함의 심장부
에 일종의 미쳐 날뛰는 겸손함이, 다시 말해 분리된 영혼을 가식 없
는 남성성의 덩어리 속으로 녹아들게 하려는 욕구가 있다. 그것은 모
든 육신에 깃든 나약함에 대한 떠들썩한 고백이다. 어떤 남자도 남자
들의 공통점을 분명히 능가하지 못한다. 이런 종류의 동등이나 평등
은 신체와 관계가 있고 중요하며 우주와 연결되어 있다. 우리는 모두
같은 배에 타고 있을뿐더러 모두 뱃멀미에 시달린다.

　동지애라는 말은 지금 '친화력(affinity)'이라는 말만큼 흐리멍덩해
질 조짐을 보인다. 모든 회원을 남자든 여자든 서로 '동지'라고 부르
는 사회주의 부류의 동아리가 있다. 나는 이런 특별한 습관을 두고
적대감이든 다른 것이든 진지한 아무 감정도 느끼지 않는다. 그것은
아무리 나빠도 인습을 고집함이고, 아무리 좋아도 희롱이다. 나는 여
기서 합리적 원칙을 지적하는 일에 관심이 있을 뿐이다. 만약 그대가
모든 꽃, 그러니까 백합과 달리아, 튤립, 국화를 한데 묶어 데이지꽃
이라고 부르기로 선택하면 그대는 데이지라는 예쁜 낱말을 망쳐버
렸음을 알게 될 것이다. 만약 그대가 인간의 모든 애정을 동지애라고
부르기로 선택한다면, 만약 그대가 동지애라는 이름 아래 젊은이가

신망 있는 여성 선지자에 대해 품은 존경심을 넣고, 한 남자가 자신을 당황스럽게 만든 아름다운 여인에게 느끼는 흥미를 넣고, 시대에 뒤떨어진 늙은 철학자가 건방지고 천진난만한 소녀를 보고 느끼는 쾌감을 넣고, 비열하기 짝이 없는 말다툼의 끝이나 산처럼 아주 큰 사랑의 시작을 넣어서, 이런 모든 것을 동지애라고 부른다면, 그대는 낱말을 하나 잃게 될 뿐이다. 데이지꽃들은 분명히 보이고 어디에나 피어 있지만, 꽃의 한 종류일 뿐이다. 동지애는 명백하고 보편적이며 열려 있다. 하지만 그것은 오직 애정의 한 종류일 뿐이다. 그것은 다른 어떤 종류의 애정을 파괴할 수 있는 특징을 지닌다. 동아리나 연대에서 참된 동지애를 경험했던 이라면 누구나 동지애가 개인적인 것이 아니라는 점을 안다. 엄밀히 말해 남자다운 정서에 충실한 토론 동아리에서 사용하는 현학적 문구가 있다. '문제에 대해 말하기'라고 부르는 문구다. 여자들은 서로 이야기를 나눈다. 남자들은 이야기를 나눌 주제에 대해 말한다. 어떤 정직한 남자가 하늘 아래 가장 좋은 친구 다섯과 둘러앉았고 방 안에 누가 있었는지 잊었고, 그때 어떤 제도에 관해 설명했다. 이것은 지식이 많은 남자에게만 나타나는 특이한 현상이 아니다. 남자들은 모두 신에 관해 말하든 골프에 관해 말하든 이론적 특징을 나타낸다. 남자들은 모두 개인적이지 않다. 말하자면 그들은 무리를 짓는 성향이 있다. 아무도 진짜 좋은 대화를 나눈 다음에 누가 좋은 점을 말했는지 기억하지 못한다. 모든 남자는 환영을 좇는 군중, 사교 집단이라고 불리는 신비한 무리에게 말을 건넨다.

남성들이 집단에 드러내는 애정의 핵심인 냉정하고 부주의한 성질에 단점과 위험이 말려들어 있다. 이것은 명백하다. 집단에 드러내는 애정은 말을 함부로 뱉어내는 짓과 거친 말투로 이끈다. 명예를 지키려면 그래야 하고, 동지애는 어느 정도 추해질 수밖에 없다. 남성의 우정에서 아름다움이 언급되는 순간 끔찍한 냄새로 콧구멍이 막힌다. 여기서 우정은 도덕적으로 깨끗하더라도 신체적으로 더러울 수밖에 없다. 우정은 틀림없이 옷을 제대로 갖춰 입고 있지 않은 상태와 유사하다. 완전히 혼자 내버려 두었을 때 남성들에게 언제나 익숙한 습관의 혼란을 치료하면서 명예도 지키는 방법은 하나뿐이다. 바로 수도원의 엄격한 규율을 지키게 하는 것이다. 런던의 동부 지역에서 빨래할 때 옷깃을 잃어버리고 연어 통조림을 먹으며 사는 젊은 이상주의자를 만나본 적이 있는 이라면 누구나, 만약 남자가 여자 없이 살면 규칙 없이 살아서는 안 된다는 점이 왜 성 베르나르두스[10]와 성 베네딕투스[11]의 지혜로 결정되는지 충분히 이해할 것이다. 같은 종류의 인위적 정확성은 물론 군대에서 나타나고, 군대도 여러 면에서 수도원과 비슷할 수밖에 없다. 정결을 서원하지 않은 독

---

10 성 베르나르두스(Sanctus Bernardus Claraevallensis, 1090~1153)는 가톨릭교회의 시토 수도회를 세우고 베네딕투스 수도회의 규칙서를 엄격하게 지키며 교회 개혁 운동을 이끈 인물이다.

11 성 베네딕투스(Sanctus Benedictus de Nursia, 480년경~547년경)은 가톨릭교회의 베네딕투스 수도회를 설립한 인물이다. 525년 몬테카시노산에 수도원을 세우고 엄격한 규칙서를 만들었다. 수도원 서약의 핵심은 청빈과 정결, 순명이다. 기도와 공동 전례, 묵상을 제외한 남은 시간에 육체노동을 의무적으로 하도록 했다.

신 생활일 뿐이다. 그런데 이런 것들은 정상적이거나 결혼한 남자들에게 적용되지 않는다. 그들의 본능적 무정부 상태는 다른 성, 여성의 살벌한 상식으로 충분히 제한된다. 거기에 여자들을 두려워하지 않는 오직 한 부류의 아주 소심한 남자가 있을 뿐이다.

3
공통 시각

개방적이고 대등한 동지애 같은 남성적 사랑은, 토론으로 지배하려는 모든 민주주의와 모든 시도 안에서 생명을 얻는다. 그것이 없다면 공화국은 죽은 공식일 것이다. 있는 그대로 두어도 물론 민주주의의 정신은 흔히 글자 그대로 지닌 의미와 아주 다르고, 선술집은 의회보다 더 나은 시금석일 때도 자주 있다. 인간적 의미의 민주주의는 다수의 의견에 따른 중재가 아니고, 모든 사람의 의견에 따른 중재도 아니다. 그것은 누구든지 내놓은 의견에 따른 중재에 더 가까울 수 있다. 민주주의가 정체불명의 낯선 사람을, 그대를 포함해 다른 누구와 불가피하게 어떤 공통점이 있다고 가정하면서 당연하게 받아들이는 무리 짓기 습관에 달려 있다는 뜻이다. 오직 누가 주장한다고 추정될 수도 있는 것만 민주주의에서 충분한 권위를 가진다. 창문 밖을 보고 걸어서 지나가는 첫째 남자를 주목하라. 자유당원들은 영국에서 압도적 다수를 차지할 수도 있다. 하지만 그대는 걸어서 지나가는 남자가 자유당원이라고 표시하는 단추를 달아주지 않을 터다. 모든 학교에서 성경을 읽고 모든 법정에서 성경의 권위를 존중할 수도 있다. 하지만 그대는 걸어서 지나가는 남자가 성경을 믿는다는 것에 지푸라기도 걸지 않을 것이다. 그러나 그대는 그가 옷을 입고 있다고 믿는다는 것에 주급을 걸 터다. 지나가는 남자가 신체적 용기는 좋은 것이라거나, 혹은 부모는 자식에게 권위가 있어야 한다고 믿는다고 그대는 장담할 것이다. 물론 그는 이런 것을 믿지 않는 백만째 남자 일지도 모른다. 이때 그는 남자지만 옷을 잘 차려입은 수염 난 숙녀 일지도 모른다. 그러나 이런 비정상적인 경우는 단순한 숫자 계산과 전혀 다르다. 이런 견해를 주장하는 사람은 소수가 아니라 흉물 덩어 리다. 충분히 민주적 권위를 갖는 이런 보편적 가르침의 유일한 시금 석은 누구든지 내놓은 견해다. 그대가 선술집에 처음 온 손님의 앞에 서 지켜야 할 규칙은 현실의 영국 법이다. 그대가 창문으로 본 첫째 남자는 영국의 왕이다.

선술집의 쇠퇴는 민주주의의 일반적 쇠퇴를 보여주는 일부일 뿐 이지만 의심할 여지 없이 이런 남성적 평등의 정신을 약하게 만들었 다. 내가 문학적으로 표현한 모든 시 속에서 공공 주택보다 더 고결 한 두 단어는 없다고 말했을 때, 방을 꽉 채운 사회주의자들이 글자 그대로 웃었던 것을 기억한다. 그들은 내 말이 농담이라고 생각했다. 그들은 왜 그것이 농담이라고 생각했을까? 모든 집을 공공 주택으 로 만들기를 원했던 **그들이** 왜 내 말을 농담으로 생각했는지 나는 상 상할 수도 없다. 그러나 만약 누구든지 (적어도 남성에게) 필요한 진짜 소란스러운 평등주의를 보고 싶다면, 보즈웰의 『새뮤얼 존슨의 생애』[12] 같은 책으로 우리에게 전해진 크고 낡은 선술집의 논쟁에서도 찾을 수 있다. 특히 병든 현대 세계가 이상한 부정의를 저질렀기 때문에 언급할 만한 가치가 있는 이름이다. 세평에 따르면 존슨의 처신은 '가혹하고 전제적'이었다. 하지만 존슨은 이따금 가혹했어도 결코 전제적이지 않았다. 존슨은 적어도 폭군이 아니었다. 존슨은 선동가였고, 고함치는 군중에 맞서 고함을 질렀다. 그가 다른 사람들과 언쟁을 벌였다는 사실은 다른 사람들이 그와 언쟁을 벌이는 것이 허용되었음을 입증한다. 그의 잔인한 태도는 축구장에서 벌어지는 난투와 마찬가지로 평등한 드잡이라는 생각에 근거했다. 엄밀히 말해 사실상 그는 겸손한 사람이었기에 소리를 지르고 탁자를 쾅 쳤다. 그는 정직하게 압도당하거나 대충 보아 넘기는 것을 두려워했다. 에디슨[13]은 정교한 예절에 따랐고 그가 세운 회사의 왕이었다. 에디슨은 모든 사람을 예의 바르게 대했지만 모든 사람보다 자신이 우월하다고 여겼다. 그러므로 에디슨은 교황의 오래도록 없어지지 않을 모욕적인 말로 영원히 후대에 전해졌다.

---

12 보즈웰(James Boswell, 1740~1795)은 스코틀랜드 출신의 전기 작가로서 새뮤얼 존슨의 전기를 썼으며, 일기가 20세기에 출간되면서 일기 작가로 유명해졌다. 새뮤얼 존슨(Samuel Johnson, 1709~1784)은 영국의 시인이자 평론가로서 처음 근대 영어사전을 편찬해서 영문학의 발전에 이바지했다. 이후 풍자시와 영국 시인의 전기와 작품론을 정리한『영국 시인전』을 10권으로 발표했다. 교회의 권위를 중시하는 고교회파 영국국교회(성공회) 신자였다.

13 에디슨(Thomas Alva Edison, 1847~1931)은 미국의 발명가이자 사업가다. 세계에서 가장 많은 발명을 한 사람으로 1,093개의 미국 특허가 등록되어 있다. 제너럴 일렉트릭을 세웠다.

"카토처럼 그의 하찮은 원로원의 법을 주라,

그리고 자기가 치는 박수에 신경쓰게 놔두라."

존슨은 회사의 왕이 되는 것과 거리가 멀었으며 영국 의회에 속한 아일랜드 의원 같은 사람이었다. 에디슨은 공손하게 우월감을 드러냈고 미움을 받았다. 존슨은 무례하지만 다른 사람을 동등하게 대우했고, 그러므로 그를 알던 모든 사람에게 사랑을 받았고 단순한 사랑의 기적 가운데 하나인 놀라운 책으로 후대에 전해졌다.

이런 동등 또는 평등 신조는 대화의 본질적 요소다. 누구든지 대화가 무엇인지 아는 만큼 평등 신조를 인정할 수도 있다. 선술집의 식탁에서 논쟁할 때, 지상에서 가장 유명한 남자는 알려지지 않기를 바라지만 자신의 번뜩이는 소견이 무명 상태를 배경으로 별처럼 밝게 빛나기를 바랄 것이다. 남자를 불러낼 만한 가치가 있는 것이라면 무엇이든 회사의 왕이 되는 일보다 더 냉정하고 기운이 빠지는 것은 생각할 수 없다. 그러나 위대한 토론 놀이를 비롯해 다른 남성적 운동 경기와 놀이에도 명확한 겨루기와 빛을 잃는 순간이 있다. 정말로 겨루기가 있지만, 이것은 동등해지려는 열렬한 시도일 뿐이다. 놀이가 경쟁을 유도하는 까닭은, 경쟁이 놀이를 흥미롭게 만드는 유일한 방식이기 때문이다. 하지만 만약 누구든지 남자들이 평등의 이상으로 영원히 돌아가야 한다는 점을 의심한다면, 불리한 조건 같은 것이 있다는 대답이 필요할 뿐이다. 만약 남자들이 단순한 우월감으로 의

기양양해졌다면, 그들은 이런 우월감이 얼마나 멀리까지 미칠 수 있는지 알고 싶을 터다. 그들은 강한 달리기 선수 한 사람이 나머지 선수를 몇 마일 앞설 때 기뻐할 것이다. 하지만 남자들이 좋아하는 것은 우월한 자의 승리가 아니라 동등한 선수들의 경쟁이다. 그러므로 그들은 심지어 경쟁하는 운동 경기에 인위적 평등을 도입한다. 운동 경기에서 불리한 조건을 정하는 사람 가운데, 엄격한 공화주의자들조차 불리한 조건이 추상적이라는 점을 깨달을 수 있는 사람이 확률상 얼마나 적은지 생각하면 안타깝다.

아니다. 평등과 자치권에 맞선 현실적 반대는 인류의 자유롭고 축제를 즐기는 양상과 아무 관계도 없다. 모든 남자는 행복할 때 민주주의자다. 민주주의에 반대하는 철학자는 민주주의가 '일을 해내지 못할 것'이라고 말함으로써 자기 입장을 실질적으로 요약할 터다. 더 나아가기 전에 나는 노동이나 일이 인간성을 가늠하는 하나의 시금석이라는 가정에 이의를 제기할 것이다. 천국은 일하지 않고 놀이를 하는 곳이다. 남자는 대부분 자유로울 때는 자기 자신이 된다. 만약 남자들이 일할 때 속물이지만 휴가를 즐길 때 민주주의자임을 안다면, 나는 그들에게 자유란 휴가를 믿는 것으로 여기겠다. 그런데 평등의 문제를 다룰 때 부딪치는 당혹스러움은 이런 노동이나 일의 문제다. 그것이 지금 우리가 다루어야 할 문제다. 어쩌면 진실은 대부분 콕 집어서 이렇게 말할 수 있다. 민주주의의 진짜 적이 하나 있는데 그것은 문명이다. 과학이 만든 공리와 효용의 기적은 그런 기적이 빚은 왜곡이나 심지어 실용적 결과라기보다 맨 처음에 드러난 모습과 목적의 양상에서 반민주적이다. 틀을 깨는 폭도들은 옳았다. 혹시라도 기계가 더 적은 수의 남자를 일꾼으로 만들리라고 생각한 것이 아니라 확실히 기계가 더 적은 수의 남자를 고용주로 만들리라고 생각한 점에서 옳았다. 더 많은 수의 바퀴는 더 적은 수의 손잡이를 의미하고, 더 적은 수의 손잡이는 더 적은 수의 손을 의미한다. 과학의 기계 부품은 개별적이고 분리되어 있음이 분명하다. 군중은 왕궁을 빙글빙글 돌며 고함칠 수 있지만, 고함을 질러서 전화기를 멈추게 할 수 없다. 전문가들이 나타나고, 민주주의는 한 대 맞고 반쯤 결딴난다.

제정신이 아닌 필요성

다윈의 진화론을 추종한 문화의 잔재로 나타난 흔한 개념은 남자들이 서서히 불평등 상태에서 경쟁적 평등 상태로 나아가려고 일했다는 것이다. 내 생각에 진실은 거의 정확히 반대다. 모든 남자는 정상적으로 자연스럽게 평등하다는 생각에서 시작한다. 그들은 나중에 마지못해 늘 물질과 관련된 어떤 세부적 이유로 평등 이념을 포기했을 뿐이다. 그들은 한 부류의 남자가 다른 부류의 남자보다 우월하다는 점을 자연스럽게 여겼던 적이 없었다. 그들은 언제나 공간과 시간의 일정한 실천적 한계로 그렇게 여기도록 내몰렸다.

예를 들어 언제나 과두 정치, 혹은 오히려 전제 정치로 흘러갈 수밖에 없는 한 가지 요소가 있다. 서둘러야 할 필요라는 요소다. 만약 집에 불이 났다면 남자는 전화를 걸어 소방차를 불러야 한다. 위원회는 전화를 걸어 소방차를 부를 수 없다. 만약 임시 주둔지가 급습당하면 누군가 발포 명령을 내려야 한다. 발포할지 결정하기 위해 투표할 시간은 없다. 그것은 단지 시간과 공간이라는 물리적 한계의 문제일 뿐이다. 지휘를 받는 병사 집단의 어떤 심리적 한계의 문제가 결코 아니다. 만약 불이 난 집에 있는 사람들이 모두 운명을 지배하는 남자들이라면 한꺼번에 전화기에 대고 말하지 않는 편이 나을 것이다. 아니, 가장 어리석은 남자가 막힘 없이 말하게 두는 편이 더 낫다. 만약 군대가 실제로 한니발과 나폴레옹 같은 병사들만으로 구성되어 있다면, 급습을 당할 때 그들이 함께 명령을 내리지 않는 편이 나을 것이다. 아니, 가장 어리석은 병사가 명령을 내리게 두는 편이 더 낫다. 따라서 우리는 단지 군대의 복종이 남자들의 불평등에 달려 있다기보다 오히려 실제로 남자들의 평등에 달려 있음을 안다. 규율은 모두 그를 때 어떤 이가 언제나 옳고, 저렇게 옳은 어떤 이를 발견해서 왕관을 씌워야 한다는 칼라일의 영웅 개념을 포함하지 않는다. 반대로 규율은 몹시 서둘러야 할 상황에서 어떤 이가 자신이 모두를 대신하지 못하는 한, 누구라도 믿을 수 있다는 것을 의미한다. 군인 정신은 (칼라일이 상상했던 것처럼) 제일 강하고 현명한 남자에게 복종한다는 뜻이 아니다. 반대로 군인 정신은 만약 있다면 제일 나약하고 어리석은 남자에게 단지 그가 천 명의 남자가 아니라 한 명의 남자이기에 복종함을 의미한다. 약자에게 복종하는 것이 훈육이다. 강자에게 복종하는 것은 노예근성일 따름이다.

우리가 유럽에서 귀족 정치라고 부르는 제도는 기원과 정신의 양상에서 전혀 귀족 정치가 아니라는 점을 쉽게 보여줄 수 있다. 유럽의 귀족 정치는 정신이 성숙한 정도와 구별로 구성되는 제도가 아니다. 예를 들어 귀족 정치는 인도의 카스트 제도나 옛날 그리스의 자유민과 노예의 구별 짓기와 관계가 없다. 간단히 말해 일부는 무너지는 로마 제국을 떠받치고 일부는 이슬람의 무서운 맹공격을 쳐부수고 앙갚음하기 위해 만든 군대 조직의 잔재가 유럽의 귀족 정치다. 황제라는 말이 단순히 최고 사령관을 의미하는 것과 마찬가지로 대공이라는 말은 단순히 대령을 의미한다. 처음부터 끝까지 귀족의 칭호는 신성 로마 제국의 백작이라는 단일 직함으로 전해지는데, 여기서 백작들은 단지 현대의 황색 위험[14]에 맞선 유럽 군대의 장교들을 의미할 뿐이다. 지금 군대에서 아무도 계급의 차이가 도덕적 현실의 차이를 나타낸다고 가정할 꿈조차 꾸지 않는다. 어떤 연대에 관해 아무도 "소령은 해학이 넘치고 정력이 왕성하고, 대령도 분명히 더욱 해학이 넘치고 정력이 왕성하다"라고 말한 적이 없다. 이제까지 군대 식당에서 나눈 대화를 보고할 때 "존스 중위는 매우 재치가 있으나 스미스 대위보다 물론 지위가 낮다"라고 말한 사람은 하나도 없다. 군대의 본질은 비공식적 평등에 기초한 공식적 불평등 이념에 있다. 대령은 가장 좋은 사람이기 때문에 병사들이 복종하는 것이 아니다. 대령이어서 복종하는 것이다. 처음 로마의 군인 정신과 군부의

---

14   황색 위험(Yellow Peril)은 19세기 후반 유럽 백인종 사이에 퍼진 황인종 경계론을 의미한다. 미래에 황인종이 발전하여 백인종에게 해를 입힐 것이라는 견해로 동양인, 특히 중국인의 값싸고 풍부한 노동력에 대한 공포와 경계에서 비롯되었다. 100년이 지난 현재 한국과 중국, 일본을 비롯한 아시아 여러 나라의 비약적 발전은 백인종의 황인종 경계론이 기우가 아니었음을 보여준다고 말할 수도 있겠다. 모든 인종이 같은 지구인이라는 현대 관점에서 보면 황인종 경계론은 인종차별주의에 근거한 편협한 견해일 것이다. 그렇지만 비공식적으로 인종차별주의는 여전히 지구인의 삶에 영향을 미칠뿐더러 황인종 경계론은 현재 미국과 중국의 경제·정치·군사적 갈등에 숨어 있다.

필요성에서 발생했을 때 공작과 백작의 계보에 깃든 정신이 아마 이러했을 것이다. 그런 필요성이 쇠퇴하면서 공작과 백작의 계통은 점차 군사 조직으로서 의미를 잃었고, 깨끗하지 않은 금권 정치로 위태로워졌다. 지금도 정신에 기초한 귀족 정치가 아니지만 예전처럼 나쁘지는 않다. 그것은 단순히 적이 없는 군대고 민가에 묵을 곳을 배정받은 셈이다.

그러므로 남자는 동지와 비슷한 모습뿐 아니라 전문가의 모습도 드러낸다. 군국주의는 이런 전문가의 복종을 보여주는 유일한 사례가 아니다. 군인과 뱃사람뿐 아니라 땜장이와 재단사도 행동의 신속성을 어느 정도 엄격하게 요구한다. 적어도 만약 땜장이가 일의 체계를 세우지 못하면, 그것이 대체로 땜장이가 큰 규모로 땜질을 하지 못하는 이유다. 유럽에서 땜장이와 재단사는 자주 두 유목 인종을 대표한다. 집시와 유대인이다. 그러나 유대인만 영향력이 있는 까닭은, 유대인만이 어떤 부류의 규율을 승인하기 때문이다. 우리는 남자에게 두 모습, 다시 말해 복종해야 하는 전문가의 모습과 평등해야 하는 사회적인 모습이 있다고 말한다. 아홉 재단사는 사나이를 만든다는 속담에 진실이 담겨 있다. 그러나 우리는 아홉 계관 시인이나 아홉 왕립 천문학자도 사나이를 만든다는 점도 기억해야 한다. 9백만에 달하는 상인이 인간 자체를 만든다. 그러나 가게에 대해 말하고 있지 않을 때 상인들은 인류를 구성한다. 지금 내가 논증을 위해 제국주의나 황제 숭배론이라고 부른, 우리 시대의 특이한 위험은 전문성과 전문가 지배가 동지애와 평등을 완전히 쇠퇴시키는 데서 발생한다.

생각할 수 있는 사회 구조는 두 종류뿐이다. 개인이 통치하는 정부(personal government)와 개인이 통치하지 않는 정부(impersonal government)다. 만약 무정부 상태를 지지하는 나의 친구들이 규칙을 참아내지 않으면, 지배자를 허용하게 될 것이다. 개인이 통치하는 정부를 선호하는 견해는 요령과 유연성에 따라 왕정주의(Royalism)라고 부른다. 개인이 통치하지 않는 정부를 선호하는 견해는 신조와 정의에 따라 공화주의(Republicanism)라고 부른다. 넓은 마음으로 왕과 강령을 둘 다 반대하는 견해는 허튼소리라고 말한다. 적어도 나는 그런 견해를 의미할 철학적인 낱말을 더는 알지 못한다. 그대는 한 사람의 지배자가 갖춘 명민함이나 침착성의 안내를 받을 수 있거나, 혹은 하나의 규칙에 속한 평등과 확인된 정의에 따라 안내를 받을 수 있다. 하지만 그대가 어느 쪽도 허용하지 않으면, 국민이 아니라 난처한 처지에 놓인 사람이다. 요즘 평등을 바라고 토론에 참여하는 남자들은 규칙이라는 이념을 찬미한다. 그들은 규칙을 너무 지나치게 발전시키고 복잡하게 만든다. 남자는 지배자[15]가 있는 집보다 규칙이 있는 동아리에서 규칙과 관련된 규제와 용어에 대한 정의를 훨씬 많이 찾아낸다. 예컨대 심의 기구인 하원은 이런 거창한 의식을 방

15　체스터턴은 공적 영역은 남자들이 지배하고 사적 영역은 여자들이 지배한다는 편견을 가지고 글을 쓰고 있다. 사적 영역, 다시 말해 가정의 지배자는 남자가 아니라 여자, 바로 아내다. 오늘날에도 아내들은 자신들이 남편들보다 가정사에 능통하다고 생각한다. 남편들의 가사 분담을 요구하면서도 육아와 가정 경제의 측면에서 자신들의 권리를 당연시한다. 3부에서 상세히 논의한다.

법론적 광기라고 할 정도까지 밀어붙인다. 전체 제도는 루이스 캐럴의 『이상한 나라의 앨리스』에 나오는 궁중처럼 융통성 없는 불합리로 인해 경직된다. 그대는 화자가 말하리라고 생각할 것이다. 그러므로 화자는 대부분 침묵한다. 그대는 남자가 모자를 벗고 멈추며 모자를 쓰고 떠나리라고 생각할 것이다. 그러므로 그는 모자를 벗고 밖으로 나가고 모자를 쓰고 들어온다. 이름을 부르는 것이 금지되어 어떤 남자는 자신의 아버지를 '나의 옳고 명예로운 웨스트 버밍햄 지역의 의원님'이라고 불러야 한다. 어쩌면 이것들은 부패를 드러낸 환상일 테지만 근본적으로 남성의 기호나 욕망과 부합한다. 남자들은 규칙이 비합리적이라도 보편성을 갖는다고 느낀다. 남자들은 법이 공평할 수 없을 때도 평등하다고 느낀다. 사물에는 동전 던지기처럼 야생의 공정함이 깃들어 있다.

게다가 비판자들이 하원 의원의 사례를 공격할 때, 그것이 언제나 하원 의원이 논점을 옳게 지적한 (어쩌면 몇 안 되는) 사례라는 것은 대단히 불행한 일이다. 비판자들은 의회를 말만 무성한 곳이라고 비난하고 장황한 말의 미로에 갇혀 시간을 낭비한다고 불평을 쏟아낸다. 이것은 하원 의원이 실제로 평민과 비슷한 점이다. 하원 의원들이 여가와 긴 토론을 아주 좋아한다면, 그것은 모든 남자가 여가와 긴 토론을 아주 좋아하기 때문이다. 거기에서 그들은 현실적으로 영국을 대표한다. 의회는 술집의 남성미 넘치는 미덕에 더 가까워진다.

지금 우리가 상담과 공동체의 의미에 대해 말하듯, 현실적 진리는 서론에서 집과 재산의 의미에 대해 말할 때 대략 드러냈다. 모든 남자는 자연스럽게 여가, 웃음, 큰 소리로 말하는 동등한 논증을 아주 좋아한다. 남자들이 모이는 강당에 망령이 있다. 우리는 전문가 지배와 치열한 경쟁 체제라고 불리는 우뚝 솟은 현대 사회의 도전, 구체적으로 말해 사업에 대해 알고 있다. 사업은 여가와 아무 관계도 없을 테고, 동지애로 거래하지 않을 것이다. 사업은 동지애가 평등주의 이상을 보호한 법적 의제뿐 아니라 환상적인 불리한 조건을 모두 참아내지 못하는 척할 것이다. 현대 사회의 백만장자는 자신의 아버지를 파면하는 일에 기분 좋게 전형적으로 관여할 때 확실히 아버지를 브릭스턴의 레버넘 길 출신의 존경하는 서기님이라고 일컫지 않을 것이다. 그러므로 사업 이야기, 다시 말해 금융이 지배하는 요정 나라에 전념하는 문학이 현대인의 삶 속에 유행하게 되었다. 이런 대중 철학은 그야말로 독재적이며 반민주적이다. 이런 유행이 내가 이의를 제기하려는 황제 숭배론의 꽃이다. 이상적인 백만장자는 강철 두뇌를 가질 정도로 강하다. 현실의 진짜 백만장자가 목재로 만들어진 머리를 가진 경우가 훨씬 흔하다는 사실은 우상 숭배의 정신과 유행을 바꾸지 못한다. 핵심 논증은 다음과 같다. "전문가들은 독재자들임이 분명하다. 남자들은 전문가들일 수밖에 없다. 그대는 비누 공장에서 평등할 수 없다. 그래서 어디에서도 평등하지 않다. 그대는 밀을 사재기할 때 동지애를 느낄 수 없다. 이래서 그대는 동지애를 전혀 느낄 수 없다. 우리는 상업 문명이 있어야 한다. 그러므로 우리는 민주주의를 파괴할 수밖에 없다." 나는 부호나 재벌들이 좀처럼 비누나 밀 같은 품목의 가격이 치솟으리라고 충분히 상상하지 않는다는 것을 안다. 일반적으로 그들은 스스로 아주 상쾌한 기분으로 국가와 선박을 비교하는 일에 몰두한다. 반민주적 성향을 드러낸 어떤 작가는, 객실 담당 급사가 선장과 동등한 투표권을 가진 선박을 타고 싶지 않을 것이라고 소견을 밝혔다. 그의 소견은 (예컨대 빅토리아호 같은) 객실 담당 급사가 알아볼 수 없는 명령을 내린 제독이 잘못을 저질렀기 때문에 여러 선박이 침몰했다는 대답으로 쉽게 설득될지도 모른다. 그러나 이것은 토론 중에 나올 만한 답변이고, 본질적 오류는 더 깊고 단순하다. 기본 사실은 우리가 모두 국가 안에 태어났다는 점이다. 우리는 영국의 몇몇 은행가들이 그렇듯 반드시 배 위에서 태어나지 않았다는 것이다. 배는 여전히 잠수정이나 비행선과 마찬가지로 전문가의 실험 대상으로 남아 있다. 이런 독특한 위험 속에서 신속해야 할 필요가 독재권의 필요를 낳는다. 그런데 우리는 국가라는 배에서 살다가 죽는다. 그리고 만약 우리가 국가 안에서 자유, 동지애와 대중적 요소를 찾을 수 없다면, 그것을 아예 찾지 못할 것이다. 또 현대 사회의 상업 독재는 우리가 그것을 찾지 못하리라는 것을 의미한다. 드높은 문명을 자랑하는 국가에서 우리의 전문 직종 종사자들은, 노동자를 혹사하면서 "마흔 살은 나이가 너무 많다"라는 말을 비롯해 쓰레기 같은 발언을 다반사로 하며 해고하는 악랄한 기업이 없다면 달릴 수 없다. 또 그들은 달려야 하고, 그러므로 우리는 이른바 황제 또는 영웅을 불러낸다. 초인이 아닌 누구도 이런 더러운 일을 하려고 내려갈 수 없으리라.

이제 (이 책의 제목을 되풀이하여 말하자면) 세상이 잘못 돌아가는 이유는 이렇다. 인간의 조건을 인간의 영혼에 맞춰 변경하지 않고 인간의 영혼을 인간의 조건에 맞춰 변경하는 것이 현대 사회의 거대한 이단이다. 만약 비누 제조가 현실적으로 형제애와 어긋난다면, 형제애가 아니라 비누 제조가 그만큼 더 나쁘다. 만약 문명이 현실적으로 민주주의와 함께 나아갈 수 없다면, 민주주의가 아니라 문명이 그만큼 더 나쁘다. 만약 마을 공동체들이 진짜 현실적으로 공동체라면, 마을 공동체로 되돌아가는 편이 훨씬 좋을 것이다. 사회 없이 행동하기보다 비누 없이 행동하는 편이 확실히 더 나으리라. 우리는 흔한 선술집에서 동지들과 보내는 행복한 30분을 위해 우리의 전선과 바퀴, 전문 직종, 물리 과학, 그리고 미쳐 날뛰는 금융(frenzied finance)을 확실히 희생하리라. 나는 희생이 필요할 것이라고 말하지 않고, 단지 희생이 쉬울 것이라고 말한다.

3부

여성주의:
혹은
여자에 관한
실수

비군사적 여성참정권 운동가

이번 장에서도 정신적으로 올바른 과정을 똑같이 밟는 편이 더 좋겠다. 여성 문제에 대한 나의 일반적 의견은 다수의 여성참정권 운동가들[1]이 열렬히 찬성할 내용이고, 현재 진행 중인 논쟁을 굳이 언급하지 않아도 진술하기 쉽다. 하지만 처음에 실용적이고 대중적 의미의 제국주의를 지지하지 않는다고 말한 나의 처신이 더 점잖아 보였듯, 여성참정권에 대해서도 똑같이 말하는 것이 더 점잖아 보일 듯하다. 달리 말해 성급해 보이지만 우리가 참정권의 뒤에 놓인 미묘한 현실적 문제로 넘어가기 전에, '여성참정권 운동가(Suffragettes)'에게 제기되는 피상적 반론을 진술하는 것이 공평하다.

그런데 정직하지만 불쾌한 일을 끝내기 위해, 여성참정권 운동

1　여성참정권 운동가(suffragette)라는 용어는 20세기 초 '여성에게 투표권을'이라는 깃발 아래 공직 선거에서 투표할 권리를 얻으려고 싸웠던 여성 운동 조직의 회원을 가리키는 말이다. 특히 1903년 에멀린 팽크허스트(Emmeline Pankhurst, 1858~1928)가 창립한 여성 운동 단체인 영국 여성사회정치연합의 회원들을 가리킨다. 이들은 여성참정권을 쟁취하기 위해 직접적 행동에 나서거나 시민 불복종 운동도 병행했다.

가들에게 제기할 반론은 그들이 군사적 여성참정권 운동가(Militant Suffragettes)라는 점이 아니다. 반대로 그들은 충분히 군사적이지 않다는 반론을 제기한다. 혁명은 군대와 관련된 일이고, 군대와 관련된 모든 덕을 포함하며, 그런 덕 가운데 하나는 끝난다는 점이다. 두 당파는 치명적 무기를 들고 싸운다. 그런데 어떤 자의적 명예 규정에 따라 승리한 당파가 정권을 잡고 계속 지배한다. 내전의 목표는 모든 전쟁의 목표와 마찬가지로 평화다. 지금 여성참정권 운동가들은 군인처럼 결정적 의미의 내전을 일으킬 수 없다. 우선 여성참정권 운동가들은 여자들이기 때문이고, 둘째로 그들의 수가 너무 적기 때문이다. 하지만 그들은 다른 어떤 일을 벌일 수 있다. 이는 전혀 다른 문제다. 여성참정권 운동가들은 혁명을 일으키지 못하고 무정부 상태에 이른다. 이런 두 가지 경우의 차이는 폭력의 문제가 아니라 결실과 최후에 도달할 목적의 문제다. 혁명은 본성적으로 정부를 만들어낸다. 무정부 상태는 더 많은 무정부 상태를 만들어낼 뿐이다. 남자들은 영국의 왕 찰스 1세와 프랑스의 왕 루이 16세가 참수당한 사건에 관해 자신들이 좋아하는 의견을 가질 수도 있지만, 브래드쇼[2]와 크롬웰[3]이 지배했고, 카르노[4]와 나폴레옹[5]이 통치했던 사실을 부정

---

[2]　브래드쇼(John Bradshaw, 1602~1659)는 영국 내란(청교도 혁명) 초기에 법관으로 의회파를 도왔다. 1649년에 하원을 장악한 독립파(급진 청교도)가 찰스 1세를 반역죄로 재판하기 위해 소집한 법정의 재판장이 되었다. 이 재판에서 유죄 선고를 받은 결과로 찰스 1세가 처형당했다.

[3]　크롬웰(Oliver Cromwell, 1599~1658)은 영국 내란(청교도 혁명)에서 국왕 찰스 1세에 맞선 의회 진영의 유력한 장군으로 스튜어트 왕가를 무너뜨리고 잉글랜드와 스코틀랜드,

할 수 없다. 어떤 사람은 정복했고 어떤 일은 발생했다. 왕의 머리는 한번 쳐서 떨어뜨릴 수 있을 뿐이지만, 왕의 모자는 몇 번이고 쳐서 떨어뜨릴 수 있다. 파괴는 유한하고 방해는 무한하다. 반란이 (새로운 질서를 잡으려 시도하지 않고) 단지 무질서의 형태로 나타나는 한, 논리적 목적은 없다. 반란은 스스로 힘을 북돋우며 영원히 자신을 갱신할 수 있다. 만약 나폴레옹이 총독이 되기를 원하지 않고, 오직 성가신 존재가 되고자 원했을 뿐이었다면, 어쩌면 그는 프랑스 혁명의 성공으로 생겨난 어떤 정부든 보호했을지도 모른다. 그런데 이런 진행은 반란이라는 기품 있는 이름에 어울리지 않았을 터다.

정확히 말해 이런 비군사적 성질이 여성참정권 운동가들의 피상적 문제를 만든다. 문제는 그들의 행위가 최후의 수단으로서 폭력의 이점을 하나도 챙기지 못한다는 것이다. 그들의 행위는 시험할 방법이 없다. 전쟁은 끔찍한 일이지만, 두 가지 논점은 날카롭게 이의를 제기할 수 없는 방식으로 입증된다. 숫자와 부자연스러운 용기에 관한 논점이다. 사람들은 두 가지 긴급한 문제를 발견한다. 얼마나 많은 반군이 살아 있고 죽을 각오가 되어 있느냐는 문제다. 그런데 극소수 반군과 관심 있는 소수도 단지 무질서를 영원히 이어갈지도 모

아일랜드를 포함한 공화국의 호국경을 지냈다.

4   카르노(Lazare Carnot, 1753~1823)는 프랑스 혁명 헌법으로 설립된 총재정부 (1793~97년)에서 위원으로 활동했고, 루이 16세의 처형에 관한 투표에서 왕의 처형에 찬성했다.

5   나폴레옹(Napoléon Bonaparte, 1769~1821)은 프랑스 혁명 시기에 전쟁에 참가하여 공을 세웠고, 쿠데타를 일으켜 제1통령, 종신통령을 거쳐 황제가 되었다.

른다. 물론 여자들과 관련된 이런 사례에도 그들의 성 때문에 끌어들인 잘못이 더해진다. 여성의 참정권을 단지 인정사정없는 힘의 문제로만 진술하는 것은 잘못이다. 만약 근육이 남자에게 투표권을 준다면, 말은 투표권을 두 번 행사하고 코끼리는 투표권을 다섯 번 행사해야 한다. 진실은 그런 힘보다 더 미묘한 것이다. 신체의 갑작스러운 분출은 말의 발굽이나 코끼리의 코처럼 남자의 무기다. 모든 폭동은 전쟁의 위협을 동반한다. 그러나 여자는 무기를 휘두르지만 사용할 수 없다. 여자가 사용할 수 있고 사용하는 무기는 많다. 만약 (예를 들어) 여자들이 모두 투표권을 끈질기게 요구했다면, 한 달 만에 투표권을 얻어냈을 터다. 그런데 다시 모든 여자가 끈질기게 요구할 필요가 있다는 점을 우리는 기억해야 한다. 이로써 여성참정권에 대한 표면상의 정치적 문제는 끝난다. 여성참정권 운동가의 철학에 실제로 도움이 되는 반론은 단순히 압도적 다수를 차지한 수백만에 달하는 여자들이 여성의 참정권에 동의하지 않는다는 점이다. 다수가 원하는 것과 무관하게 여자들이 투표권을 가져야 한다고 주장하는 사람도 있다. 그러나 이는 확실히 실제 작동하는 민주주의를 파괴하고 형식적 민주주의를 세우려는 이상하고 유치한 경우다. 다수의 여자가 국가 안에서 자기들의 자리를 결정하지 못한다면 무엇이 결정해야 하는가? 이런 결정을 내릴 사람들은 사실상 여성들이 여성의 참정권과 관련된 투표를 뺀 모든 일에 투표할 수도 있다고 말한다.

  하지만 다시 나만의 정치적 견해이자 아마 인기가 없을 것 같은 의견을 양심에 거리낌 없이 말하자면, 나는 다시 여성의 참정권 문제로 돌아가서 천천히 더욱 공감하면서 다루려고 한다. 서양 국가에서 여성이 차지한 지위의 현실적인 진짜 근원을 추적하고 여성의 참정권이라는 논점에 대한 기존 전통이나 어쩌면 편견의 원인을 찾아볼 것이다. 이 목적을 달성하기 위해 현대 사회의 주제, 오늘의 여성참정권 운동가를 떠나서 훨씬 더 오래되었지만 내가 생각하기에 더욱 참신한 주제로 돌아갈 필요가 있다.

2

만능 지팡이

그대가 앉아 있는 방을 둘러보고, 인간이 거의 초창기부터 가지고 다녔던 물건을 서너 개 골라보라. 적어도 일찍이 수 세기가 지난 다음 여러 부족 사이에서 자주 들먹이는 물건들이다. 그대가 식탁 위에 놓인 칼, 구석에 놓인 지팡이, 난롯불을 본다고 가정해보자. 그대는 이런 물건에 관해 한 가지 특별한 점에 주목할 텐데, 어느 것도 특별하지 않다는 점이다. 조상에게 물려받은 물건은 제각기 다른 여러 필요를 충족하려고 만든 보편적인 것들이다. 비틀거리며 걷는 현학자들이 어떤 오래된 관습의 원인과 기원을 찾으려고 천천히 나아가지만, 오래된 관습이 오십 가지 원인이나 백 가지 기원을 가진다는 것이 진실이다. 칼은 나무를 베고 치즈를 자르고 연필을 깎고 목을 베는 데 쓰인다. 기발하거나 인간이 결백하게 사용하는 무수히 많은 물건이 있다. 지팡이는 때로는 인간을 떠받치고 때로는 넘어뜨리는 데 쓰인다. 손가락 표지판처럼 방향을 가리키는 것이나 막대기처럼 균형을 잡는 것, 담배처럼 하찮은 것으로 여겨지고, 때로는 거인의 몽둥이처럼 사람을 죽이는 데도 쓰인다. 지팡이는 목발이자 곤봉이고 길게 늘인 손가락이자 여분의 다리다. 물론 현대인의 아주 이상한 견해가 생겨난 불도 마찬가지다. 불이 사람들을 따뜻하게 만들기 위해 있는 것이라는 기이한 환상이 지금도 통용되는 것처럼 보인다. 불은 사람들을 따뜻하게 만들고 어둠을 밝히며, 사람들의 정신을 드높이고, 머핀을 굽고 방을 말리고 밤을 구우며, 아이들에게 이야기를 들려주고 벽에 얼룩덜룩 그림자를 만들며, 서둘러 주전자의 물을 데우기 위해 있다. 위대한 이교도가 말했듯, 불은 인간의 집에 자리한 붉은 심장이고, 남자는 단란한 가정을 뜻하는 화로를 위해 죽어야 한다.

현대성의 위대한 표시는 사람들이 언제나 이런 오래된 물건의 대체물을 제안하고 있다는 것이다. 그리고 오래된 물건이 열 가지 목적에 쓸모가 있었던 반면에, 새로운 대체물은 언제나 한 가지 목적에 쓸모가 있다. 현대인은 지팡이 대신 담배를 흔들 것이다. 그는 칼 대신 작은 연필깎이로 연필을 깎을 것이다. 그리고 대담하게 불 대신 온수관으로 따뜻하게 하라고 제의할 것이다. 나는 연필깎이가 연필을 날카롭게 깎는지도 의심스럽고, 온수관이 열을 내는지도 의심스럽다. 그런데 우리가 이런 평판 좋은 물건이 호응했던 다른 모든 필요에 대해 생각할 때, 우리 문명의 소름이 끼치도록 무서운 모든 어릿광대짓이 우리 앞에 펼쳐진다. 우리는 환영처럼 인간이 자기 목을 연필깎이로 베고 담배를 물고 목검을 배우며, 전기등에 머핀을 굽고 온수관이 묻힌 지면 위에 지은 성들을 본다.

내가 말하는 원리는 고대의 보편적인 것과 현대의 특수한 것을 비교할 때 어디에서나 드러날 수 있다. 경위의(經緯儀, theodolite)의 목적은 수평을 맞추는 것이다. 지팡이의 목적은 어떤 각도에서나 흔들거리며 나아가게 하고, 자유의 수레바퀴처럼 곡선을 그리며 가는 것이다. 의료용 칼 메스의 목적은 절개하는 것이고, 머리와 사지를 긋고 깊이 베고 벗겨내고 잘라내기 위해 쓰일 때 기대에 어긋난 도구가 된다. 전깃불의 목적은 (비열한 겸손을) 비추는 것일 뿐이다. 석면 난로[6]의 목적이 무엇인지도 궁금하다. 만약 어떤 남자가 사막에서 둘둘 말린 밧줄 한 묶음을 찾았다면 그는 적어도 둘둘 말린 밧줄로 할 수 있는 모든 일에 대해 생각했을 수 있다. 일부는 실제로 쓸모가 있었을지도 모른다. 그는 배를 견인하거나 말을 올가미로 잡았을 수 있다. 그는 실뜨기 놀이에 밧줄을 사용하거나 배의 틈을 메울 뱃밥을 만들었을 수 있다. 그는 눈이 맞아 함께 도망칠 상속녀를 위해 밧줄 사다리를 만들거나 여행하는 미혼 여성의 가방을 묶어주었을 수 있다. 그는 활을 묶는 법을 배우거나 목을 매고 죽었을 수 있다. 사막에서 전화기를 찾아야 하는 불행한 여행자는 아주 다를 것이다. 우리는 전화기로 전화를 할 수 있지만 다른 아무것도 할 수 없다. 엉뚱하

---

6 석면은 화성암의 일종이고 섬유 모양의 규산 화합물로 불에 견디는 힘이 있어 고대부터 가치 있는 것으로 여겼고, 19세기에 석면 섬유는 열과 불에 대한 저항력으로 인해 난로와 굴뚝을 비롯한 건축재료, 전기기기 및 열 절연물 제조에서 중요하게 사용되었다. 산과 염기에 대한 내구성도 있어서 화학약품을 다루는 산업에서 널리 사용되다가 1970년대 이후 석면섬유가 인체에 해롭다는 사실이 입증되면서 석면 사용이 제한되거나 금지되었다. 체스터턴도 이미 석면의 유해성을 알았던 듯하다.

기 그지없는 삶의 기쁨 가운데 하나라도, 그것은 호응할 아무도 없을 때 일시적 정신 착란에 빠져 한 등급 아래로 떨어진다. 주장을 간추려 말하면 이렇다. 그대는 이런 시들고 단순한 어떤 편법이든 뿌리째 뽑기 전에 뿌리 한 개가 아니라 백 개를 캐내야 한다. 현대 과학적 사회학자들은 어떤 오래된 방법이든 설 다리가 있다는 점을 아주 가까스로 알아볼 뿐이다. 그런데 거의 모든 오래된 방법은 설 다리가 네 개나 다섯 개 있다. 거의 모든 오래된 제도는 발이 네 개고 어떤 것은 발이 백 개나 된다.

이런 오래된 사례와 새로운 사례를 살펴보라. 그러면 그대는 일반적 경향을 관찰하게 될 것이다. 어디나 여섯 가지 목적에 쓸모가 있었던 큰 물건이 한 개 있었다. 지금은 어디나 작은 물건이 여섯 개 있다. 정확히 말해 (곤란한 문제가 있고) 작은 물건 다섯 개와 반쪽짜리 목적이 있다. 그런데도 우리는 이런 분리와 전문성이 전혀 소용이 없다거나 용서할 수 없다고 말하지 않으려 한다. 나는 전화기를 준 신에게 자주 감사한다. 어느 날 의료용 칼 메스를 준 신에게 감사할지도 모른다. 이런 기발하고 제한된 발명품 가운데 (당연히 석면 난로를 제외하고) 어느 순간에 필요하지 않고 애용하지 않게 될 것은 하나도 없다. 그러나 나는 아주 엄격하게 전문성을 지지하는 사람이 여러 면을 가진 이런 오래된 제도에 적당한 비율로 보존된 통일성과 보편성이라는 요소가 있음을 부정하리라 생각하지 않는다. 정신적으로나 영적으로 적어도 전반적 균형은 전문가들의 지나친 언행을 다른 것과 동등하게 맞추려면 필요하다. 칼과 지팡이의 비유를 더 높은 영역으로 옮겨 설명하는 일은 어렵지 않다. 종교, 다시 말해 불멸하는 처녀는 인류의 하인이자 여러 가지 일을 하는 여자였다. 그녀는 변경할 수 없는 우주에 대한 이론 법칙을 한꺼번에 남자들에게 주었고, 민첩하고 전율케 만드는 도덕 놀이의 실천 규칙도 주었다. 그녀는 학생들에게 논리를 가르쳤고 아이들에게 동화를 들려주었다. 그녀의 일은 모든 생명이 두려워하는 이름 없는 신들과 맞서고 장식용 끈을 다는 날이나 종을 치는 시간에 은빛과 주홍빛으로 물들인 거리를 보는 것이다. 난로의 용도가 온수관과 전구로 갈라지고 흩어졌듯, 종교의 큰 쓰임도 좁은 전문 분야로 갈라지고 흩어졌다. 종교 의식과 채색 상징의 낭만은 모든 직업 가운데 가장 편협한 (예술을 위한 예술이라고 불리는) 현대 예술이 이어받았고, 남자들은 현대 사회의 관행에 따라 상징들이 아무것도 의미하지 않은 한, 모든 상징을 사용할 수도 있다는 정보를 얻는다. 양심의 낭만은 윤리학으로 바싹 말라버렸다. 윤리학은 예절을 위한 예절이라고 부를 수도 있는데, 예절은 우주의 기운으로 태어나지 않으며 예술의 꽃을 피우지 못한다. 희미한 신들을 찾고 윤리학과 우주론을 차단하라는 외침은 그저 심리학과 관련된 연구에 지나지 않게 되었다. 모든 것은 다른 모든 것에서 분리되었고, 모든 것은 차가워졌다. 머지않아 우리는 전문가들이 서로 망친다는 근거로 어떤 노래의 가사에서 곡조를 떼어낸다는 소리를 듣게 되리라. 나는 언젠가 아몬드와 건포도의 분리를 공개적으로 지지했던 남자를 만났었다. 이 세상은 모두 하나의 야생 이혼 법정이다. 그런데도 영혼 속에서 인간적 습관의 권위를 알리는 천둥소리를 듣는 사람들이 여전히 많다. 인류와 결합한 영혼들은 아무도 떼어내지 못한다.

이 책은 종교를 다루지 않지만, 여러 목적에 이바지한 종교의 힘이 우리의 인생에서 완전히 사라져서는 안 된다고 인정할 종교인과 비종교인이 많다는 것은 분명하다. 현대인도 개인적 성격의 일부로서 다면성이 장점이고 그런 장점을 쉽게 간과할 수도 있다고 동의할 것이다. 이런 균형과 보편성은 여러 세대의 남자들이 결성한 많은 단체의 시각이었다. 그것은 아리스토텔레스의 자유 교육이었고, 레오나르도 다빈치와 친구들의 만능 예술인 교육이었으며, 윌리엄 템플 경이나 도싯 대공처럼 무신경한 사람들의 위엄 있는 비전문가의 교육이었다. 우리 시대의 문학계에서는 가장 불규칙한 정반대 형태로 나타났다. 페이터[7]는 거의 들을 수 없는 곡을 붙였으며, 휘트먼[8]은 뱃고동 소리처럼 생각을 명확히 밝혔다. 인간 가운데 거의 절반은 언제나 그들이 세상에서 하는 일의 본성 때문에 글자 그대로 지닌 의미의 보편성을 성취할 수 없었다. 그것은 절반의 사람들이 하는 일의 존재 양식 때문이 아니라는 점에 주목하라. 레오나르도 다빈치는 꽤

---

7   페이터(Walter Pater, 1839~1894)는 영국의 수필가, 문학과 예술 비평가, 소설가다. 이탈리아 르네상스 예술가에 대한 평론을 모아서 『르네상스 역사에 관한 연구』(1873)를 출간하여 명성을 얻었다. 이 책에서 예술은 아름다움만을 위해 존재하며, 예술의 존재 이유에 도덕적 기준이나 실용적 기능이 끼어들어서는 안 된다고 주장했다. 이후 페이터의 주장은 유미주의 선언으로 수용되었다.

8   휘트먼(Walt Whitman, 1819~1892)은 미국의 시인, 수필가, 기자였다. 초월주의에서 사실주의로 넘어가는 과도기를 대표하며, 작품에 두 양상이 모두 나타난다. 미국 문학에서 영향력이 아주 큰 작가로 '자유시의 아버지'라고 불리기도 한다. 대표 작품은 시를 모아서 출판한 『풀잎』(1855)이다.

열심히 일했음이 분명하다. 다른 한편 많은 관공서 직원, 지방 경찰관이나 교묘히 빠져나가는 비밀 공작원은 (모든 인간다운 현상에) 아무 일도 하지 못하고, 아리스토텔레스가 내세운 보편주의의 어떤 징후도 보여주지 못할 수도 있다. 평범한 남자가 보편인이 되기 어려운 까닭은 전문가일 수밖에 없기 때문이다. 그는 한 가지 직종을 선택하고 배워야 할 뿐만 아니라 더하든 덜하든 무자비한 사회에서 자신을 지탱하기 위해 배워야 한다. 이것은 맨 처음 사냥꾼부터 최근 전기공학자에 이르는 남성에 대해 일반적으로 맞는 말이다. 제각기 행동해야 할 뿐만 아니라 뛰어나야 한다. 니므롯[9]은 주님 앞에서 힘센 사냥꾼일 뿐만 아니라 다른 사냥꾼들보다 힘센 사냥꾼이어야 한다. 전기공학자는 전기에 관해 아주 많이 아는 공학자이거나 다른 많은 공학자를 앞질러야 한다. 현대 세계가 스스로 대체로 옳게 자랑하는 인간 정신의 기적은 종교의 편협한 신앙보다 이성의 순수한 균형을 방해하는 집중이 없다면 불가능할 터다. 어떤 신경이나 신조도 구두 만드는 사람에게 구두 골을 벗어나지 말라는 무서운 엄명만큼 제한할 수 없다. 그래서 우리가 사는 세상의 가장 크고 야생에 가장 가까운 범위는 정해진 사정거리 안에서 한 방향으로 움직일 뿐이다. 포병 대원은 사거리를 넘어설 수 없으며 발사는 자주 빗나간다. 천문학자는 망원경의 성능을 넘어설 수 없으며 망원경은 이런 성능만큼 조금 도움

---

9   니므롯(Nimrod)은 창세기 10: 8~9에 나오는 인물로 유대인의 부족신 야훼가 인정한 뛰어난 사냥꾼이다.

을 준다. 여기서 말한 모든 일은 산꼭대기에 올라서 순식간에 지평선을 내려다본 다음 다른 경로로 이 마을 저 마을 느리거나 빠르게 관광하며 내려가는 사람들과 비슷하다. 옳은 말이다. 다른 여러 마을로 여행하는 사람들은 틀림없이 있다. 전문가는 틀림없이 있어야 한다. 그런데 아무도 지평선을 보지 못할까? 모든 인류는 외과 의사나 특별한 능력을 지닌 배관공처럼 전문가여야 할까? 모든 인류는 한 가지 일에만 열중해야 할까? 전통에 따라 인류의 절반만 한 가지 일에 몰두하도록 정해졌다. 전통은 모든 가정에 직업인(tradesman)과 만능 남자(Jack-do-all-trades)가 있도록 결정했다. 그런데 전통은 또한 가정에서 만능 남자의 역할을 만능 여자(Jill-of-all-trades)가 하도록 결정했다. 옳든 그르든 이런 전문가 지배와 보편주의는 성(sexes)에 따라 나뉘었으리라. 영리함은 남자를 위한 것이고 지혜는 여자를 위한 것이다. 영리함은 지혜를 잃기 마련이고, 그것은 조금 슬프지만 확실하다.

하지만 여자에게서 포용의 역량이라는 이상은 (혹은 상식은) 오래전에 씻겨 내려갔음이 분명하다. 이런 이상은 야망과 열렬한 전문성 추구의 무서운 용광로 속에서 틀림없이 녹아버렸다. 남자가 얼마간 한 가지 생각에 사로잡혀 편협해질 수밖에 없는 까닭은 무기를 하나 소지하고 무방비 상태로 싸움에 뛰어들기 때문이다. 세상은 남자에게 직접적으로 요구하고, 그의 아내에게는 간접적으로 요구한다. 간단히 말해 남자는 (성공을 다룬 책에서 말하듯) '최선'을 다해야 한다. '그의 최선'은 인류의 얼마나 작은 부분인가! 그의 둘째와 셋째 최선은 종종 훨씬 낫다. 만약 남자가 제1 바이올린 연주자라면 평생 바이올린을 연주해야 한다. 그는 자신이 우수한 제4 백파이프 연주자이고, 규칙에 따라 14번째 당구봉을 사용하는 사람이자 남을 돋보이게 하는 사람이며, 작가이자 총잡이, 신의 모상이라는 점을 기억해서는 안 된다.

3

가정 생활의 해방

지나가는 말로 남자가 한 가지 특징을 계발하도록 만든 힘은 경쟁 체제라고 흔히 부르는 것과 관계가 없고, 이성적으로 생각할 수 있는 어떤 종류의 집산주의에도 똑같이 실제로 작동할 것이라고 논평해야 하겠다. 사회주의자들이 솔직하게 바이올린, 망원경, 전깃불의 표준이 정해지는 기준의 하락을 각오하지 않는 한, 그들은 어떻게든 현재 전문적인 일에 계속 집중하는 개인에게 부담을 떠넘길 도덕적 요구를 새로 만들어낼 수밖에 없다. 오로지 어느 정도 전문적인 남자들이 있었기에 망원경이 만들어졌다. 남자들은 확실히 망원경을 계속 만들기 위해 어느 정도 전문성을 갖추어야 한다. 어떤 남자를 국가임금 노동자로 만듦으로써 그가 자신의 임금을 버는 고달픈 방식에 관해 원칙적으로 생각하지 못하게 할 수는 없다. 오래된 보편주의 시각을 충족한 대단히 가볍고 더욱 여유로운 사고방식을 세상에 보존하는 길은 하나뿐이다. 말하자면 일부라도 보호받는 인류의 절반이 있다고, 귀찮은 산업주의의 요구로 고생하지만 단지 간접적으로 고

생하는 절반이 있다고 허용하는 것이다. 다시 말해 인류의 모든 중심부에 더 큰 계획에 따른 인간이 하나 더 있어야 한다. 최선을 다하지 않지만 모든 것을 주는 여자 인간이다.

오래된 불의 유비는 여전히 가장 많이 활용된다. 불은 전기처럼 번쩍일 필요도 없고 끓는 물처럼 끓어오를 필요도 없다. 불은 물보다 더 눈부시게 빛을 내고 빛보다 더 따뜻하게 한다. 아내는 불과 비슷하거나, 적당히 균형을 맞추자면 불은 아내와 비슷하다. 불처럼 여자는 요리하도록 예정되어 있다. 여자는 요리를 뛰어나게 한다는 것이 아니라 식물학 강의를 하거나 돌 깨는 일을 해서 돈을 버는 남편보다 요리를 더 잘한다. 불처럼 여자는 아이들에게 이야기를 들려주도록 예정되어 있다. 독창성과 예술성이 없어도 아마 일류 요리사가 들려줄 이야기보다 더 좋은 이야기를 들려주리라. 불처럼 여자는 등을 켜고, 환기하도록 예정되어 있다. 사유의 아주 놀라운 계시나 거친 바람이 아니라 남자가 돌을 깨거나 강의를 한 다음에 할 수 있는 수준보다 더 낫게 등을 켜고 환기한다. 그런데 만약 여자도 경쟁 체제나 관료 체제의 잔혹한 노역을 직접 겪어야 한다면, 여자가 이런 보편적 의무 같은 어떤 일이든 견뎌내리라고 기대할 수 없다. 여자는 요리사여야 하지만 경쟁에 참여하는 요리사가 아니다. 여자는 여교사지만 경쟁에 참여하는 여교사가 아니다. 여자는 실내 장식가지만 경쟁에 참여하는 실내 장식가가 아니다. 여자는 재단사지만 경쟁에 참여하는 재단사가 아니다. 그녀는 한 가지 직업을 가져서는 안 되지만 스무 가지 취미를 가진다. 그녀는 남자와 달리 자신의 둘째 최선을 모두 발전시킬 수도 있다. 이것이 여성의 고립, 혹은 여성 억압이라고 불리는 현상이 처음부터 현실적으로 목표로 삼았던 편견이다. 여자들은 좁아지기 위해 가정에 머물지 않았다. 반대로 넓어지기 위해 가정에 머물렀다. 집 밖 세상은 한 덩어리를 이룬 편협함, 비좁은 길이 이어진 미로, 편집광들로 가득한 정신 병원이다. 여자를 얼마간 제한하고 보호해야 비로소 여자는 다섯이나 여섯 가지 전문직 역할 놀이를 할 수 있었고, 그래서 백 가지 직종의 역할 놀이를 하는 아이처럼 신에게 거의 가까이 다가갔다. 그런데 아이가 참여한 역할 놀이는 그렇지 않지만, 여자가 역할 놀이에 참여한 전문직들은 참으로 거의 끔찍하리만치 수확이 풍성했다. 그래서 여자의 보편성과 균형이 단지 병든 삶을 막아줄 뿐이라는 것이 비참한 현실로 드러난다.

이것이 역사에 드러난 여성의 입장에 관해 내가 제의한 주장의 실체다. 나는 여자들이 부당한 취급을 받았고 심한 고통을 겪었다는 것도 부정하지 않는다. 그러나 여자를 가정의 황후이자 경쟁에 참여하는 사무원으로 만들려는 현대 사회의 부조리한 시도로 인해, 여자들이 지금만큼 고통스러운 적이 있었는지 의구심이 든다. 나는 오랜 전통 아래서 여자들이 남자들보다 더 힘든 시간을 보냈다는 것을 인정한다. 그것이 우리 남자들이 모자를 벗어 여자들에게 경의를 표하는 이유다. 나는 이렇게 다양한 여성의 기능이 모두 화나게 하는 일이었음을 부정하지 않는다. 그러나 여성의 다양한 기능을 유지하는 데는 어떤 목표와 의미가 있었다고 말하고 싶다. 나는 여자가 일개 하녀였다는 것을 망설이지 않고 부정한다. 적어도 여자는 모든 일에 능통한 봉사자였다.

여성의 입장을 요약하는 가장 간단한 방식은 여자가 제정신이라는 이념을 대표한다고 말하는 것이다. 사치스러운 여행을 마치고 언제나 정신이 돌아가야 할 지성의 고향 같은 존재가 여성이다. 시인의 정신은 들판에서 길을 찾지만, 미친 사람의 정신은 들판에서 돌아올 길을 찾지 못한다. 기계 장치마다 움직이는 부분과 가만히 멈춰선 부분이 틀림없이 있다. 변하는 모든 것에는 변할 수 없는 부분이 분명히 있게 마련이다. 현대인은 현실적으로 여자가 건강의 중심이자 기둥으로서 차지한 이런 지위의 일부인 많은 현상을 성급하게 비하한다. 여자의 복종이라는 것은 대부분 여자의 유순함조차 보편적 치료법에 따른 복종이자 유순함일 뿐이다. 병에 따라 약이 바뀌는 것처럼 여자는 다양하게 모습을 바꾼다. 여자는 병적으로 우울한 남편을 만나면 낙관론자가 되고, 태평스러운 남편을 만나면 이로운 비관론자가 되어야 한다. 여자는 돈키호테 같은 남편과 황소 같은 남편이 남을 해치지 않도록 해야 한다. 프랑스 왕은 이렇게 썼다.

"여자는 늘 변하노니, 믿는 자는 바보로다"
"Toujours femme varie, Bien fol qui s'y fie"

그런데 진실은 여자가 늘 변하고, 그것이 우리가 늘 여자를 믿는 이유라는 데 놓여 있다. 모든 모험과 낭비벽을 상식의 해독제로 바로잡는 존재는 (현대인들이 생각하듯) 밀정이나 노예의 위치에 있지 않다. 보편적 도덕 체계, 완전한 사유 체계가 있음은 아리스토텔레스[10]나 (적어도) 스펜서[11]의 위치에 있다는 말이다. 노예는 아첨하고 완전한 도덕가는 꾸짖는다. 간단히 말해 그토록 명예로운 용어의 참뜻은 꾸짖는 사람이지만, 언제나 이런저런 이유가 영향을 미쳐서 정반대 뜻으로 사용된다. 꾸짖는 사람은 늘 강자 편을 드는 비겁한 사람을 의미한다. 현실적으로는 언제나 약자 편에 서는 의협심이 매우 강한 사람을 의미한다. 아무도 없는 곳에 앉아 배의 균형을 잡는 사람과 비슷하다. 여자는 꾸짖는 사람이고, 꾸짖는 일은 관대하고 위험하며 낭만적인 직무다.

이를 고정한 최종 사실은 아주 명백하다. 인류가 절반으로 나뉘고, (양측이 진정으로 한 가지 정신으로 완전히 결합하기 어려우므로) 전문적 재능의 이상과 일반적 제정신 상태의 이상을 각각 전형적으로 구현하면서 적어도 부자연스럽지 않게 행동했다고 가정해보자. 그러면 양측을 분리한 선이 왜 성을 기준으로 그어졌는지, 왜 여성은 보편성의 상징이 되고 남성은 전문성과 우월감의 상징이 되었는지 알아보기 어렵다. 자연의 거대한 두 가지 사실은 이렇게 정해졌다. 첫

---

10   아리스토텔레스(Aristoteles, 기원전 384~322)는 플라톤의 제자이자 고대 그리스 최고 철학자로 평가받는다. 중세 그리스도교의 스콜라철학에 영향을 주었으며, 근대까지도 아리스토텔레스의 철학은 건재했다. 자연학, 정치학, 윤리학, 수사학을 비롯해 다양한 연구를 했으나 형식논리학과 동물학 분야에서 탁월한 업적을 남겼다.

11   스펜서(Herbert Spencer, 1820~1903)는 영국 사회학의 창시자로 평가받는다. 진화가 우주의 원리라고 생각하여, 인간이 살아가는 사회에도 강한 사람만이 살 수 있다는 '적자 생존설'을 믿었으며, '사회 유기체설'을 주장했다. 심리학 분야에서 의식의 진화를, 도덕 분야에서 공리주의를 지지했다.

째, 글자 그대로 자신의 기능을 아무 때나 늘 이행하던 여자는 실험과 모험에서 전문성을 발휘**할 수 없었다.** 둘째, 똑같이 자연스러운 작업이 어린애들과 함께 여자를 둘러싸고 있었고, 어린애들에게는 무엇이든 전문적으로 가르치기보다 모든 것을 가르칠 필요가 있다. 아기들은 거래를 배우는 것이 아니라 세상과 만나야 할 필요가 있다. 문제를 짧게 표현하면, 여자는 일반적으로 인간으로 자라날 아이가 세상에 있는 모든 질문과 세상에 없는 어떤 질문을 할 때 아이와 함께 집에 머문다. 여자가 어떤 전문가의 편협함이든 지녔다면 이상한 일일 것이다. 이제 만약 누구든 이런 일반적 계몽의 의무가 (현대 사회의 규칙과 시간에서 자유롭고 더 보호받는 사람이 되어 한층 더 자발적으로 이해되더라도) 자체로 지나친 요구이며 억압이라고 말한다면, 나는 그런 견해를 이해할 수 있다. 나는 그저 우리 인간 종족이 세상에서 상식을 지키기 위해 여자에게 이런 부담을 지울 만한 가치가 있다고 생각했다고 대답할 뿐이다. 그런데 사람들이 가정 생활의 의미에 관해 힘겨울 뿐만 아니라 시시하고 따분하다고 말하기 시작할 때, 나는 이런 문제를 그냥 던져버린다. 왜냐하면 상상력을 최대로 발휘해도 그들이 하는 말의 의미를 이해할 수 없기 때문이다. 예컨대 가정 생활이 고역이라고 할 때, 곤란한 문제는 전부 세상의 이중적 의미에서 생겨난다. 만약 고역이 지루하고 힘든 일을 의미할 뿐이라면, 나는 남자가 아미앵 대성당에서 고되게 일하거나 트라팔가르 해전의 총탄 아래서 고역을 치렀을 수도 있었듯 여자가 가정에서 고되게 일한다고 인정한다. 그런데 만약 힘든 일이 하찮고 재미없으며 영혼에 별로 중요하지 않기에 더 힘이 들고 견디기 어려움을 의미한다면, 나는 그런 문제를 던져버린다. 나는 그런 말이 무엇을 의미하는지 모르겠다. 특정 구역에서 엘리자베스 여왕이 된다는 말은 판매, 연회, 노동, 휴일을 결정한다는 뜻이다. 특정 구역에 백화점이 있다는 말은 장난감, 목이 긴 신발, 침대보, 케이크, 책을 공급한다는 뜻이다. 특정 분야에서 아리스토텔레스가 된다는 말은 도덕, 예절, 신학, 위생학을 가르친다는 뜻이다. 나는 이것이 어떻게 정신을 지치게 했을지 이해할 수 있지만, 그것이 어떻게 정신을 좁아지게 했을 수 있는지 상상할 수 없다. 어떻게 다른 사람의 아이에게 비례법[12]에 관한 이야기를 들려주는 일은 큰 경력이고, 자신의 아이에게 우주에 관한 이야기를 들려주는 일은 작은 경력일 수 있는가? 어떻게 모든 사람에게 같은 것인 일은 넓고 어떤 사람에게 모든 것인 일은 좁을 수 있는가? 그럴 수 없다. 여자의 기능이 고되고 힘든 까닭은 그것이 하찮은 일이 아니라 거대한 일이기 때문이다. 나는 존스 부인의 노역이 아주 커서 그녀를 가엾게 여길 것이다. 그녀의 노역이 아주 작아서 가엾게 여기는 것은 결코 아니다.

그런데 여자가 감당한 노역의 핵심이 보편성이더라도, 이는 물론 여자가 대체로 건전하지만 심각한 한두 가지 편견에 사로잡히는 일

---

12   'Rule of Three'를 비례법으로 옮겼다. 비례법은 특수한 고정 자산에 대하여, 그것이 생산물의 생산이나 용역(用役)의 제공에 비례하여 이용되었다고 가정하고, 자산을 이용해 얻은 생산량 또는 이를 대신하는 것을 기준으로 감가상각비를 계산한다. '감가상각(減價償却)'이란 토지를 제외한 고정 자산의 소모나 손상에 따른 가치의 감소를 각 연도에 할당해 계산하여 자산 가격을 감소해 가는 일이다.

을 막지 못한다. 여자는 대체로 자신이 인류의 절반일 뿐임을 남자보다 더 많이 의식했다. 하지만 여자는 (숙녀에 대해 그렇게 말해도 좋다면) 자신이 대표한다고 생각한 두세 가지 일에 몰두함으로써 인류의 절반임을 표현했다. 나는 여기에 다음과 같은 점을 덧붙일 것이다. 여자들에 관해 최근 공식적으로 인정된 골칫거리는 대부분 한 여자가 지키게 되어 있던 주요 사항에 적당할 뿐인 신성하고 완고한 성질을 의심과 이성의 문제로 바꿔놓은 사실에서 생겨났다. 자신의 아이, 자신의 제단은 원칙의 문제, 혹은 그대가 좋다면 편견의 문제여야 한다. 다른 한편 누가 주니어스[13]의 편지를 썼느냐는 원칙이나 편견의 문제여서는 안 된다. 그것은 자유롭고 거의 중립적인 탐구의 문제여야 한다. 하지만 어떤 연맹에 소속된 활력 넘치는 신식 젊은 여자 비서에게 조지 3세가 주니어스의 편지를 썼다는 점을 보이라고 해보라. 그러면 석 달 후 여자 비서는 고용주에게 충성을 다하려고 그것도 믿을 것이다. 현대 여성들은 가정 생활이 치열한데도 자신들의 직무를 변호한다. 그들은 가정 생활의 단란함뿐 아니라 책상과 타자기를 위해 싸우고, 회사에 나오지 않는 사장을 대신해 일종의 늑대 같은 아내의 역할을 계발한다. 그것이 현대 여성들이 회사 일을 그렇게 잘하는 이유다. 또한 그들이 회사 일을 해서는 안 되는 이유기도

---

13   주니어스(Junius)는 1769년 1월 21일부터 1772년 1월 21일까지 헨리 샘슨 우드폴 소유의 영국의 대중지 『퍼블릭 애드버타이저(Public Advertiser)』에 잇달아 편지를 보낸 사람의 필명이다. 아직도 정체가 확인되지 않았다. 주니어스가 투고한 목적은 조지 3세 각료들의 평판을 떨어뜨리고 반대파를 연합하는 것이었다.

하다.

4

절약의 낭만

여자 종족(womankind)은 대부분 책상이나 타자기보다 눈을 조금 더 흥분시키는 것들을 위해 싸워야 했다. 또 여자들은 이런 것을 변호할 때 편견이라는 성질을 강력하게 험악할 정도까지 계발했다. 이런 편견은 언제나 여자의 중요한 위치를 강하게 뒷받침하고, 여자는 여전히 일반적인 관리자, 작은 범위 안에서 모든 방면을 지배하는 독재자다. 여자가 현실적으로 남자의 위치를 오해한 한두 가지 논점은 거의 완전히 여자 자신의 것을 보존하기 위한 것이다. 여자가 실제로 스스로 가장 집요하게 매달리는 두 가지 논점은 대체로 절약의 이상과 품위의 이상으로 요약될 수도 있다.

불행히도 이 책은 남성이 썼고 이런 두 가지 성질은 남자에게 혐오스럽지는 않더라도 적어도 어떤 남자에게 혐오감을 준다. 그런데 만약 우리가 성과 관련된 문제를 조금이라도 해결하고자 한다면, 모든 남성은 두 성질로 향하는 모든 좋은 여성의 태도에 참여하려고 상상력을 발휘하지 않으면 안 된다. 특히 난점은 어쩌면 절약이라는 문제에 있을지도 모른다. 우리 남자들은 돈을 여기저기 쓰면서 서로 부추겼고, 마침내 6펜스를 잃어버림에 대해 일종의 기사답고 시인다운 태도를 보였다. 그러나 더 넓고 솔직하게 살피면, 사실은 거의 그렇지 않다.

절약은 현실적으로 낭만적인 것이다. 경제는 낭비벽보다 더 낭만적이다. 신에게 맹세코 나는 그런 문제에 대해 사심없이 말한다. 왜냐하면 태어난 이후 나는 반페니를 절약한 적이 있었는지 분명히 기억나지 않기 때문이다. 하지만 그것은 사실이다. 경제는 적당히 이해하면 시인의 정서를 더 많이 드러낸다. 절약이 시인의 정서를 드러내는 까닭은 그것이 창조적이기 때문이다. 낭비벽은 시인의 정서를 드러내지 않는다. 그것은 낭비이기 때문이다. 돈을 허비하는 일은 산문처럼 지루한데, 아무거나 던져버리는 일은 지루하기 때문이다. 이는 부정적이며 무관심의 고백이자 실패의 고백이다. 집에 관해 가장 지루한 점은 집이 쓰레기통이라는 것이고, 까다로우며 미적 기준에 맞는 새로운 가옥에 가장 크게 반대하는 한 가지 논점은 단순히 이런 도덕적인 **세대**에서 쓰레기통이 집보다 더 클 수밖에 없다는 것이다. 만약 남자가 자신의 쓰레기통에서 모든 것을 이용하려고 시도할 수 있었다면, 그는 셰익스피어보다 더 폭넓은 천재가 되었을 터다. 과학이 부산물을 이용하기 시작했을 때, 예컨대 과학이 석탄에서 나오는 타르로 색을 만들 수 있음을 발견했을 때, 과학은 자신의 가장 위대한 어쩌면 유일한 인간 영혼에 대해 진짜 존경심을 갖게 되었다고 주장할지도 모른다. 이제 좋은 여자의 목표는 부산물을 이용하는 것,

달리 말해 쓰레기통을 뒤지는 것이다.

남자는 비 오는 날 개인 전용 집에서 발견할 수도 있는 재료를 보고 떠올린 갑작스러운 농담이나 방편을 생각해야 비로소 그것을 충분히 파악할 수 있다. 남자의 확정된 일상 업무는 일반적으로 현대 과학이 만들어낸 엄격한 편의 시설과 함께 흘러간다. 절약을 비롯해 여기저기에서 잠재적 도움을 알아채고 거드는 일은 남자에게 거의 무의미해졌다. 그는 사방이 벽으로 둘러싸인 곳에서 놀이할 때 더 많이 이해한다. 몸짓을 보고 낱말 알아맞히기 놀이에서 난로 앞에 놓인 깔개는 모피 외투에 쓸 만하거나, 찻주전자 덮개는 양쪽 챙을 위로 말아 올린 삼각 모자에 쓸 만할 때, 장난감 극장에 목재와 판지가 필요하고 주택에 땔감과 판지 상자가 충분히 있을 때 더 많이 이해한다. 이는 절약에 대해 남자가 이따금 엿보며 풍자적으로 흉내 내어 즐기는 놀이다. 그런데 많은 좋은 주부는 치즈의 끄트머리와 비단 조각을 가지고 매일 같은 놀이를 한다. 좋은 주부는 인색하거나 비천하기 때문이 아니라, 반대로 대범한 사람이어서 같은 일을 매일 한다. 좋은 주부는 큰돈을 벌었을 때 자신의 창의적 자비심이 모든 일에 두루 미치기를 바라기 때문에, 다시 말해 정어리 한 마리도 파괴되거나 공허하게 쓰레기로 버려져서는 안 되는 일이기 때문에 매일 같은 놀이를 한다.

현대 세계는 어떻게든 (신학을 비롯한 다른 분야에서) 이해하도록 만들어졌음이 분명하다. 어떤 견해는 방대하고 폭이 넓으며 보편적이고 자유주의로 기울지만, 방대하고 폭이 넓으며 보편적이고 자유주의로 기운 다른 견해와 충돌하기도 한다. 전쟁은 두 종파 사이에 일어나지 않고, 단지 보편적인 두 가톨릭교회 사이에서 일어난다. 유일하게 가능한 충돌은 한 우주와 다른 우주의 충돌이다. 그래서 작은 규모로 먼저 경제와 관련된 여성의 이상이, 우리가 이미 성의 속성이라고 말했던 여성의 다양한 사고방식과 다재다능한 삶의 기술에 속한 일부라는 점을 명료하게 밝혀야 한다. 절약은 작거나 소심하거나 촌티 나는 문제가 아니다. 이는 여자가 영혼의 모든 창문으로 전후좌우를 모두 지켜보며 모든 것에 대답할 수 있는 커다란 이상의 일부다. 왜냐하면 평범한 인간의 집에 돈이 들어오는 구멍은 한 군데이고 나가는 구멍은 백 군데이기 때문이다. 남자는 구멍 한 군데와 관계가 있고, 여자는 구멍 백 군데와 관계가 있다. 물건을 너무 아끼는 여자의 태도가 여자에게 속한 정신적 폭의 일부더라도, 그것이 같은 인간 종족에 속한 남성들에 속한 특별한 종류의 정신적 폭과 갈등을 빚는 것은 결코 아니다. 물건을 아끼는 태도는 우리가 2부에서 주목했던 동지애, 다시 말해 어수선한 잔치와 귀청이 떨어질 듯한 논쟁의 형체 없는 큰 흐름과 갈등을 빚게 만든다. 두 가지 성이 각자의 취향 속에서 영원한 것을 스치는 체험이 더 큰 반목으로 이끈다. 왜냐하면 한쪽 성은 보편적 경계를 대표하고, 다른 쪽 성은 거의 무한한 생산을 대표하기 때문이다. 일부는 도덕적 허약함 때문에, 일부는 신체의 강함 때문에 정상 상태의 남성은 사태를 일종의 영원한 것으로 확대하기 쉽다. 그는 언제나 정찬이 밤새도록 이어질 것처럼 생각하고, 밤이 영원히 지속할 것처럼 생각한다. 가난한 지역에 살면서 일하는 여자들이 선술집(public house) 문가에서 남편들을 가정으로 데려가려고 애쓸 때, 단순하기 짝이 없는 '사회 복지사들'은 언제나 모든 남편이 비극 속 술주정뱅이고 모든 아내가 상심한 성녀라고 상상한다. 그들은 가난한 여자가, 유행을 따르는 상류 계급의 모든 여주인이 출시될 담배를 두고 남자들이 다투고 차를 마시며 잡담하지 못하도록 할 때와 똑같이 거친 관례에 따라 행동하고 있다는 점을 떠올리지 못한다. 여자들의 의견에 따르면 입에 들어가는 것뿐 아니라 입에서 나오는 것도 남자를 더럽힌다. 그들은 (모든 계층의 자매들과 마찬가지로) 아무도 설득되지 않을 우스꽝스러운 반론을 제기할 것이다. 마치 남자가 목검 놀이를 했던 누군가를 몸종으로 만들기를 원했던 것처럼 말이다. 그런데 이런 논점에 대한 여성의 현실적 편견은 기초가 없지 않다. 현실적 감정은 이렇다. 남성이 느끼는 쾌락은 대부분 단명하는 성질이 있다는 느낌이다. 공작부인은 다이아몬드 목걸이 때문에 공작을 망쳐놓을 수도 있다. 그런데 다이아몬드 목걸이는 거기에 있다. 상인은 맥주 한 병 탓에 아내를 망쳐놓을 수도 있는데, 맥주는 어디에 있을까? 공작부인은 다른 공작부인을 짓밟고 결과를 내놓으려고 다툰다. 돌아다니며 물건을 파는 상인은 다른 상인을 설득하려고 언쟁하지 않고, 자신의 목소리를, 다시 말해 자기 의견의 명료함과 남성적 사회 감각을 즐기기 위해 다른 상인과 다툰다. 남성의 즐김은 질이 좋은 열매를 맺지 못한다. 밑 빠진 독에 물 붓고, 생각이 바닥없는 심연으로 떨어지는 것이나 마찬가지다. 이런 모든 것이 여자가 선술집이나 국회 의사당에 반감을 품게 했다. 여자는 낭비를 막기 위해 거기에 있다. '선술집(pub)'은 상류 계급에서 '사교용 집(club)'이라 부르지만, 낱말의 운을 맞춘 것을 빼고는 아무 차이도 없다. 상류 계급이든 하류 계급이든 여자가 선술집에 반대하는 이유는 더할 나위 없이 명확하고 합리적이다. 선술집은 개인 전용 집에서 써야 할 정력을 낭비하는 곳이다.

남성의 낭비벽에 반대한 여성의 절약 정신에 대해 그렇듯, 남성의 왁자지껄함에 반대한 여성의 품위에 관해서도 마찬가지다. 여성은 만약 자신이 좋은 예절을 지키지 않으면 다른 아무도 그러지 않을 것이라는 확고하고 근거가 아주 충분한 관념을 가지고 있다. 아기들은 품위라는 점에서 언제나 강한 것은 아니고, 성인 남자들은 아주 꼴사납다. 사실은 아주 예의 바른 남자들이 많이 있지만, 여자의 마음을 사로잡지도 않고 여자의 말을 잘 듣지도 않는 남자에 대해서는 들은 적도 없다. 그런데 정말로 여성의 품위라는 이상은 절약이라는 이상과 마찬가지로 더 깊은 곳에 있어 쉽게 오해되기도 한다. 여성의 이상은 궁극적으로 정신의 고립 상태라는 강한 관념에 달려 있다. 같은 관념이 여자들을 종교로 기울게 만든다. 여자들은 정신이 혼란 상태에 놓이는 것을 좋아하지 않고, 군중을 싫어하며 피한다. 사교 단체의 대화에 관해 우리가 말했던 익명성은 숙녀들의 경우에 흔히 무례함으로 비칠 것이다. 예술 감각이 있고 열심히 사는 숙녀를 기억한다. 그녀는 자신의 멋진 초록빛 응접실에서 남성과 여성의 동지애를 내가 믿는지, 왜 믿지 않는지 물었다. 나는 "내가 그대를 10분 동안 동지로 대우하면 그대는 나를 집에서 내쫓을 테니까요"라고 분명하고 진지하게 대답하면서 한 걸음 물러났다. 이런 주제를 다룰 때 유일하게 확실한 규칙은 언제나 여자들이 아니라 한 여자를 다루라는 것이다. '여자들'이란 난봉꾼이 쓰는 말이다. 나는 이번 장에서 '여자들'이라는 말을 되풀이하여 사용했다. 하지만 '여자들'이라는 말은 언제나 상스러운 울림이 있다. 그것은 동양의 냉소주의와 쾌락주의의 냄새를 풍긴다. 모든 여자는 포로가 된 여왕이다. 그러나 여자들의 무리는 어떤 무리든 다 속박에서 벗어난 후궁의 여자들을 의미한다.

나는 여기서 나 자신의 견해가 아니라 내가 아는 여자들 전부에 대한 견해를 전하고 있다. 어떤 여자가 다른 여자들을 개별적으로 미워한다고 말하는 것은 아주 불공정한 처사다. 하지만 나는 어떤 여자가 혼란에 빠져서 다른 여자들을 혐오한다고 말하는 것은 충분히 그럴듯하다고 생각한다. 이는 여자가 자신의 성을 경멸하는 것이 아니라 존중하기 때문이며 예절에서 품위 관념으로, 도덕에서 정조 관념으로 각각 나타난 신성함과 고립 상태를 특히 존중하기 때문이다.

클로에의 쌀쌀맞음

우리는 가짜를 진짜로 받아들인 인간적 오류에 대해 많이 듣는다. 그러나 우리가 익숙하지 않은 것에 대해 종종 진짜를 가짜로 오인한다는 점도 기억할 만한 가치가 있다. 아주 젊은 남자는 여배우의 가발이 진짜 머리카락이라고 생각할지도 모른다는 말은 맞다. 그러나 아직 어린애가 어떤 흑인의 머리카락을 가발이라고 부를 수도 있다는 말도 똑같이 맞다. 양모를 걸친 미개인은 단지 먼 곳에 살고 야만적이기 때문에 부자연스러울 정도로 단정해 보이는 것 같다. 누구나 익숙하지 않은 모든 것에, 예컨대 열대 지방의 새와 꽃에 단단히 자리 잡은 거의 불쾌할 만큼 강렬한 천연색에서 틀림없이 똑같은 점을 알아챈다. 열대 지방의 새는 장난감을 파는 가게에서 노려보는 새 모형과 비슷해 보인다. 열대 지방의 꽃은 생화가 아니라 조화, 밀랍으로 만든 꽃처럼 보인다. 이는 깊이 살펴보아야 할 문제고, 내 생각에 신성함과 연결되지 않은 것이 아니다. 그리고 우리가 사물을 처음 볼 때 신이 꾸며낸 창조물이라고 곧바로 느낀다는 것은 진실이다.

우리는 신의 손길을 느낀다. 우리는 철저히 익숙해지고 우리의 오감이 지쳤을 때만 신의 창조물을 야생 상태의 거칠고 목적이 없는 것으로 여긴다. 볼품없는 우듬지[14]나 쉽게 변하는 구름처럼 말이다. 처음 우리에게 떠오른 것은 자연의 설계다. 저런 설계 속에 십자가와 혼란스러운 감각이 나중에 비로소 경험과 섬뜩한 단조로움을 거쳐 들어온다. 만약 어떤 사람이 느닷없이 나타난 별들을 우연히 보았다면, 불꽃놀이 같은 축제를 떠올리며 인공물이라고 생각할 것이다. 우리는 백합에 색칠하기 같은 자연미를 해치는 행위가 어리석다고 말한다. 그러나 만약 우리가 갑자기 백합을 보았다면, 색칠되었다고 생각할 것이다. 우리는 악마가 칠해진 만큼 그렇게 검지 않다고 이야기한다. 이런 문구는 생기발랄한 것과 인공적인 것의 친족관계를 보여주는 증거다. 만약 현대 사회의 현자가 오로지 한번 얼핏 풀과 하늘을 보았다면, 풀이 칠해진 만큼 푸르지 않고, 하늘이 칠해진 만큼 파랗지 않다고 말했을 것이다. 만약 사람들이 우주 전체를 갑자기 볼 수 있다면, 우주는 남아메리카의 코뿔새가 밝게 칠한 장난감처럼 보이듯 밝게 칠한 장난감과 비슷해 보일 터다. 둘 다 그렇게 보인다는 말이다.

하지만 내가 다루려는 것은 모든 낯선 대상에 관한 아주 놀라운 기교에 드러난 이런 양상이 아니다. 역사의 길잡이로서 우리와 동떨어진 방식으로 만들어진 사물이 인공적인 것처럼 보여도 놀라서

14　우듬지는 나무 꼭대기의 줄기를 뜻하는 우리말이다.

는 안 된다. 우리는 십중팔구 이러한 사물이 벌거벗은 채 거의 외설로 보일 만큼 정직하다고 우리 자신을 설득해야 한다. 그대는 남자들이 코르네유[15]의 서리가 내린 듯 차가운 고전주의나 18세기의 분칠한 듯 과장된 언행에 대해 말하는 소리를 듣게 될 것이다. 그러나 이런 문구는 모두 대단히 피상적이다. 인위의 시대는 없었다. 이성의 시대도 없었다. 남자들은 언제나 남자들이었고, 여자들은 언제나 여자들이었다. 남자들과 여자들의 두 가지 풍부한 욕망은 언제나 정념의 표현이자 진실을 말하는 행동으로 나타났다. 우리는 그들의 표현 방식에서 경직되고 기묘한 점을 볼 수 있고, 마찬가지로 우리의 후손은 아주 거친 빈민 촌극이나 너무도 적나라한 병리 연극에서 경직되고 기묘한 점을 보게 될 것이다. 그러나 남자들은 중요한 일이 아닌 어떤 것에 관해서도 말하지 않았고, 우리가 살펴보아야 하는 여성성의 다가올 힘은 어쩌면 자격을 갖춘 사람이 먼지가 앉은 옛 시집 속에서 가장 잘 살펴볼 수 있을지도 모른다.

18세기는 적어도 외면적으로 인위의 시대(period of artificiality)라고 말한다. 그런데 사실대로 말하면 인위를 뜻하는 두 낱말이 있다. 현대인은 누구든 인위적인 것을 어떤 종류의 속임을 불확정적으로 의미하는 말로 사용한다. 그리고 18세기는 너무 인위로 치우쳐서 속인다는 뜻을 지닐 수 없었다. 인위를 숨기지 않는 최고 수준의 예술

---

15 코르네유(Pierre Corneille, 1606~1684)는 프랑스 고전주의 비극의 창시자로 평가받는 작가.

을 장려했다. 18세기의 유행과 풍습은 적극적으로 인위를 공언함으로써 자연을 드러냈다. 당시에 머리를 똑같이 은색으로 물들이는 이 발업이 유행이었다. 이것이 젊음을 숨기려던 진기한 겸손이라는 말은 터무니없는 공상일 것이다. 그러나 적어도 늙은 나이를 숨기는 행위는 사악한 자부심과 달랐다. 18세기의 유행을 따르던 사람들은 모두 젊은 척하기보다 모두 늙어감에 동의하는 척했다. 그들이 따른 유행의 가장 이상하고 부자연스러운 점에도 똑같이 적용된다. 그들은 별난 괴짜였으나 틀린 것은 아니었다. 숙녀는 색칠된 만큼 붉거나 붉지 않을 수도 있으나, 분명히 덧대었던 만큼 검지 않았다.

그런데 나는 더욱 오래되고 솔직하게 꾸며낸 이야기의 이런 분위기를 독자들에게 소개할 뿐이다. 독자들은 인내심을 갖고 18세기와 이보다 2세기 앞선 시대의 장식과 문학 속에 아주 흔히 나타난 어떤 요소를 잠시나마 엿볼 수도 있다. 이와 관련해 그런 분위기를 언급할 필요가 있는데, 그것은 정확히 분가루처럼 피상적으로 보이지만 실은 머리카락처럼 뿌리가 깊은 것 가운데 하나이기 때문이다.

꽃내음 가득한 전원시 풍의 모든 옛 사랑 노래, 특히 17세기와 18세기의 사랑 노래에서 그대는 쌀쌀맞음이라는 문제로 여자에게 끊임없이 퍼부은 비난을 찾아낼 것이다. 여자의 눈을 북쪽에 떠 있는 별에 빗대고, 여자의 심장을 얼음에 빗대며, 여자의 가슴을 흰색 눈에 빗대는 끝없이 이어진 진부한 비유를 보라. 우리는 대부분 언제나 이런 오래 반복된 문구들이 죽은 낱말들의 본보기, 차가운 벽지 같은 것일 뿐이라고 가정했다. 그래도 나는 클로에[16]의 쌀쌀맞음에 관해 썼던 옛 왕당파 시인들[17]이 오늘날 거의 모든 사실주의 소설이 놓친 심리 작용의 진실을 붙잡았다고 생각한다. 우리의 심리를 파헤친 연애 소설가들은, 아내란 바닥에 구르고 이를 갈고 가구를 여기저기 던지거나 커피에 독을 탐으로써 남편을 공포에 떨게 한다고 끊임없이 묘사한다. 이런 모든 이야기는 여자들이란 감정에 치우친 존재라는 이상하게 고정된 이론에 근거한다. 진실을 말하면 오래되고 딱딱한 형식은 생기 넘치는 사실에 훨씬 더 가깝다. 남자들이 대부분 성실하게 말했다면, 여자들이 공포를 일으킨 성질은 대부분 감정을 드러내는 특징이 아니라 감정을 드러내지 않는 특징이라고 동의했으리라.

더욱 섬세한 유기체를 정당하게 보호할 얼음처럼 지독한 갑옷이 있다. 그러나 심리 작용은 어떻게 설명하든 확실히 사실의 문제일 수 없다. 화난 여성이 본능적으로 흐느껴 우는 행동은 건드리면 안 된다는 경고다.[18] 나는 이것을 여성적 전통에 속한 기본 성질이 드러난 아주 명백한 동시에 가장 덜 진부한 사례로 받아들인다. 우리의 시대

---

16   3세기경 그리스의 작가 롱고스(Longos)가 지은 목가적 사랑 이야기 『다프니스와 클로에』에 나오는 여자 주인공의 이름이 클로에(Chloe)이고, 남자 주인공의 이름은 다프니스(Daphnis)다. 버려진 두 아이를 양치기가 발견하여 이름을 지어주고 길렀고, 두 아이는 자라서 사랑에 빠지고 시련을 겪은 다음 결혼하여 행복하게 살게 되는 이야기다.

17   왕당파 시인(cavalier poets)은 영국의 청교도 혁명 기간에 의회를 지지하는 의회당원들에 대항하여 찰스 1세(1625~1649)를 지지한 까닭에 왕당파로 불리게 되었던 영국의 상류 계급 출신의 시인 집단을 가리킨다. 그들은 생활에서 기사 같은 면모를 드러냈으며, 세련되고 우아한 서정시나 연애시를 지어 과시했다.

18   '건드리면 안 된다는 경고'라고 옮긴 'noli me tangere'는 라틴어 문구로 'touch me not'을 뜻한다.

에 도덕을 지키는 사람과 도덕을 어기는 사람은 둘 다 공염불을 외우듯 헤아릴 수 없을 만큼 여성적 전통을 오해했다. 이런 여성적 전통에 맞는 고유한 이름은 정숙함이다. 그런데 편견의 시대에 살고 사물을 올바른 이름으로 불러서는 안 되기에, 우리는 현대에 더욱 어울리는 명명법을 만들어 품위라고 부를 것이다. 다른 무엇으로 이름을 지어 붙이든, 천 명의 시인과 백만의 연인은 여성적 전통을 클로에의 쌀쌀맞음이라고 불렀다. 그것은 고전적인 것과 비슷하고, 적어도 기괴한 것과 정반대다. 우리는 여기서 주로 유형과 상징으로 말하고 있으므로, 어쩌면 여성적 전통이라는 생각은 무엇이든 여자가 치마를 입는 단순한 사실에서 발견될 만큼 구체적으로 나타날지도 모른다. 그것은 지금 해방에 찬성하며 여기저기서 일어나는 심각한 표절 행위에 아주 전형적으로 드러난다. 얼마 전까지 '진보' 여성이 바지 입을 권리를 주장하는 일은 흔했다. 가짜 코를 얹을 권리만큼 기괴한 권리다. 여성의 자유가 두 다리에 각각 치마를 입는 행동으로 더 진보할지 나는 모르겠다. 어쩌면 터키 여자들이 그것에 관해 어떤 정보를 줄지도 모른다. 그러나 만약 서양 여자가 후궁에 드리운 휘장을 따라 느릿느릿 여기저기 걸어 다닌다면, 그 저택은 확실히 감옥이 아니라 궁전을 의미한다. 치마는 확실히 여성의 복종이 아니라 여성의 품위를 의미한다. 이는 가장 간단한 시험으로 입증할 수 있다. 어떤 지배자도 일부러 공인된 노예의 족쇄로 옷을 치장하여 입지 않을 터다. 어떤 판사도 넓은 화살로 머리를 장식한 채 등장하지 않으리라. 그런데 판사, 성직자, 왕처럼 위풍당당한 인상을 주고자 원한다면, 남자들은 치마와 여성의 품위가 느껴지는 길고 질질 끌리는 예복을 입는다. 온 세상은 여인 천하다. 남자들도 통치하기를 바랄 때 여성의 옷(petticoat)을 입으니 말이다.

현학자와 야만인

우리는 여성이 강한 두 팔로 문명의 두 기둥을 떠받친다고 말한다. 여성이 자신의 위치, 사적인 전능과 소규모의 보편성을 갖는 기이한 자리에 어울리는 것 말고는 어떤 일도 할 수 없었다고 말하기도 한다. 첫째 요소는 절약인데, 구두쇠의 파괴적 절약이 아니라 농부의 창조적 절약을 뜻한다. 둘째 요소는 품위고, 이것은 신성한 성격과 사생활의 표현일 따름이다. 나는 현대 사회에서 성에 관한 말다툼의 따분한 속임수와 술책을 아는 모든 사람이 불쑥 자동으로 받게 될 질문을 알고 있다. 진보한 사람은 이런 본능이 여자에게 불가피한 요소로 내재하는지, 또는 역사와 교육으로 생겨난 편견일 뿐인지에 관한 토론을 즉시 시작할 것이다. 나는 지금 절약하고 품위를 지키는 습관에 따라 여자를 교육할 수 있는지 토론하자고 제안하지 않는다. 두 가지 탁월한 이유가 있다. 첫째로 그것은 생각할 수 있는 한 어떤 답도 찾아낼 수 없는 질문이다. 현대인들이 그런 질문을 좋아하는 이유가 바로 이것이다. 문제의 본성상 문명인의 특이한 성질

(peculiarities) 가운데 어떤 점이 엄밀하게 문명에 필요했는지 결정하는 일은 분명히 불가능하다. (예컨대) 직립 습관은 인간이 진보한 유일한 경로였는지 자명하지 않다. 네발 짐승의 문명이 발전했을 수도 있고, 거기에서 도시인은 아침마다 신발을 두 켤레 신고 시내로 갈 것이다. 혹은 파충류의 문명이 발전했을 수도 있고, 거기에서 도시인은 엎드린 채 사무실로 뒤뚱거리며 올라갈 터다. 이런 동물에게 지능이 발달하지 않았을 수도 있다고 말할 수는 없다. 남자는 똑바로 서서 걷고, 여자는 거의 직립보다 더 꼿꼿이 서서 걷는 존재라고 말할 수 있을 뿐이다.

둘째 논점은 이렇다. 대체로 우리는 오히려 여자들이 (아니, 남자들도) 똑바로 서서 걷는 것을 선호한다. 그래서 우리는 달리 걷는 방식을 발명하는 데 우리의 고귀한 인생을 허비하지 않는다. 간단히 말해 여자가 이런 문명인의 특이한 성질을 제거할 수도 있는지 사색할 필요가 없는 둘째 이유는 여자가 문명인의 특이한 성질을 제거하고자 원하지 않는다는 데 있다. 여자는 그것을 제거하지도 못한다. 나는 인류가 바이올린을 배우지 못했거나 말 타는 방법을 잊었을 수도 있는 방식을 발명하느라 지능을 전부 허비하지 않을 것이다. 그리고 가정 생활의 기술은 인간 종족의 아주 오래된 모든 기술과 마찬가지로 특별하고 가치가 있어 보인다. 나는 우리가 기억할 수 없는 원시 시대나 우리가 이해할 수 없는 미개한 나라에서 여자가 어떤 대우를 받았고 받는지에 관한 아무짝에도 쓸모없이 헤매는 사색을 하자고 제안하지 않는다. 이런 사람들이 저급한 이유나 미개한 이유로 여자들을 분리하고 차별했더라도, 이는 우리의 이유를 야만적인 것으로 만들지 못할 터다. 그리고 나는 우리와 같은 종족인 만큼 그들의 감정이 진짜로 형태가 다르다는 주장에 대해 의구심을 좀처럼 떨치기 어렵다. 참을성 있는 상인이나 피상적으로 생각하는 어느 선교사가 어떤 섬을 가로질러 걸어가다가 원주민 여자는 들판에서 밭을 일구고 원주민 남자는 악기를 연주하고 있는 모습을 보고, 즉각 남자는 단지 만물의 영장이고 여자는 노예일 뿐이라고 말한다. 브릭스턴 지역의 뒤뜰 절반에서 단지 여자들이 양심에 더 많이 따르고 참을성이 더 없는 반면에, 남자들은 더 조용하고 쾌락을 더 탐욕스럽게 추구하므로 똑같은 일을 보았을 수도 있음을 상인이나 선교사는 기억하지 못한다. 혹스턴에서 벌어진 일이 하와이에서 그대로 종종 일어날 수도 있다. 다시 말해 여자는 남자가 여자에게 일하라고 말하고 그녀가 복종하기 때문에 일하지 않는다. 반대로 여자는 남자에게 일하라고 말했고 그가 복종하지 않았기 때문에 일한다. 나는 이것이 완전한 진실이라고 단언하지 않지만, 우리는 야만인의 영혼에 대해 거의 이해하지 못해서 그것이 얼마나 참이 아닌지도 알지 못한다. 성급하고 피상적인 과학이 성(sex)에 관한 존엄과 겸손의 문제와 맺는 관계도 마찬가지다. 교수들은 세계 곳곳에서 신부(bride)가 주저하는 기색을 보이고, 남편을 피해 숨거나 도망치는 단편적 의식(ceremonies)들을 찾아낸다. 그때 교수는 이것이 약탈 결혼의 유물이라고 즉각 선언한다. 신부가 쓴 면사포가 진짜 올가미라고 말하지 않을지 궁금하다. 나는 여자들이 과연 약탈 결혼을 했는지 진지하게 의

혹을 제기한다. 내 생각에 여자들은 약탈 결혼을 한 척했고, 여전히 그런 척한다.

　여자의 절약 정신과 품위가 필요하고 신성하다고 여겨지는데도 이런 점이 남성적 동지애의 장황함과 낭비벽, 끊임없이 계속되는 쾌락 추구와 반드시 충돌하게 되어 있다는 것도 명백하다. 지혜로운 여자들은 남성적 동지애를 허용하고, 어리석은 여자들은 그것을 부수려 애쓴다. 그런데 모든 여자는 남성적 동지애에 대응하려고 애쓰고 잘 대응한다. 지금 우리 주변의 많은 가정에서 동요 가사는 뒤바뀌었다. 여왕은 집무실에서 돈을 세고, 왕은 응접실에서 빵과 꿀을 먹고 있다. 그런데 왕이 용감무쌍하게 싸운 끝에 꿀을 획득했다는 점은 엄밀하게 이해되어야 한다. 이런 다툼은 썩어가는 고딕 양식의 조각 작품과 알아보기 힘든 그리스어 필사본에서 찾을 수 있다. 모든 시대와 나라, 모든 부족과 마을에서 개인 전용 집(Private House)과 선술집 또는 국회 의사당처럼 공중용 집(Public House)으로 갈라져 성과 관련된 큰 전쟁을 치렀다. '종교 축가', '권주가' 따위의 제목이 붙은 구절과 아내에게 괴롭힘을 당한 남편의 불평불만으로 (완전히 글자 그대로) 구성된 '가정 생활 시'라는 제목이 붙은 구절로 나뉜 중세 영국 시집을 본 적이 있었다. 옛날 영어로 쓰였지만, 시집에 나온 말들은 내가 런던 남서부 베터시 자치구의 거리와 선술집에서 들었던 것과 정확히 같은 경우가 많았다. 시간과 대화의 연장을 지지하고 여성의 신경이 곤두선 조바심과 과도한 공리주의 경향에 반대하는 내용이다. 이것이 말다툼이다. 말다툼이 아닌 다른 어떤 것일 수

없다. 모든 도덕과 사회의 목표는 이를 연인의 말다툼으로 간직하는
것이다.

현대 여성의 굴복

세기말 영국이라고 불리는 곳에서 이상하고 깜짝 놀랄 일이 벌어졌다. 아무리 보아도 조상 대대로 이어진 이런 충돌은 조용히 또 느닷없이 끝났다. 둘 가운데 한쪽이 다른 쪽에 갑자기 양보했다. 20세기 초 지난 몇 년 동안 여자는 공개적으로 남자에게 굴복했다. 남자가 줄곧 옳았고, 선술집이 (또는 의회가) 현실적으로 개인 전용 집보다 더 중요하고, (여자가 언제나 주장했듯) 정치는 맥주잔을 기울이기 위한 구실이 아니라 새로운 여성주의[19]의 숭배자들이 무릎을 꿇어 환영할 신성한 의식이며, 선술집의 말 많은 애국자들은 탄복할 만할 뿐만 아니라 선망의 대상이 될 만하고, 대화는 시간의 낭비가 아니

---

19   여성주의(feminism)라는 말은 수백 년 동안 오용되거나 남용되었고 지금도 오용하거나 남용하는 사람들이 많다. 체스터턴도 예외가 아니다. 일반적으로 여성주의란 정치·경제·개인·사회적 측면에서 성평등을 정의하고 확립하려는 사회 운동, 정치 운동, 이념을 포괄하는 견해다. 여성주의자들은 지금까지 사회가 남성적 관점을 우위에 두고 여자들을 부당하게 대우했다고 진단하고 성차별에 단호히 맞서 싸우며 여자들이 남자들과 평등하게 대우받도록 변화를 촉구한다.

며, 그러므로 (확실한 귀결로) 선술집은 돈을 낭비하는 곳이 아니라고 여자들은 진지하게 공식적으로 인정했다. 우리 남자들은 모두 우리의 아내들과 어머니들과 할머니들, 고모할머니들과 이모할머니들이 운동 경기와 음주, 정당 정치에 몰두하는 우리의 취미에 관해 이구동성으로 경멸하며 쏟아낸 모든 말에 익숙했었다. 그리고 이제 팽크허스트 양[20]이 와서 눈물을 쏟으며 여자들이 전부 그르고 남자들은 전부 옳다고 인정하고, 겸손하게 바깥뜰로 입장하도록 허락해 달라고 간청한다. 그녀는 거기에서 자신의 자매들이 생각없이 비웃던 남성의 장점들을 얼핏 보았을지도 모른다.

이제 이런 발전은 자연스럽게 우리를 혼란에 빠뜨리며 심지어 마비 상태에 이르게 한다. 공중용 집과 개인 전용 집 사이에서 오랜 싸움이 벌어지면서, 남성은 허풍과 낭비에 탐닉했고 여성과 마찬가지로 시소의 맞은편에 올라타야 한다고 느꼈다. 우리는 아내들에게 의회가 극히 중요한 일에 관해 늦도록 논의했다고 말했다. 그러나 우리의 아내들이 이를 믿으리라고는 생각하지 않았다. 우리 남자들은

---

20   여기서 팽크허스트 양은 영국의 여성참정권 운동가인 에멀린 팽크허스트(Emmeline Pankhurst, 1858~1928)의 두 딸 가운데 한 사람을 말한 것으로 보인다. 크리스타벨 팽크허스트(Dame Christabel Harriette Pankhurst, 1880~1958)는 1903년 어머니와 함께 여성 사회정치 연맹(Women's Social and Political Union)을 창립했다. '말이 아닌 행동'을 연맹의 구호로 채택한 팽크허스트는 호전적 참정권 운동을 시작했고, '여성에게 투표권을'이라는 표어를 내세운 시위로 그녀가 감옥에 간 후 전 세계적 주목을 받았다. 에스텔 실비아 팽크허스트(Estelle Sylvia Pankhurst: 1882~1960)도 여성참정권론자이자 좌파 공산주의자로 활동했다. 이들의 노력이 영향을 미쳐 1928년 영국 의회는 여성과 남성의 동등한 참정권을 인정한 법안을 통과시켰다.

모든 사람이 우리나라에서 투표권을 가져야 한다고 말했다. 마찬가지로 우리의 아내들은 아무도 응접실에서 담배를 피워서는 안 된다고 말했다. 두 경우에 생각은 똑같다. "별로 중요하지 않지만, 당신들이 그런 일을 슬며시 하면 엉망이 될 거다." 우리는 허긴스 경이나 버긴스 씨가 이 나라에 절대로 필요하다고 말했다. 남자들은 남자들이어야 하고, 여자들은 여자들이어야 한다는 사실을 제외하고 이 나라에 필요한 것은 아무것도 없음을 우리는 모두 아주 잘 알았다. 우리는 다음과 같은 점을 알았다. 우리 남자들은 여자들이 그것을 훨씬 더 명료하게 알았다고 생각했다. 그리고 여자들도 그렇게 말하리라고 생각했다. 느닷없이 경고도 한 차례 없이 여자들은 우리 남자들이 말하면서도 거의 믿지 않았던 무의미한 말을 전부 말하기 시작했다. 정치의 장엄한 의식과 투표권이 필요하고, 허긴스와 버긴스가 필요하다고 말하기 시작했다. 이런 모든 말은 참정권 운동을 대변하는 자들의 입에서 전부 흘러나와 티 하나 없이 맑은 시내로 흘러든다. 사람들이 아무리 늙어도 온갖 싸움에서 정복하려는 모호한 포부를 품는다고 나는 가정한다. 그러나 우리 남자들은 결코 여자들을 완전히 정복하려고 원한 적이 없었다. 여자들이 우리의 무의미한 말과 좀 더 떨어져 있기를 기대했을 뿐이다. 우리는 여자들이 남자들의 말을 의미심장하게 받아들일 것이라고 기대하지 않았다. 현 상황에 대해 나는 물에 빠져 허우적대는 느낌이다. 나는 힘센 베갯머리 송사[21]를 힘

---

21 베갯머리 송사는 'curtain-lecture'를 옮긴 말이고, 잠자리에서 아내가 남편에게 바라

이 없는 연단 강연으로 대체한 상황에 안도해야 할지 화를 내야 할지도 모르겠다. 나는 정곡을 찌른 기탄없는 커들 부인[22]이 없으면 길을 잃는다. 나는 정말이지 엎드려 뉘우치는 팽크허스트 양과 무슨 말을 해야 할지 모르겠다. 이런 현대 여성의 굴복은 우리를 모두 아연실색하게 했다. 여기서 잠시 멈추고 그녀가 진짜 무슨 말을 하는지 귀를 기울이고 재치를 모으는 것이 바람직하다.

내가 이미 말했듯, 이런 모든 일에 내놓을 아주 간단한 답이 하나 있다. 지금 말한 모든 일은 현대 여성 전체가 아니라 2천 명의 현대 여성 가운데 한 사람에 관한 것이다. 이 사실은 민주주의자에게 중요하다. 하지만 그것은 전형적으로 현대 정신을 갖춘 사람에게는 별로 중요하지 않다. 현대 사회의 전형적인 두 정당은 소수의 통치를 믿는다. 유일한 차이는 보수 정당의 소수냐 진보 정당의 소수냐다. 좀 엉성하게 말해 어쩌면 이런 차이는 사람들이 한쪽의 부유한 소수와 다른 쪽의 미친 소수를 믿는다는 말로 표현될지도 모른다. 그러나 이런 상태에서 민주주의 논증은 잠시 접어두고, 두드러진 소수를 단지 두드러지기 때문에 꼭 거론해야 한다. 이런 대의를 몹시 싫어하는 여자 수천 명과 그것에 대해 거의 들어본 적도 없는 여자 수백만 명을 우리의 마음에서 아예 없애보자. 실제 정치 영역에 영국 국민 자체

는 바를 속살거리며 청하는 것을 의미한다.

22 커들 부인은 제럴드(Douglas William Jerrold, 1803~1857)의 기사를 모아 출판한 『커들 부인의 베갯머리 송사(Mrs. Caudle's Curtain Lectures』(1845)에 나오는 인물이다. 제럴드는 영국의 극작가이자 언론인, 해학이 넘치는 작가다.

가 없고 아주 오랫동안 없을 것이라는 점에 동의해보자. 우리가 이런 특별한 여자들이 투표권을 원한다고 말하고 투표권이 무엇인지 우리 자신에게 묻는다고 제한하기로 하자. 만약 우리가 이런 숙녀들에게 투표권이 무엇이냐고 물으면, 우리는 아주 모호한 답변을 듣게 될 것이다. 그것은 일반적으로 숙녀들이 대답할 준비가 되어 있지 않은 질문이다. 진실은 그들이 주로 선례, 다시 말해 남자들이 이미 투표권을 가진다는 단순한 사실에 따르는 데 있기 때문이다. 실은 선례를 따른 여성의 참정권 요구는 반항적이라기보다는 차라리 보수적인 운동이다. 그것은 영국 헌법의 가장 좁은 틀 안에 머문다. 우리 사유의 날개를 넓고 자유롭게 펼쳐서 투표라는 이상한 일의 최종 논점과 의미가 무엇인지 스스로 물어보자.

백합꽃 문양의 낙인

인류의 여명기부터 모든 민족은 통치 형태가 있었고, 그것을 부끄럽게 여겼던 듯하다. 조잡하고 단순한 시대에 통치, 재판, 처벌이 완벽하게 결백하고 존엄한 모습으로 등장했다고 상상하는 것보다 대놓고 오류를 범하는 일은 없다. 이런 일들은 언제나 아담과 이브의 타락에서 비롯한 벌, 인류의 수치이자 자체로 나쁜 것이라고 여겨졌다. 왕이 어떤 잘못도 저지를 수 없다는 것은 법적 의제[23]에 지나지 않았고, 그것은 영국에서 여전히 법적 의제다. 왕권신수설은 이상주의나 관념론(idealism)이 아니라 오히려 현실주의나 실재론(realism), 다시 말해 인간성이 파멸하는 가운데 실제로 작동하는 통치 방식의 한 부분이자 신앙에 속한 아주 실용적인 일부다. 통치의 종교적 기초

---

23   법적 의제(擬制, legal fiction)는 성질이 전혀 다른 것을 법률상 같다고 여겨서 법률상 같은 효력을 주는 일종의 규범이다. 민법에서 실종 선고를 사망으로 간주하는 것, 만 13세 미만 아동과 성관계를 가지는 경우 동의 여부와 관계없이 강간으로 간주하는 것을 예로 들 수 있다.

는 대중/민중이 군주를 신뢰하는 것이라기보다 어떤 인간의 아이도 신뢰하지 않는다는 데 있었다. 이는 인류의 역사를 망친 흉한 제도였는데도 통치의 기초였다. 고문과 노예 제도는 좋은 것이라고 말한 적이 없었고, 언제나 필요악이라고 말했다. 어떤 이교도는 남자 하나가 노예 열을 소유할 권리에 대해 말했고, 마찬가지로 현대에 이르러 어떤 사업가는 상인 하나가 사무원 열을 해고할 권리에 대해 말했다. "아주 끔찍한 일이지만, 사회가 어떻게 달리 돌아갈 수 있는가?" 중세의 어떤 스콜라 철학자는 인간이 불타 죽을 가능성을 중요하게 여겼다. 이와 마찬가지로 현대의 사업가는 인간이 굶어 죽을 가능성을 중요하게 여긴다. "그건 너무 끔찍하다. 하지만 그대는 고통 없는 세상을 조직할 수 있는가?" 우리가 화재로 생기는 문제없이 지내게 되었듯, 어떤 미래 사회가 굶주림의 문제없이 지내는 것은 가능하다. 어떤 미래 사회가 고문대와 쇠막대 다발로 구성된 기구를 완비한 합법적 고문을 법제화하는 것도 똑같이 가능하다. 대부분의 현대 국가, 예컨대 미국은 모호한 과학의 냄새를 풍기며 '추궁'[24]이라고 불리는 방법을 도입했다. 이는 단순히 신경 피로에 의한 비밀 부당 취득이고, 확실히 신체의 고통에 의한 비밀 부당 취득과 거의 비슷하다. 이것이 합법적이고 과학적인 미국의 모습이다. 물론 비전문적인 평범한 미국은 단순하게 종교개혁 전쟁에서 그랬듯 대낮에 사람을 불태

---

24 여기서 '추궁'으로 번역한 'third degree'는 미국의 경찰에서 엄하게 다그치는 심문을 뜻하는 용어다.

위 죽인다. 그런데 어떤 처벌이 다른 처벌보다 더 비인간적이라 해도, 인간적인 처벌 같은 것은 없다. 열네 남자가 어떤 의미나 형태로든 스무째 남자를 붙잡아 심하지 않더라도 불편하게 만들 권리를 주장하는 한, 전체 절차는 관련된 모든 이에게 수치스러운 것일 수밖에 없다. 남자들이 이를 얼마나 통렬하게 느꼈는지는 사형 집행인과 교수형 집행인, 교도관과 고문자를 언제나 두려움의 대상이자 경멸의 대상으로 여겼다는 사실로 입증된다. 반면에 온갖 종류의 부주의한 폭행 가해자와 파산한 기사, 허세 부리는 자와 무법자는 너그럽게 봐주거나 심지어 감탄의 대상으로 여긴다. 불법적으로 인간을 죽이는 것은 관대히 봐주었다. 합법적으로 인간을 죽이는 것은 관대히 봐줄 수 없었다. 결투에 나선 사람들은 대부분 얼굴을 당당히 드러내고 자신의 무기를 휘둘렀으리라. 그러나 사형 집행인은 언제나 얼굴을 가렸다.

이것이 통치의 첫째 본질적 요소인 강압(coercion)이며 필요하지만 고결한 요소는 아니다. 사람들이 통치가 무력에 달려 있다고 말할 때 그들은 현대성에 대한 안개가 낀 듯 흐릿하고 갈피를 잡지 못하는 냉소주의의 감탄할 만한 예시를 제공한다고 논평할 수도 있다. 통치는 힘(force)에 달려 있지 않다. 통치는 곧 힘이다. 다시 말해 통치는 동의(consent)나 어떤 정의 개념에 달려 있다. 어떤 일을 비정상적인 것, 예컨대 악이라고 주장하는 왕이나 공동체는 그것을 진압하기 위해 일반적으로 위력을 쓴다. 이런 위력은 왕이나 공동체의 도구지만, 그런 신념은 제재[25](sanction)일 따름이다. 유리가 망원경을 발명하게 만든 진짜 이유라고 말하는 편이 나을 수도 있다. 그러나 어떤 이유로 생겨나든 통치 행위는 강압이며 강압에 속한 거칠고 고통스러운 성질을 전부 떠안는다. 그리고 만약 누구든 전 인류가 국가 폭력을 이용할 처지에 놓여 있으므로, 국가 폭력의 이런 과제가 추하다고 주장하는 게 무슨 소용이 있느냐고 물으면, 나는 간단한 답을 하나 가지고 있다. 만약 전 인류가 국가 폭력으로 비난을 받는다면 그것을 주장하는 일은 아무 소용이 없을 것이다. 그러나 인류의 절반이 국가 폭력과 거리를 두고 있는 한, 국가 폭력의 추함을 주장하는 것은 부적합한 일이 아니다.

모든 통치는 강압적이다. 우리는 강압적일 뿐만 아니라 집단적인 통치 형태를 우연히 만들어냈다. 내가 이미 말했듯 통치 형태는 두 종류, 전제 정부와 민주 정부뿐이다. 귀족 정치는 통치가 아니라 한 바탕 벌어지는 폭동(暴動, riot)이다. 부자들의 폭동이 효과가 가장 크다. 귀족 정치를 지능적으로 가장 뛰어나게 옹호한 변론가들, 디즈레일리[26]와 니체[27] 같은 궤변론자들은 귀족 정치를 위해 폭동에 어울

---

25 제재(制裁)는 국가가 법규를 위반한 사람에 대하여 처벌이나 금지 따위를 행하는 일, 규칙이나 관습의 위반에 대해 제한하거나 금지하는 조치를 뜻한다. 제재 자체는 자연에서 비롯하지 않고 사회 유지에 필요해서 인위적으로 만들어낸 것이다.

26 디즈레일리(Benjamin Disraeli, 1804~1881)는 영국국교회(성공회)로 개종한 유대인으로 비콘필드 1대 공작이 된 영국의 정치인이자 작가다. 보수당의 정치인으로 활동하며 1874년부터 1880년까지 영국의 총리를 역임했다. 임기 동안 노동자 계층의 권리가 확장되었고, 외교 면에서는 러시아에 대한 군사적 견제, 수에즈 운하 매수 등 여러 국제 정세에서 영국의 이권을 확보했다.

27 니체(Friedrich Wilhelm Nietzsche, 1844~1900)는 독일의 문헌학자이자 철학자다. 서

리는 덕, 예컨대 용기와 다양성, 모험 같은 우연적인 덕을 제외한 어떤 덕도 주장하지 않았다. 전제 정치와 민주 정치가 질서를 잡았듯, 또 카이사르 추종자들이 최후에 로마법을, 자코뱅파가 최후에 나폴레옹 법전을 만들어냈듯, 보편적이고 적용 가능한 질서를 확립한 귀족 정치는 아무 데도 없다. 우리는 통치의 이런 기본 형태 가운데 최초 형태인 왕이나 족장의 통치와 더불어, 곧장 성과 관련된 문제를 다루지 않는다. 나중에 인류가 민주 정치의 현장과 반대로 전제 정치의 현장에서 인류가 얼마나 다르게 여성의 주장을 다루었는지 논평할 때 성과 관련된 문제로 돌아가 논의하겠다.

지금 핵심 논점은 자치 국가에서 형사법상 범죄자에 대한 이런 강압이 집단적 강압이라는 것이다. 비정상적인 사람은 이론상 백만 번 주먹으로 얻어맞고 백만 번 발에 걸어차인다. 만약 어떤 인간이 벌로 매질을 당하면, 우리는 모두 그를 매질했다. 만약 어떤 인간이 교수형을 당하면, 우리는 모두 그를 교수형에 처했다. 그것이 유일하게 가능한 민주주의(democracy)의 의미이고, 이로써 '사람들의 무리/군중'을 뜻하는 'demo'와 '정부/통치'를 뜻하는 'cracy'의 의미를 보여

구의 기존 문명의 전통을 깨고 새로운 가치를 세우고자 했기 때문에 스스로 '망치를 든 철학자'라고 칭했다. 그는 그리스도교 도덕과 합리주의의 기원을 밝히는 작업에 깊이 매진했고, 이성적인 것은 실제로는 비이성적인 것과 광기에서 비롯되었다고 주장했다. 대체로 주지주의 전통에 맞서 비합리주의(주의주의와 주정주의) 전통을 새롭게 해석하여 낭만주의의 기초를 놓았고, 그리스도교 윤리에 맞서 초인 도덕을 세웠고, 공동체주의에 맞서 영웅적 개인주의를 주장했고, 도덕적 인간보다 예술적 인간을 선호했다. 정치적으로 반민주주의이자 모든 면에서 우월한 개인들이 지배하는 일종의 귀족제를 옹호했다.

줄 수 있다. 이런 점에서 시민은 제각기 어떤 폭도에 대해 투철한 책임감을 느낀다. 모든 법령은 전쟁 포고문이며 무력으로 지탱된다. 모든 재판은 혁명적 심판이다. 공화국에서 모든 처벌은 폭력적인 사적 제재(lynching)가 그렇듯 신성하고 엄숙하다.

성실성과 교수대

여성의 참정권에 반대하는 전통이 여자들을 활동적 삶, 사회의 영향과 시민의식에서 떼어놓는다고 말할 때, 좀 더 맑은 정신으로 엄밀하게 이런 전통이 실제로 여성을 활동적 삶에서 떼어놓는다는 것이 무슨 뜻인지 물어보자. 그것은 명확히 여성을 집단적 강압 행위, 군중에 의한 처벌에서 떼어놓는다는 말이다. 인간적 전통에 따라 만약 20인이 나무나 가로등 기둥에 한 인간의 목을 매단다면, 그들은 남자들이지 여자들이 아니다. 합리적인 어떤 참정권 확장론자도 이런 기능에서 여자를 배제하는 것이 적어도 거부권과 마찬가지로 보호 방법으로 주장되었을 수도 있음을 부정하지 않으리라고 나는 생각한다. 솔직한 어떤 사람도 남자 총리가 있으나 여자 총리는 없다는 생각이, 적어도 남자 사형 집행인이 있으나 여자 사형 집행인은 없다는 생각과 연결될 수도 있다는 제안을 일축해 버리지 못할 것이다. (이런 주장에 흔히 대답하듯) 현대 문명에서 여자들이 현실적으로 체포하고 선고하고 사형 집행을 하라고 요구받지 않고, 이런 일은 모두 간접적으로 일어나며, 전문가들이 송아지를 도축하듯 범죄자를 죽인다고 대답하는 것은 부적절하리라. 이런 대답을 촉구하는 것은 참정권의 현실성이 아니라 비현실성을 촉구하는 셈이다. 민주주의는 간접적인 방식이 아니라, 만약 우리가 우리 자신과 죄수들에게 훨씬 나쁜 교도관이라고 느끼지 않는다면, 더 직접적인 방식으로 운영되어야 함을 의미한다. 강도나 독재자를 유치장에 가두는 것은 여성의 일이 아니다. 그것이 여자가 마치 자신이 확실히 하는 일을 하는 것처럼 느끼지 않는 상황을 완화해서는 안 된다. 언젠가 거리에서 어울렸을 수 있었던 남자들이 서류상으로만 어울릴 수 있다는 것은 나쁜 일이다. 남자들이 어떤 법적 의제에 그렇게 많이 투표했다는 것은 충분히 나쁜 일이다. 위대한 여성 계급이 법적 의제이므로 투표권을 주장해야 함은 훨씬 나쁘다. 만약 법적 의제가 사실이라면 여자들은 질려버릴 것이다. 만약 여자들을 위한 투표권이 여성들이 모인 군중을 의미하지 않는다면, 투표권이 의미해야 할 핵심을 놓친다. 어떤 여자는 어떤 남자와 마찬가지로 투표용지에 십자 표시를 할 수 있다. 아이도 여자와 마찬가지로 십자 표시를 할 수 있고, 침팬지도 몇 번 훈련을 받은 다음에 아이처럼 십자 표시를 할 수 있으리라. 하지만 아무도 그것을 단지 투표용지에 십자를 표시한 것으로 여겨야 함을 뜻하지 않는다. 모든 사람은 최종적으로 그것이 백합꽃 문양을 찍고 굵은 화살을 표시하고 사형 영장에 서명하고 있는 것으로 여길 수밖에 없다. 남자들과 여자들은 양측 모두 자신들이 하는 일이나 할 수밖에 없는 일을 충분히 직시해야 한다. 그런 다음에 직면하거나 아예 그만두라.

공적 사형 집행이 철폐되는 재앙의 날에, 폭력적인 사적 사형 집행이 재개되고 재가되며, 어쩌면 영원히 지속될지도 모른다. 어떤 사회의 도덕 감정에 대체로 어울리지 않는 일은 대낮에 안전하게 행동으로 옮길 수 없다. 그러나 나는 우리가 여전히 사적 공간에서 이교도나 다른 설의 주창자를 산 채로 태워 죽여서는 안 될 이유가 없다고 본다. (어리석게도 아일랜드식이라고 부르는 방식으로 말하면) 만약 공적 사형 집행이 없다면 어떤 사형 집행도 없을 개연성이 매우 높다. 옛날 옥외 처벌, 예컨대 죄인에게 씌우던 칼과 교수대는 적어도 책임을 법률에 고정했다. 실제로 행동에 옮길 때 옥외 처벌은 군중에게 썩은 달걀뿐 아니라 장미꽃을 던지고, '십자가에 매달아라' 뿐만 아니라 '호산나'[28]라고 외칠 기회를 주었다. 하지만 나는 공적 사형 집행을 사적 사형 집행으로 바꾸기를 바라지 않는다. 공적 사형 집행을 폭력적인 사적 사형 집행으로 바꾸는 것은 비뚤어진 동양풍의 불길한 일이며, 공개 토론장과 시장이 아니라 후궁과 어전 회의의 냄새를 풍긴다. 현대 사회의 공무원은 서민적인 교수형 집행인이 지녔던 사회적 명예와 품위를 모두 잃어버렸다. 현대 사회의 공무원은 활시위의 전달자일 뿐이다.

하지만 여기서 나는 잔인한 공공성(brutal publicity)에 대한 항변을

---

28 그리스도교에서 '호산나(Hosannah)'는 "구하옵나니, 이제 구원하소서"를 뜻하며 유일신을 찬양하는 말이다.

제언하며, 여자들이 이런 잔인한 공공성에서 배제되었다는 사실만을 강조하려고 할 따름이다. 권력이기 때문이 아니라 권력이 아니기 때문에 참정권을 부여한다고, 달리 말해 여자들이 투표가 아니라 투표 놀이를 하는 것이라고 우리가 대놓고 말하지 않는 한, 현대의 잔인성을 숨기는 것만으로 상황이 달라지지 않는다는 사실을 강조하기 위해서도 나는 항변을 제언한다. 추측하건대 어떤 참정권 확장론자도 이런 입장을 선택하지 않을 것이다. 참정권 확장론자 가운데 고통과 형벌의 필요가 추하고 수치스러운 일이며, 나쁜 동기와 마찬가지로 좋은 동기가 여자들을 그런 필요에서 떼어놓도록 도왔을 수도 있음을 완전히 부정할 사람은 거의 없다. 이 책에서 나는 여성을 제한하는 것이 감옥이 아니라 성당의 한계이고, 사회에서 버림받은 자가 아니라 사제에 대한 제한 조치일 수도 있다고 여러 차례 논평했다. 나는 교황의 여성스러운 의복의 사례에서 그런 논점에 주목했다고 생각한다. 비슷하게 여자는 사제와 마찬가지로 피를 흘리는 사람이어서는 안 된다고 남자들이 결정했더라도 분명히 불합리하지 않다.

더 수준 높은 무정부 상태

덧붙여야 할 사실이 하나 있다. 우리 현대인이 여성의 관점이 있음을 잊기 때문에 잊어버린 사실이다. 여성적 지혜는 부분적으로 처벌뿐 아니라 절대적 규칙에 대한 건전한 망설임도 대표한다. 사람들은 규칙으로 다루어서는 안 되고 모든 사람을 예외적 존재로 대우해야 한다는 와일드[29]의 말에는 여성적일뿐더러 삐딱하게 참인 점이 있었다. 와일드라는 남자의 논평은 조금 여자 같은 면을 드러낸다. 왜냐하면 와일드는 교리와 민주적 협력을 지배하는 남성적 권력이 없거나 모자란 사람이었기 때문이다. 그러나 만약 여자가 이렇게 논평했다면 그것은 단순하게 참이었을 터다. 여자는 사람을 제각기 특이한 존재로 대우한다. 달리 말해 여자는 무정부 상태를 대표한다. 여기서 말한 무정부 상태는 아주 오래되고 논란의 여지가 있는 철학

---

29   와일드(Oscar Wilde, 1854~1900)는 아일랜드의 시인이자 극작가로 19세기 '예술을 위한 예술'을 주창한 영국 유미주의 운동의 대표자다.

10. 더 수준 높은 무정부 상태   **185**

을 의미한다. 자신의 삶에 어떤 풍습이나 관례도 인정하지 않는다는 의미의 (생각조차 할 수 없는) 무정부 상태가 아니라 자신의 정신에 대해 어떤 규칙도 만들지 않는다는 의미의 무정부 상태다. 책에서 찾을 수 없지만 잘 작동하는 모든 전통이, 특히 교육에 관한 전통이 여자에게 주어져 있다는 점은 거의 확실하다. 자식이나 아이에게 처음 착한 일을 했다고 속을 꽉 채운 양말을 선물하거나 말썽을 부렸다고 구석에 세우던 사람이 여자였다. 학술적으로 분류되지 않는 이런 지식은 때로는 엄지의 규칙[30]이라고 부르고 때로는 어머니의 기지(motherwit)라고 부른다. 이것은 아버지의 기지라고 불리지 않았던 모든 진실을 암시한다.

무정부 상태는 단지 재치(tact)가 제대로 작동하지 않는 것이고, 재치는 단지 무정부 상태가 제대로 작동하는 것이다. 그리고 우리는 세상의 절반, 곧 개인 전용 집에서 재치가 제대로 작동한다는 것을 깨달아야 한다. 현대에 사는 우리 남자들은 명료한 규칙과 엉성한 형벌에 찬성하는 주장이 자명하지 않다는 점을 내내 잊어가고 있다. 특히 소규모로 일어나는 자비로운 무법 상태에 대해 할 말이 많다는 점, 요컨대 통치란 삶의 한 측면일 뿐임을 잊어버린다. 삶의 다른 절반은 사회라고 불리며, 이곳에서 여자들이 우위를 차지한다고 누구나 인

---

30 엄지의 규칙은 'rule of thumb'을 옮긴 말로 모든 상황에 대해 정확성과 신빙성을 담보할 수 없지만 널리 적용되는 원칙을 가리킨다. 이론이 아니라 실천에 근거해 쉽게 배워 적용되는 절차나 표준을 뜻한다. 이런 용법은 17세기로 거슬러 올라가며 엄지손가락의 굵기나 길이로 양을 측정하던 여러 직종에서 유래한다.

정한다. 그리고 여자들은 언제나 자기들의 왕국이 (논리적이고 법적인 의미로) 다스려지지 않기 때문에 우리 남자들의 왕국보다 더 잘 다스려진다고 주장할 준비가 되어 있었다. "당신들이 진짜 곤경에 처할 때마다, 소년이 건방을 떨거나 이모와 고모가 쩨쩨하게 행동할 때, 어리숙한 소녀가 어떤 남자와 결혼하려고 하거나 나쁜 놈이 누군가와 결혼하지 않으려고 할 때는 당신들의 느릿느릿 움직이는 로마법과 영국법이 모두 멈춰 서고 말죠. 공작부인의 무시나 거친 여자의 욕설이 일을 훨씬 더 바르게 처리할 것 같네요." 그래서 적어도 예전 여성의 도전은 최근 여성이 조건부 항복을 하기 전까지 시대마다 울려 퍼졌다. 팽크허스트 양이 백색 깃발을 들어 올리기 전까지 더 수준 높은 무정부 상태를 상징하는 적색 깃발이 펄럭였다.

현대 세계가 진자의 운동[31]을 믿음으로써 영원한 지성에 심각한 반역을 저질렀음은 분명히 기억해야 한다. 인간은 진자 운동을 하기 전에 틀림없이 죽을 것이다. 현대 세계는 중세인이 믿던, 진리를 추구하는 영혼의 자유를 숙명론에 빠진 대안으로 대체했다. 모든 현대 사상가는 반동주의자다. 왜냐하면 그들의 사상은 언제나 앞서 통용되던 사상의 반동으로 생겨나기 때문이다. 그대가 어떤 현대인을 만

---

31   중력의 영향 속에서 전후로 또는 좌우로 자유롭게 흔들릴 수 있도록, 한 점에 고정된 상태로 매달린 물체를 진자라고 하며, 이 물체가 움직이는 것을 진자 운동이라 한다. 진자가 움직임에 따라 에너지는 위치 에너지와 운동 에너지의 두 형태 사이를 연속적으로 오간다. 회전축에서 마찰과 공기의 저항을 무시하면 진자의 운동 에너지와 위치 에너지의 합, 곧 진자의 총 역학 에너지는 일정하다. 목적론적 세계관과 대비되는 기계론적 세계관을 대표하는 설명 모형이다.

날 때, 그 사람은 언제나 지나간 어떤 곳에서 오고 있지 거기로 가고 있지 않다. 따라서 인류는 거의 모든 장소와 모든 시기에 해와 달이 있는 것만큼 명백하게 영혼과 육체가 있음을 알아보았다. 그러나 물질주의자들이라고 불리는 편협한 개신교 종파가 잠깐이지만 영혼이 없다고 선언했고, 크리스천 사이언스라고 불리는 다른 편협한 종파가 육체가 없다고 주장하고 있다. 이제 똑같은 방식으로 맨체스터 학파[32]를 추종하는 정부의 불합리한 방치는 통치에 대한 합당한 주의와 관심이 아니라 다른 모든 일에 대한 불합리한 방치를 조장했다. 사람들이 오늘날 뭐라고 말하는지 귀를 기울여보라. 어떤 이는 인간의 중요한 모든 기능과 역할은 법률로 조직되어야 하고 법에 따라 복수해야 하며, 모든 교육은 국가 주도의 교육이어야 하고, 모든 고용은 국가 주도의 고용이어야 하며, 모든 사람과 모든 일은 장엄한 선사시대의 교수대를 발판으로 삼아 처리되어야 한다고 상상할 터다. 그러나 남자 종족(mankind)에 대해 좀 더 자유롭게 공감하며 검토하면, 우리는 십자가가 교수대보다 훨씬 오래되었고 자발적으로 짊어진 고난은 강제된 고난과 별개로 먼저 있었으며, 요컨대 가장 중요한 문제로 남자는 언제나 선택했을 경우 자신을 파멸의 길로 이끌 만큼 자유로웠음을 확신하게 될 것이다. 모든 인류학이 좌우되는 거

---

32 맨체스터학파는 19세기 영국의 맨체스터에서 일어났던 정치·경제·사회 운동을 의미하며 '맨체스터 자유주의'라고도 불린다. 애덤 스미스 같은 고전 경제학자들이 옹호한 경제 자유주의를 수용하고 정부 정책의 기초로 삼았다. 평화주의, 노예제도 폐지, 언론의 자유, 교회와 국가의 분리 정책을 촉구했다.

대한 인류의 기능과 역할, 구체적으로 말해 성과 출산의 기능과 역할은 정치를 담당한 국가 안에 들어간 적이 없었고 늘 국가 밖에 머물렀다. 국가는 죽는 국민에 대한 시시한 문제에 관여하지만, 태어나는 국민에 대한 모든 문제를 현명하게 내버려 두었다. 어떤 우생학자는 정말로 정부가 정신이 없는 비일관적 인격체라고 그럴듯하게 말할지도 모른다. 이런 인격체는 유아기가 없었던 듯 노년기 국민을 위한 준비에 몰두한다. 우리 시대에 우생학자들은 경찰이 노동과 죽음을 통제하듯 결혼과 출산을 통제해야 한다는 거의 미친 답변을 내놓았다. 여기서 그런 사실을 상세히 다루지 않을 것이다. 이렇게 비인간적이고 다루기 까다로운 (유감스럽게도 나중에 다루어야 할) 일부 우생학자를 제외하면, 모든 우생학자는 두 분파로 나뉜다. 한때 우생학을 의도했던 재간이 뛰어난 사람들이 한 분파를 형성하고, 우생학을 의도한 적이 없고 다른 어떤 것도 의도한 적이 없다고 맹세하며 당황스러워하는 사람들이 다른 분파를 형성한다. 그러나 우생학자들이 대부분 결혼 생활이 정부로부터 자유롭기를 바란다고 (인간을 경솔하게 평가함으로써) 동의하더라도, 그들이 모든 것으로부터 자유롭기를 바란다는 결론이 뒤따르지는 않는다. 만약 남자가 법으로 결혼 시장을 통제하지 않는다면, 결혼 시장이 도대체 통제되지 않는가? 넓은 의미로 확실한 답을 할 수 있다. 남자가 결혼 시장을 통제하지 않고, 여자가 공감과 여성적 편견으로 결혼 시장을 통제한다는 것이다. 최근까지도 남자가 죽은 아내의 자매와 결혼하는 것을 금지하는 법이 있었다. 하지만 이런 일은 항상 일어났다. 남자가 죽은 아내의 식기 닦는 하녀와 결혼하는 것을 금지하는 법은 없다. 왜냐하면 이런 일은 거의 일어나지 않았기 때문이다. 그런 일이 일어나지 않는 까닭은 결혼 시장이 여자들의 정신과 권위에 따라 관리되기 때문이다. 그리고 여자들은 계급이나 계층에 관한 일이라면 일반적으로 보수적이다. 숙녀들이 원하지 않았던 결혼을 막기 위해, 때로는 원하던 결혼을 얻어내기 위해 (제거하는 절차로) 자주 고안했던 배제의 체계도 마찬가지로 보수적이다. 여기에 넓은 화살촉과 백합꽃 문양, 교도관의 사슬이나 교수형 집행인의 밧줄은 필요 없다. 만약 그대가 남자를 침묵하게 만들 수 있다면 목을 졸라 죽일 필요가 없다. 목을 졸라 죽이는 짓은 냉대보다 덜 효과적이며 최종 목적에 덜 가깝다. 그리고 남자를 쫓아내고 문을 잠글 수 있을 때 안에 가두려고 고생할 필요도 없다.

물론 우리가 유아 교육이라고 부르는 엄청난 건축물에 대해서도 마찬가지다. 이것은 여자들이 전적으로 책임지고 짓는 건축물이었다. 아무것도 그런 거대한 한 가지의 성(sex)의 우월한 특징, 다시 말해 남자 아이도 아버지보다 어머니와 더 가까운 상태로 태어난다는 점을 극복할 수 없다. 무서운 여성적 특권을 응시하면서 성평등을 믿을 수 있는 사람은 아무도 없다. 여기저기에서 우리는 남자 같은 여자로 자란 소녀에 대한 글을 읽는다. 그러나 모든 소년은 길든 소녀처럼 자란다. 처음부터 여성성의 영과 육이 소년을 사방에서 둘러싸고, 아주 흐릿하고 모호하거나 짐승처럼 잔인한 남자도 태어남으로써 여성화되었다. 여자의 몸에서 태어난 남자는 짧은 날을 살고 비참한 고통을 겪는다. 그러나 남자의 몸에서 태어난 남자 같은 괴물에 속하게 될 음란과 야수 같은 비극을 아무도 상상할 수 없다.

여왕과 여성참정권 운동가

나는 정말 나중에 이런 교육 문제에 필연적으로 휘말릴 수밖에 없다. 이 책의 4부는 아이에 관한 논의를 하도록 구성되었고, 어머니에 관한 논의가 대부분을 차지할 것이다. 3부에서 나는 남자의 투표가 아니라 여자의 목소리나, 또는 여자의 무섭고 섬뜩한 침묵이 삶의 많은 부분을 더 자주 지배한다고 체계적으로 주장했다. 덧붙일 점이 하나 남아 있다. 통치는 강압이고, 강압은 잔혹한 귀결과 마찬가지로 냉정한 정의(cold definition)도 포함할 수밖에 없으므로, 인류의 한쪽 절반을 혹독하고 더러운 일에서 떼어놓는 인간적 습성에 찬성할 점이 있다는 생각의 흔적을 제멋대로 뻗어나가며 설명하는 방식으로 추적했다. 사실은 생각보다 훨씬 강력하다.

선거는 강압일 뿐만 아니라 집단적 강압이다. 만약 빅토리아 여왕[33]이 사형 집행 영장에 서명하지 않았다면 인기가 더 있고 만족스

---

33 빅토리아 여왕(Queen Victoria, 1819~1901)은 그레이트브리튼 아일랜드 연합 왕국

러운 왕이 되었으리라고 생각한다. 만약 엘리자베스 여왕[34]이 (그녀의 역사를 알게 된 사람들에게서) 피칠한 베스(Bloody Bess)라는 별명을 얻지 않았다면 역사 속에서 더 확고하고 빛나는 위대한 왕으로 우뚝 섰으리라. 요컨대 역사적으로 위대한 여자는 강압이 아니라 설득할 때 더욱 자기다운 모습을 보인다는 것이 내 생각이다. 그러나 만약 어떤 여자가 이런 권력을 가진다면, 민주 권력이 아니라 전제 권력일 수밖에 없다고 말할 때 모든 남자 종족은 그렇다고 느낀다. 팽크허스트 양에게 투표권이 아니라 왕좌를 주는 편이 낫다는 훨씬 강한 논증이 있다. 그녀는 자신의 많은 지지자와 마찬가지로 왕관이나 적어도 화관을 썼을 수도 있다. 왜냐하면 이런 오래된 권력은 순수하게 인격적이고 개인적이어서 여성적 특징을 드러내기 때문이다. 팽크허스트 양은 한 사람의 전제 군주로서 빅토리아 여왕만큼 덕을 쌓았을 수도 있다. 그리고 확실히 엘리자베스 1세만큼 사악하기 어렵다는 점을 알았을 터다. 그러나 요점은 좋든 나쁘든 팽크허스트 양이 무책임할 수 있다는 것이다. 규칙의 지배를 받지 않으려 할 테니 말이다. 통치 방식은 두 가지뿐이다. 하나는 규칙에 따르는 길이고, 다

의 왕(1837~1901 재위)이었고, 현재 영국의 왕인 엘리자베스 2세의 고조모다. 빅토리아의 재위 기간은 '빅토리아 시대(Victorian era)'나 '해가 지지 않는 나라'로 부르던 영국 제국주의의 최전성기와 일치한다. 아홉 자녀가 유럽의 여러 왕가 및 귀족 가문과 혼인했기 때문에 '유럽의 할머니'라는 별명도 얻었다.

34 엘리자베스 여왕(Elizabeth I, 1533~1603)은 1558~1603년까지 44년간 잉글랜드 왕국 및 아일랜드 왕국을 다스린 여왕이다. 본명은 엘리자베스 튜더(Elizabeth Tudor)다. 잉글랜드를 정치와 상업 및 예술 분야에서 유럽 열강의 지위로 끌어올렸다.

른 하나는 지배자를 따르는 길이다. 진지하게 말해 교육과 가정 생활의 영역에서 독재자[35]의 자유가 여자에게 필요해 보인다는 주장은 참이다. 여자는 책임질 수 있어서 비로소 무책임할 수 있다. 이것이 한심한 모순처럼 들릴 경우, 나는 자신만만하게 역사의 냉혹한 사실에 호소한다. 거의 모든 전제 국가나 과두제 국가는 여자들에게 전제적 특권을 인정했다. 여자들에게 민주적 권리를 인정한 민주주의 국가는 거의 없다.[36] 이유는 아주 단순하다. 여성적인 것은 폭력으로 위험해지기 때문이다. 그런데 군중의 폭력으로 훨씬 위험에 빠진다. 요컨대 한 사람의 팽크허스트는 예외로 치부할 수 있지만, 수천 명의 팽크허스트는 악몽이고, 바쿠스를 섬기는 무녀들의 술잔치이자 마녀들의 연회를 연상시킨다. 왜냐하면 모든 전설 속에서 남자들은 여자들에 대해 따로따로 숭고해 보이지만 무리를 지을 때 공포감을 불러일으킨다고 생각했기 때문이다.

35　의미를 가진 모든 말이 그렇듯, '독재자'나 '전제 군주'도 긍정적 의미와 부정적 의미를 둘 다 포함한다. 독재자나 전제 군주가 덕과 지력을 갖춘 능력자라면 피지배자들을 편안히 살도록 통치하지만, 사리사욕을 채우는 독재자나 전제 군주는 자신을 뺀 모든 사람의 자유를 억압하는 괴물이 될 것이다. 체스터턴은 아이의 교육과 가정 생활의 영역에서 여자가 전권을 행사하는 자유를 덕과 지력을 갖춘 독재자의 자유에 비유한 것으로 보인다.

36　이 주장은 체스터턴의 남성적 편견을 강하게 드러낸다. 체스터턴의 견해와 반대로 20세기 중엽 이후 대다수 민주주의 국가는 여자에게도 남자와 동등한 민주적 권리를 인정했고, 여자들은 민주주의 체제 안에서 정치 활동을 하면서 꾸준히 여성의 권리를 신장시켰다. 민주주의는 때때로 길을 잃었지만 모든 인간의 자유와 평등 같은 기본권을 보장하는 방향으로 계속 발전했고, 앞으로도 그러할 것이다.

12

현대판 노예

나는 여성참정권(Female Suffrage)의 사례를 시사 문제이고 구체적이어서 다루었을 뿐이다. 내게 여성참정권 문제는 정치적 제안으로서 그다지 중요하지 않다.[37] 나는 누구든 여자가 제한된 영역에서 보편인[38](universalist)이자 독재자(autocrat)라는 나의 견해에 실체상 동의하면서 여전히 투표용지에 표기해도 전혀 해롭지 않다고 생

37　여성의 참정권 문제가 당대 일부 여성들에게 절박한 문제였고, 미래 여성들에게도 중요할 것이라는 점을 간과한 견해다. 체스터턴은 다양한 주제에 대해 폭넓고 깊은 안목으로 균형 잡힌 낙관적 논평을 내놓고 있으나, 유독 여성의 참정권 문제에 대해 남성적 편견을 드러낸다. 민주주의에 대한 불신에 근거한 여성참정권 비판과 개신교 비판에서 체스터턴의 보수 성향을 엿볼 수 있다.

38　'보편인'은 '전문가'의 반대어다. 'universalist'를 '만능인'으로 옮기기도 하는데, 보편인이 반드시 뭐든 잘한다는 보장은 없다. 특수한 분야의 능력자가 전문가라면, 보편인은 다방면에서 융통성 있게 일을 처리할 줄 아는 지혜로운 사람이다. 체스터턴의 편견에 따르면 여자는 보편인이고 남자는 전문가다. 르네상스 시대에는 전문가이자 보편인을 바람직한 인간상으로 여겼고, 오늘날 과학기술 시대에 사람들은 대부분 전문가를 바람직한 인간상으로 여긴다. 어떤 공동체든 전문가와 보편인이 상황에 따라 제각기 역할을 잘해야 발전할 듯하다.

각하리라고 상상할 수 있다. 현실적 문제는 위대한 비전문가(great amateur)라는 여성의 오래된 이상이 인정되느냐다. 참정권 확대론보다 훨씬 크게 여성의 오래된 이상을 위협하는 현대의 요인은 많다. 주목할 만한 요인은 아주 혹독하고 너저분한 곳에서 일하는 가운데도 자립하는 여성들이 증가한 점이다. 야성적인 여자들의 무리가 통치한다는 생각에 자연에 반하는 점이 있더라도, 길든 여성들이 통치를 받는다는 생각에는 진실로 참아내기 힘든 점이 있다. 그리고 인간의 심리 속에 이런 상황을 특히 가슴 아프고 수치스럽게 만드는 요소들이 도사리고 있다. 사업의 추악한 정확성, 종소리와 시간 재기, 정해진 시간과 경직된 부서는 모두 남성을 위한 것이었고, 남성은 규칙에 따라 한 가지 일을 할 수 있을 뿐이고 아주 힘들게 일하도록 유도될 뿐이다. 직원들이 업무를 회피하지 않더라도, 우리의 온전하고 위대한 상업 체제는 무너질 것이다. 이런 상업 체제는, 그것을 진지하게 받아들여 잘 해내며 선례가 없고 불가능해 보이는 경로를 채택한 여자들의 진출로 무너지고 있다. 여자들이 올린 효율이 바로 그들의 노예 신분을 분명히 드러낸다. 어떤 이가 자신을 고용한 사람의 신뢰를 아주 많이 받는 상황은 일반적으로 매우 나쁜 징조다. 그리고 만약 얼버무리는 직원들이 불량배와 비슷하다면 착실한 숙녀들은 종종 파업 탈퇴자와 아주 비슷한 존재다. 그러나 당장 더 중요한 논점은 현대에 일하는 여자가 새로운 사무 공간의 쥐어짜는 관료체제와 옛 가정의 산만하지만 꼼꼼한 성향을 둘 다 견뎌내기 때문에 이중 부담을 진다는 것이다. 양심에 따름(conscienceness)이 무엇인지 이해하는 남자들은 거의 없다. 남자들은 의무를 이해하고, 이것은 일반적으로 한 가지 의무를 의미한다. 그러나 양심에 따름은 보편인에게 어울리는 의무다. 양심에 따름은 일하는 날이나 휴일의 제한을 받지 않으며, 법을 무시하고 무제한으로 열렬히 예절을 지키는 행위다. 만약 여자들이 상업의 무미건조한 규칙의 지배를 받게 된다면 우리는 여자들을 양심의 엄격한 규칙에서 해방할 어떤 방도를 찾지 않으면 안 될 것이다.[39] 그런데 나는 오히려 그대가 여자들이 양심을 남겨두고 상업을 중단하는 것이 더 쉬운 일임을 알게 되리라고 상상한다. 다시 말해 현대에 직원이나 비서는 한 가지를 장부에 정리한 다음에 집으로 돌아가 온갖 집안일을 전부 하느라 지쳐버린다.

(일부 사람이 해방된 것으로 묘사하는) 이런 조건은 적어도 나의 이상과 정반대다. 나는 여자들에게 더 많은 권리와 특권을 주고 싶다.[40] 은행과 공장에 만연한 악명 높은 자유를 찾으러 여자를 보내는 대신에, 나는 여자가 자유롭게 살 수 있는 집을 특별히 설계할 터다. 그리고 우리는 마지막 논점에 도달했다. 우리가 남자들의 권리처럼 여자들의 필요를 지각할 수 있다는 논점은, 이 책이 드러내려는 목적에

---

39 여기서 '우리'는 남자 종족과 여자 종족을 포함한 인간 종족을 가리킨다고 봐야 할 것이다. 체스터턴은 여자 종족과 남자 종족의 편을 가르고 싸움을 조장하려고 이 책을 쓰고 있는 것이 아니다. 여성성과 남성성의 차이를 인정하되 어느 편도 사회적으로 차별하거나 차별받지 않는 세상을 위해 진지하게 토론하는 것이리라.

40 100년 전 한 자유사상가의 견해일 뿐이다. 현대 민주주의 사회는 법률상 모든 국민에게 똑같은 권리를 보장한다. 오늘날 현대 민주 사회에서는 여자든 남자든 태어남과 동시에 주어진 권리를 지키고 누리기 위해 분투하며 산다. 특히 여자들은 특권을 바라지 않고 똑같은 권리를 보장받기를 원한다.

따라 멈추었고 거짓으로 드러났다.

(내 생각에 여성적 특성을 싫어하는 사람을 의미하는) 여성주의자는 나의 느슨한 독백을 들으며 줄곧 항의하고픈 심정을 억누르느라 속이 터졌을 것이다. 이 지점에서 여성주의자는 박차고 일어나 이렇게 말할 것이다. "그런데 우리는 무엇을 해야 하는가? 현대는 상업 시대이고 상거래를 위한 직원들이 있고, 결혼하지 않은 딸을 둔 현대 가족이 있다. 모든 곳에서 전문성을 기대한다. 여성적 절약과 양심에 따름은 수요가 있어 공급도 하는 것이다. 우리가 추상적으로 오래된, 인간적이고 집을 지키는 주부로서 여자를 선호해야 하느냐는 것이 뭐가 중요한가? 우리는 에덴동산을 선호했을 수도 있다. 그러나 여자들은 직업을 갖기에 노동조합을 결성해야 한다. 여자들은 공장에서 일하므로 공장법에 투표권을 행사해야 한다. 만약 여자들이 결혼하지 않으면, 그들은 상업에 종사할 수밖에 없다. 만약 그들이 상업에 종사한다면, 정치적으로 판단하고 행동해야 한다. 우리는 새로운 세상에 맞춰 새로운 규칙을 세우지 않으면 안 된다. 새로운 규칙이 더 낫지 않아도 말이다." 나는 언젠가 어떤 여성주의자에게 "문제는 여자들이 투표를 위해 충분히 좋은 사람이냐가 아니라 투표가 여자들에게 충분히 좋은 것이냐"라고 말했다. 그 사람은 이렇게 대답했을 뿐이다. "아, 당신은 크래들리 히스의 사슬을 만드는 여성 노동자들에게 가서 그런 말을 해라."[41]

---

41   1910년에 잉글랜드 웨스트 미들랜드의 크래들리 히스(Cradley Heath) 사슬 제조 공

지금 내가 공격하려는 태도가 그런 태도이고 이는 선례를 무시한 엄청난 이단이다. 그것은 엉망진창에 빠졌기 때문에 거기에 적응하려고 점점 더 엉망이 될 수밖에 없어지는 견해다. 얼마 전 방향을 잘못 잡았기 때문에 우리는 앞으로 나가야 하고 뒤로 가서는 안 된다. 길을 잃었기 때문에 우리는 지도를 또한 잃어버렸음이 분명하다. 투표가 여성에게 어울리지 않는다는 생각에 반대하는 탁월한 사람들이 많다. 그리고 공장이 여성에게 어울리지 않는다는 생각에 반대하며 우리의 아름다운 현대 산업주의를 열광적으로 찬양하는 사람들이 있을지 모른다. 그러나 만약 이런 것들이 여성에게 어울리지 않는다면, 그것들이 서로 어울린다고 말하는 것은 답이 될 수 없다. 나는 나의 딸이 여성스럽지 않게 잘못을 저질렀기 때문에 여성스럽지 않게 권력을 가져서는 안 된다는 진술을 만족스럽게 여기지 않는다. 산업 노동 현장의 그을음과 정치 기사를 인쇄할 때 쓰는 잉크는 둘 다 검은색이고 하얗게 만들지 못한다. 여성주의자들은 아마 여성성이 가게와 방앗간에서 일어나는 부끄러운 횡포 아래 놓여 있다는 견해에 동의할 터다. 그런데 나는 그런 횡포를 타파하기를 원한다. 여성주의자들은 여성성을 타파하기를 원한다. 그것이 나와 여성주의자의 유일한 차이다.

　우리가 창문이 많은 탑처럼 아들과 전문가들이 출발하는 영원히

<hr />

장의 여성 노동자들은 낮은 임금과 열악한 노동 조건에 항의하며 10주간 파업을 했다. 그들은 조합을 결성하고 체계적으로 운동을 벌여 최저생활 임금을 얻어내려는 목표를 달성했다. 이들의 성공은 국민 최저 임금 원칙의 현실화에 공헌했다.

고정된 여성적인 명료한 여성관을 회복할 수 있는지, 우리가 민주주의보다 훨씬 인간적이고 정치보다 훨씬 실용적인 핵심 전통을 보전할 수 있는지, 한 마디로 상업 시대의 음산한 냉소주의와 잔혹함에서 벗어나 자유로운 가족을 다시 확립하는 것이 가능한지는 이 책의 마지막 5부에서 논의하겠다. 잠시 내게 크래들리 히스에서 사슬을 만드는 여자들에 관해 말하지 마라. 나는 그들이 무슨 일을 하는지 잘 안다. 그들은 현대에 널리 퍼져 번창한 산업 노동에 참여하며 사슬을 만들고 있다.

4부

교육:
혹은
아이에 관한
실수

1

오늘의 칼뱅 신학

나의 친구 쇼에 관해 내가 작은 책을 썼을 때, 당연히 쇼가 서평을 써 주었다. 내 책에서 다룬 주제를 쇼가 비판했듯, 나 또한 사심없고 치우치지 않은 관점으로 응답하고 비판하려는 유혹에 자연스럽게 흔들렸다. 내가 응답으로 하려던 농담이 속이 훤히 드러나는 느낌이어서 보류한 것은 아니었다. 속이 훤히 드러나는 농담은 성공한 농담이고, 교묘하게 자신을 위로할 뿐 성공했다고 보기 힘든 어릿광대 짓이다. 내가 쇼의 재미있는 공격에 응수하지 않은 진짜 이유는 이렇다. 서평의 단순한 문구 하나 때문에 내가 그에게 원했거나 원할 모든 것을 영원히 포기했다. 나는 쇼에게 매력 넘치는 영리한 동료지만 평범한 칼뱅 신학의 추종자[1]라고 말했다. 쇼는 내 말이 옳다고 인정

---

1   칼뱅 신학(Calvinism)은 칼뱅에서 유래한 개신교 사상이다. 핵심은 오직 성경을 통해서만 창조주 하느님을 알 수 있고, 예수 그리스도는 성부 하느님에게 온전히 순종함으로써 하느님과 인류 사이의 불화를 없앴으며, 믿음으로써 회개와 죄 사함을 받을 수 있다는 것이다. 또한 진정한 구원은 하느님의 은총으로 예정되어 있다고 주장했다. 이러한 칼뱅 신학은 회중교회와 개혁교회, 장로교회의 발전에 지대한 영향을 미쳤다.

했고, (나에 관한 한) 문제는 끝난 셈이다. 물론 쇼는 칼뱅이 "일단 인간이 태어나면 저주나 구원을 받기에는 이미 늦은 것이다"라고 주장한 점에서 상당히 옳았다고 말했다. 이는 기본적으로 지하 세계의 비밀이고 지옥에 관련된 최후의 거짓말이다.

청교도 신학(Puritanism)과 가톨릭 신학(Catholicism)의 차이는 어떤 성직자의 말이나 몸짓이 의의(significance)가 있고 신성한지에 관한 것이 아니다. 어떤 말이나 몸짓이든 의의가 있고 신성한지에 관한 문제다. 가톨릭교도에게 모든 일상의 행동은 선하거나 악한 예식에 참여하는 감격에 찬 헌신이다. 칼뱅 신학의 추종자에게는 어떤 행동도 그런 종류의 장엄함을 지닐 수 없다. 왜냐하면 행동하는 인격(person)은 영원히 헌신하도록 운명지어졌고, 단지 운명의 순간이 올 때까지 시간을 채울 뿐이기 때문이다. 이런 차이는 자두 푸딩이나 사설 극장보다 더 미묘한 어떤 것이다. 짧은 지상의 삶을 사는 나 같은 부류의 그리스도교도에게 그런 차이는 아주 흥미진진하고 귀중하다. 쇼와 비슷한 칼뱅 신학의 추종자에게 그 차이는 스스로 고백하듯 자동적이고 흥미롭지 않다. 나에게 70년 인생은 투쟁이다. (쇼 자신의 고백에 따른) 페이비언 칼뱅 신학의 추종자에게 70년 인생은 월계관을 쓴 승자와 사슬에 묶인 패자의 긴 행렬일 뿐이다. 나에게 지상의 삶(earthly life)은 서막과 종막이 있는 한 편의 연극이다. 쇼에게 지상의 삶은 종막이다. 쇼의 추종자들은 배아에 관해 생각하고, 심령론자들은 유령에 관해 생각하고, 그리스도교도는 인간에 관해 생각한다. 이런 차이를 분명히 이해하는 것이 좋다.

사회학과 우생학을 비롯한 나머지 학문은 모두 유물론자보다 오히려 칼뱅 신학 추종자에게 어울린다. 이런 학문들은 주로 태어나지 않은 아이를 교육하는 일에 몰두하기 때문이다. 전반적 동향은 대중과 함께할 수 있는 것에 관해 침울한 기운이 가득하고, 자손과 함께할 수도 있는 것에 관해 낯설고 육신을 떠난 듯한 들뜬 분위기를 아울러 드러낸다. 본질상 칼뱅 신학의 추종자들은 정말로 칼뱅 신학의 더 자유롭고 보편적인 요소 가운데 몇 가지, 예컨대 지적 설계나 영원히 계속되는 행복과 관련된 믿음 같은 요소를 폐지했다. 쇼와 그의 친구들은 인간이 죽은 뒤에 심판을 받는다는 견해가 미신이라고 주장하지만, 인간이 태어나기 전에 벌써 심판을 받은 것이라는 핵심 교리를 고수한다.

　문화가 발달한 오늘의 세계에서 이런 칼뱅 신학의 귀결로, 모든 교육 관련 논증을 산과학, 곧 조산술(obstetrics)에 대한 어떤 언급과 태아기라는 미지의 세계에서 시작할 필요가 있는 것처럼 보인다. 그렇지만 내가 유전에 대해 말해야 할 모든 것은 아주 간략할 것이다. 왜냐하면 내가 알고 있는 내용에 한정할 텐데, 거의 아무것도 모르기 때문이다. 부모에서 유래하고 합성된 생명을 제외한 어떤 것도 태어날 때 신체에 실제로 들어가지 않는다는 것은 자명하지 않아도 통용되는 현대의 학설이다. 적어도 어떤 요소는 신에서 생겨난다는 그리스도교의 이론이나, 전생에서 생겨난다는 불교 이론에 대해 할 말이 꽤 많다. 그러나 이것은 종교의 작업이고, 나는 신학의 부재로 언제나 그어지는 아주 좁은 지적 한계를 수용할 수밖에 없다. 영혼을 한

쪽에 놓아두고, 논증을 위해 우선 인간의 성격이 오로지 부모에게서 생겨난다고 가정한 다음 우리의 지식, 정확히 말해 우리의 무지를 진술해보자.

종족의 공포

대중 과학은 블래치포드[2]의 경우처럼, 앞에서 말한 문제와 관련해 늙은 아내의 이야기만큼 야만적이다. 블래치포드는 수백만 명의 회사원과 노동자에 대해 어머니는 파란 구슬이 들어 있는 병과 비슷하고, 아버지는 노란 구슬이 들어 있는 병과 비슷하며, 아이는 파란 구슬과 노란 구슬을 섞은 병과 비슷하다고 매우 단순하게 설명했다. 그는 아버지의 다리가 둘이고 어머니의 다리가 둘이라면, 아이의 다리는 넷일 거라고 말하는 편이 나았을지도 모른다. 분명히 탄생은 구슬처럼 단단하고 떼어낼 수 있는 많은 '성질'을 단순히 더하거나 나누는 문제가 아니다. 탄생은 유기체에 일어나는 가장 신비스러운 중요한 단계이자 탈바꿈이다. 결과는 불가피하더라도 여전히 예기치 않은 일이 될 것이다. 탄생은 파란 구슬과 노란 구슬을 섞는 것과 비슷

---

2 블래치포드(Robert Blatchford, 1851~1943)는 영국의 사회주의 운동가이자 언론인, 작가다. 그는 유명한 무신론자이자 민족주의자이며 우생학의 반대자였다. 1920년대 아내와 사별한 다음, 심령론으로 전향했다.

하지 않다. 파란색과 노란색을 섞는 것과 비슷하다. 두 가지 색을 섞은 결과는 **초록색**이고 완전히 유일무이한 새로운 경험, 새로운 감정을 일으킨다. 어떤 인간은 『에든버러 리뷰』[3]가 표방하듯 파랑과 노랑으로 표현되는 완전한 우주에 살지도 모른다. 그곳에 사는 인간은 황금빛 옥수수밭과 새파란 하늘 말고는 아무것도 보지 못할 수도 있다. 그리고 아직 초록색만큼 야생적 공상에 빠진 적이 없을지도 모른다. 네가 파란색 야생화를 사려고 1파운드짜리 금화를 지불하고, 파란색 책에 노란색 겨자 양념을 묻히고, 노란색 카나리아 새와 파란색 개코원숭이가 짝을 짓게 한다고 가정하자. 이런 거칠고 터무니없는 짝짓기에는 초록색의 기미를 보이는 아무 일도 일어나지 않는다. 초록색은 덧셈과 달리 정신의 조합이 아니다. 그것은 탄생처럼 물리적 결과다. 그래서 아무도 현실적으로 부모나 자식을 이해한 적이 없다는 사실과 별개로 부모를 이해할 수 있더라도, 우리는 자식에 관해 어떤 추측도 할 수 없다. 힘은 때마다 다른 식으로 작용하고, 구성하는 색채들은 때마다 다른 풍경을 만든다. 어떤 소녀는 못생긴 얼굴을 실제로 어머니의 미모에서 물려받을 수도 있다. 어떤 소년은 나약한 기질을 실제로 아버지의 강인한 성격에서 얻을지도 모른다. 우리가 이를 현실적으로 숙명이라고 인정해도, 우리에게 그것은 여전히 동화로 남아 있음이 분명하다. 숙명의 원인을 고려한 칼뱅 신학의 추종

---

3   『에든버러 리뷰(Edinburgh Review)』는 1802~1929년에 발행되었고, 토리당이 지배하는 도시인 에든버러에서 자유주의적 견해를 발표할 창구로 기획된 잡지였다. 스코틀랜드 계몽주의를 대표하는 잡지로 알려졌다.

자들과 유물론자들은 옳을 수도 있고 그를 수도 있다. 따분한 논쟁은 그들에게 맡기자. 결과를 고려하면 숙명론을 의심할 여지는 없다. 사물은 늘 새로운 색을 띠고, 이상한 별처럼 빛난다. 모든 탄생은 기적과 마찬가지로 외롭고 쓸쓸히 일어난다. 모든 아이는 괴물만큼이나 초대받지 않은 존재다.

이런 모든 주제에 대해 과학이 아니라 일종의 지독한 무지만 있을 뿐이다. 그리고 아무도 유일한 과학적 의미의 정당성을 입증한 도덕적 유전설을 제의한 적이 없었다. 다시 말해 사람들은 그런 주제에 대해 미리 추정했을 수 있다. 손자가 할아버지와 똑같은 입의 경련이나 성격의 악습을 갖게 되는 6가지 경우가 있다. 혹은 어쩌면 16가지 경우나 60가지 경우가 있을지도 모른다. 그러나 누구든지 할아버지가 입의 경련이나 성격의 악습을 가진 손자를 볼 것이라는 데 반 크라운(5파운드)을 건 경우를 찾아 제시할 수 없다. 요컨대 우리는 징조와 끌림, 꿈 성취를 다룰 때처럼 유전을 다룬다. 일은 우연히 벌어지고, 우리는 일이 벌어질 때 기록한다. 그러나 정신 나간 사람조차 벌어질 일을 예상하지 못한다. 정말로 유전은 꿈과 징조처럼 야만적인 개념이다. 다시 말해 필연적 거짓은 아니지만 흐릿하게 무리를 지은 비체계적 개념이다. 문명인은 자신의 가정에서 벗어나 좀 더 자유롭다고 느낀다. 그리스도교가 나타나기 전, 종족의 어두운 운명에 대한 이런 이야기는 야만적인 북유럽을 점령했다. 그리고 (문명과 어울리는 자유의 종교라고 불리는) 그리스도교에 맞서 종교개혁과 반란이 일어난 이후 야만성이 사실주의 소설과 문제 희곡의 형태로 뒤쪽에서 슬

금슬금 기어 오고 있다.[4] 루공 마카르[5]의 저주는 레이븐스우드 가문
의 저주[6]와 마찬가지로 이교도에 속하며 미신에 사로잡혀 있다. 둘
다 그렇게 잘 쓴 글은 아니다. 하지만 이런 불가사의하고 야만적인
뜻에서 인종적 숙명 의식은 비합리적이지 않고 삶을 완전하게 만드
는 다른 절반의 감정처럼 허용될 수도 있다. 비극의 유일한 핵심 요
소는 사람들이 비극을 가볍게 받아들여야 한다는 점이다. 야만인이
밀어닥쳐 졸라의 ('인간 야수'라고 불리는 것, 인류뿐만 아니라 야수에 대
한 철저한 명예 훼손 같은) 광기로 가득한 소설이 넘쳐날 때조차 유전

4　사실주의 소설(realistic novel)은 19세기 중엽 프랑스 사실주의 운동의 결과물이다.
고전주의와 낭만주의를 거부하고 평범한 사람들의 삶과 문제, 관습 및 도덕관을 묘사했다.
실증주의 경향, 전문적 언론의 등장, 사진술의 발달 같은 새로운 문명의 영향을 받아 발전했
다. 문제 희곡(problem play)은 19세기에 사실주의 예술 운동의 한 부분으로 등장한 연극의
한 형태다. 노르웨이 극작가 입센(Henrik Johan Ibsen, 1828~1906)의 혁신적 시도를 따라
발전했으며, 무대 위에서 등장인물들이 벌이는 논쟁을 통해 사회 문제를 다룬다. 체스터턴
은 가톨릭 신자이자 보수주의자로서 사실주의 소설과 문제 희곡에 대해 비판적 태도를 드러
낸다. 독자들은 당연히 체스터턴의 견해에 동의하지 않을 수도 있다.

5　'루공 마카르(Rougon-Macquart)'는 프랑스의 소설가 에밀 졸라(Émile Zola,
1840~1902)의 장편 소설 총서의 이름이고 '제2제정 시대 어느 가족의 자연사와 사회사'라
는 부제가 붙어 있다. 『나나』, 『선술집』, 『잠탕』, 『인간 야수』, 『파스칼 박사』 등이 실려 있다.
모두 스무 권으로, 1871~1893년 사이에 발표되었다. 프랑스 자연주의 문학 운동을 대표하
는 작품으로 꼽힌다.

6　월터 스콧 경(Sir Walter Scott, 1771~1832)의 소설인 『래머무어의 신부(The Bride
of Lammermoor)』에 나오는 저주를 의미하는 것 같다. 17세기 스코틀랜드 래머무어 지방의
루시 애시턴이 자신의 가문과 원수지간인 레이븐스우스 가문의 남자인 에드가르도와 사랑
에 빠지면서 일어난 비극을 그린다. 루시는 오빠가 다른 남자와 정략결혼을 강요하자 약혼
식 날에 신랑을 죽이고 자살하고, 그녀를 사랑했던 에드가르도 역시 그녀의 무덤으로 가서
자살한다. 이 이야기를 배경으로 이탈리아의 도니제티(Domenico Donizetti, 1797~1848)가
오페라 『람메르무어의 루치아』(1835)를 작곡했다.

관념을 실제에 적용하는 것은 분명히 조심스럽고 머뭇거리게 된다. 유전학자들은 이런 아주 중요한 점에서 야만인들이다. 그들은 뒤로 경이로운 일을 응시하지만, 감히 앞으로 계획을 응시하지 못한다. 관행적으로 아무도 신체 유전설을 법률로 정하거나 교육할 만큼 광기에 사로잡히지 않는다. 신체 유전의 언어도 연구 기부금을 모금하거나 가난한 사람들을 억압하는 현대의 특별한 목적을 제외하면 거의 사용되지 않는다.

환경의 속임수

현대 칼뱅 신학의 떠들썩한 말 잔치를 모두 끝낸 다음, 누구든 거만하게 다루는 아이는 태어난 아이일 뿐이다. 그리고 문제는 우생학(eugenics)이 아니라 교육(education)이다. 혹은 다시 대중 과학의 거슬리는 용어를 빌려 쓰면, 그것은 유전이 아니라 환경의 문제다. 나는 환경도 유전에 제기된 반론과 망설임에 노출되어 있음을 쓸데없이 길게 주장함으로써 문제를 복잡하게 만들지 않을 것이다. 나는 단지 환경의 효과에 관해서도 현대인이 너무 들떠 쉽게 떠들어댄다고 지나가는 말로 암시할 뿐이다. 환경이 인간을 형성할 것이라는 생각은 언제나 환경이 인간을 한 가지 특수한 방식으로 형성한다는 전혀 다른 생각과 뒤섞인다. 가장 넓게 적용되는 사례를 들어보자. 풍경은 의심할 여지 없이 영혼에 영향을 미친다. 하지만 풍경이 어떻게 영혼에 영향을 미치는지는 전혀 다른 문제다. 소나무에 둘러싸여 태어남은 소나무를 아주 좋아함을 뜻할 수도 있고, 소나무를 아주 싫어함을 뜻할 수도 있다. 그것은 아주 진지하게 소나무를 한 그루도 보지 못함을 뜻할 수도 있다. 혹은 이것들이 섞인 상태나 그 가운데 뭐든 얼마쯤 뜻할 수도 있다. 여기서 과학의 방법은 정밀하게 적용하기 힘든다. 나는 책 없이 기억을 더듬어 이야기하고 있지 않다. 반대로 나는 청서[7]와 안내서, 도해집을 가지고 논하고 있다. 스코틀랜드 고지대 사람들은 산에 거주하므로 시적 감흥을 즐길지도 모른다. 그런데 스위스 사람들은 산에 거주하므로 산문을 즐기는가? 스위스 사람들은 구릉지대에 살았었기에 자유를 위해 싸웠을지도 모른다. 그런데 네덜란드 사람들은 구릉지대에 살지 않았었기에 자유를 위해 싸웠는가? 개인적으로 나는 그럴 개연성이 꽤 있다고 생각해야 할 것이다. 환경은 긍정적으로 작용할 뿐만 아니라 부정적으로도 작용한다. 스위스 사람들은 거친 지평선(skyline)에 구애받지 않은 것이 아니라 거친 지평선 때문에 분별력이 있을지도 모른다. 플랑드르 사람들은 무딘 지평선에 구애받지 않은 것이 아니라 무딘 지평선 때문에 환상적인 예술가들일 수도 있다.

나는 대중 과학이 그것의 범위에 포함한 문제조차 너무 빨리 지나가서 거대한 논리적 연결 고리를 빠뜨렸음을 보여주려고 잠시 멈춰 이런 이야기를 할 뿐이다. 그런데도 모든 실용적 목적을 위해 우리가 아동의 경우에 다루어야 할 문제는 환경이거나 또는 구식 용어를 쓰자면 교육이라는 점은 현실적으로 여전히 영향을 미친다. 이런 모든

---

7   청서(blue book)는 영국 의회나 추밀원의 보고서로 표지가 파란색이어서 붙은 이름이다.

연역 추론이 만들어질 때, 교육은 적어도 비겁한 사실 숭배가 아니라 의지 숭배의 한 형식이다. 교육은 우리가 제어할 수 있는 부문을 다룬다. 교육은 졸라의 야만적 비관론과 유전 형질 찾기로 우리를 어둡게 만들기만 하지 않는다. 우리는 우리 자신을 확실히 바보로 만들 것이다. 이것이 철학이 의미한 논점이다. 하지만 우리는 자신을 단지 야수로 만들지는 않으리라. 이는 단지 자연법칙을 따르고 육신의 복수 아래 웅크린 대중적 정의에 가장 가깝다. 교육은 달빛이 드리우듯 터무니없는 말이나 헛소리를 많이 포함하지만, 한낱 공상에 빠진 얼간이와 천치, 은색 자석에 붙는 노예 자석 같은 것, 눈이 세상의 한쪽만 보도록 만드는 헛소리를 포함하지 않는다. 이렇게 제대로 된 무대에 일시적 열광은 있어도 광란은 없다. 의심할 여지 없이 우리는 암말의 둥지 같은 대혼란 상태를 자주 발견할 테지만, 그것이 언제나 악몽 같은 일은 아니리라.

교육에 관한 진실

교육에 관해 현실적으로 어떻게 생각하는지 써내라고 요구받을 때, 어떤 중력이 영혼을 움켜쥐고 잡아당기는 느낌을 받는데, 이는 역겨움 탓에 피상적으로 잘못 판단한 것일 수도 있다. 만약 사람들이 신성한 말씀에 신물이 났고 신학에 지치고 싫증이 났다면, 만약 '교리'에 반대하는 대체로 이성적이지 않은 짜증 섞인 논증이 과거에 사제들이 그런 말을 우스울 정도로 많이 한 데서 생겨났다면, 나는 아무래도 우리가 후손들을 지치게 만드는 위선적인 말을 늘어놓고 있음이 분명하다고 생각한다. 아마 '옳다고 인정받음이나 정당화(justification)'라는 말이 지금 청교도의 2절 판 책에서 그렇듯, '교육'이라는 말은 언젠가 낡고 목적이 없는 것처럼 보일 것이다. 기번[8]은 사람들이 '성부와 성자의 실체는 같다고 주장하는 이

---

8   기번(Edward Gibbon, 1737~1794)은 영국의 역사가이며 『로마 제국 쇠망사』 저자로 유명하다.

(Homoousian)'와 '성부와 성자의 실체는 비슷하지만 같지 않다고 주장하는 이(Homoiousian)'의 차이를 찾아내야 한다는 것이 우습고 기묘한 일이라고 생각했다. 사람들이 종파 교육뿐 아니라 세속 교육도 격렬히 반대했다고 생각하며 더 크게 웃게 될 날이 올 것이다. 지위가 높은 유명한 사람들은 실제로 신경 또는 신조(creed)를 가르친다고 학교를 고발할 뿐만 아니라 신앙(faith)을 가르치지 않는다고 학교를 고발한다. 기번의 경우에 두 그리스어는 상당히 비슷해 보인다. 그러나 두 낱말은 현실적으로 아주 다른 것을 의미한다. 신앙과 신조는 전혀 비슷해 보이지 않지만, 정확히 같은 것을 의미한다. 신조로 번역한 'creed'는 신앙으로 번역한 'faith'의 라틴어 표현이다.

이제 교육에 관한 셀 수 없이 많은 신문 기사를 읽으면서, 심지어 상당수의 기사를 쓰면서, 내가 태어난 이후 거의 내 주위에서 벌어진, 종교가 교육의 일부였는지와 군국주의가 교육의 핵심이었는지에 관해 귀가 먹먹할 정도로 시끄럽고 확정하기 쉽지 않은 토론에 참여하면서, 나는 이렇게 되풀이되는 토론의 실체가 무엇인지 저절로 깊이 생각하게 되었고, 비교적 인생의 후반에 접어들어 비로소 주요 사실을 알아보았다고 말하게 되니 부끄럽다.

교육에 대한 주요 사실은 교육의 실체가 없다는 것이다. 교육은 신학이나 군인 되기가 실제로 있듯 존재하는 것이 아니다. 신학은 지리학과 비슷한 말이고, 군인 되기는 그을리기와 비슷한 말이다. 이런 학문은 취미로서 건강에 좋을 수도 있고 좋지 않을 수도 있지만, 암석과 빙하 바닥에 난 구멍 같은 명확한 사물을 다룬다. 교육은 '전승'

이나 '계승'과 비슷한 말이다. 교육은 목적이 아니라 방법이다. 그것은 틀림없이 최근 태어난 아기에게 확실한 사실과 견해, 성질을 전달함을 의미한다. 전달되는 내용은 가장 사소한 사실, 가장 파격적인 견해, 공격성이 가장 많이 드러난 성질일지도 모른다. 하지만 만약 이런 내용이 한 세대에서 다른 세대로 넘어가면, 그것이 교육이다. 교육은 신학과 비슷한 것이 아니다. 교육은 열등하지도 않고 우월하지도 않다. 그것은 신학과 같은 범주에 속한 용어가 아니다. 신학과 교육은 서로 우체국에 부친 연애편지와 비슷하다. 페이긴[9]은 스트롱 박사[10]만큼 교육적이었고, 실용적으로 아마 더 교육적이었을 것이다. 교육은 어쩌면 해독을 끼치고 있을지도 모른다. 교육은 전통이고, 전통은 (이름이 함축하듯) 배신일 수 있다.[11]

이런 첫째 진실은 솔직히 말해 진부하다. 하지만 그것이 우리의 정치와 관련된 이야기 속에서 계속 무시되고 있어 분명히 말해 둘 필요가 있다. 작은 집에 사는 어린 소년과 소매점을 운영하는 상인의 아들은 밥을 먹는 법, 약을 먹는 법, 나라를 사랑하는 법, 기도하는

---

9   페이긴(Fagin)은 찰스 디킨스의 소설 『올리버 트위스트』에 나오는 인물로 아이들에게 쉼터를 제공하는 대가로 소매치기를 비롯해 다른 범죄를 지으며 살아가도록 가르친다. 다른 사람에게 말을 걸 때 '나의 친애하는'이라는 말을 항상 붙이지만 실은 아무도 친애하지 않으면서 불쌍한 아이들을 착취하는 악당이다.

10   스트롱 박사는 찰스 디킨스의 소설 『데이비드 코퍼필드』에 나오는 인물로 데이비드 코퍼필드가 캔터베리에서 다닌 학교의 교장이다. 스트롱 박사의 주요 관심사는 사전을 편찬하는 것이다. 소설이 끝날 무렵 알파벳 문자 'D' 항목에 도달한다.

11   'tradition'은 라틴어 'tradere'에서 유래한 말인데, 'deliver'와 'betray'라는 두 가지 뜻을 함축하고 있다.

법, 나들이옷을 차려입는 법을 배워야 한다. 분명히 페이긴은 어린 소년을 발견하면 술 마시는 법, 거짓말하는 법, 나라를 배신하는 법, 불경한 말을 지껄이는 법, 가짜 구레나룻 붙이는 법을 가르칠 것이다. 그런데 솔트[12] 선생은 채식주의자로서 소년에게 아침 식사를 아예 주지 않을 터다. 크리스천 사이언스의 창시자인 에디 여사는 소년의 약을 멀리 던져버릴 것이다. 톨스토이[13] 백작은 소년이 자신의 나라를 사랑한다고 꾸짖으리라. 블래치포드 선생은 소년의 기도를 멈추게 할 것이다. 카펜터[14] 선생은 이론상 나들이옷과 어쩌면 모든 옷을 공공연히 비난할지도 모른다. 나는 이렇게 진보를 내세운 견해 가운데 아무것도 옹호하지 않으며, 페이긴의 견해도 전혀 옹호하지 않는다. 그러나 나는 이들에게 든든한 교육 제도가 어떻게 확립되었는지 묻는다. 교육이란 (흔히 가정하듯) 상인이 그리스도교를 덧붙인 교

---

12   솔트(Henry Stephens Salt, 1851~1939)는 영국의 작가이자 감옥과 학교, 경제 제도, 동물의 처우 등에서 사회 개혁을 주장한 운동가다. 그는 윤리적 채식주의자, 생체 해부 반대론자, 사회주의자, 평화주의자로 주목받았고, 문학 비평가와 전기 작가, 고전학자, 자연주의자로 널리 알려졌다. 동물 권리의 아버지로도 불린다.

13   톨스토이(Lev Nicolayevich Tolstoy, 1828~1910)는 러시아의 귀족 출신 소설가이자 시인, 개혁가이자 사상가다. 19세기 러시아 문학을 대표하는 대문호다. 주요 작품으로 『전쟁과 평화』(1869), 『안나 카레니나』(1877), 『부활』이 있다. 후반기에 가난한 농부의 삶을 살고자 노력하면서 그리스도교적 무정부주의자가 되었다. 수많은 평론과 소책자, 교훈을 담은 단편소설, 희곡을 통해 사랑과 믿음으로 가득 찬 삶에 대한 자신의 신념을 주장하고 인간이 만들어낸 정부, 교회 등의 제도와 재산을 부정하는 자신의 견해를 전파했다.

14   카펜터(Edward Carpenter, 1844~1929)는 영국의 공상적 사회주의자이자 시인, 철학자이며 동성애자 권리에 찬성한 초기 운동가였다. 철학자로서 특히 『문명: 원인과 치료』의 출판으로 알려졌는데 여기에서 문명을 인류 사회가 지나가는 질병의 한 형태로 기술했다.

육을, 솔트 선생이 채식주의를 덧붙인 교육을, 페이긴이 범죄를 덧붙인 교육을 의미하지 않는다. 진실은 그들이 가르친다는 것을 제외하고 이런 교사들에게 아무런 공통점도 없다는 것이다. 요컨대 그들이 공유하는 유일한 것은 싫어한다고 공언한 한 가지, 곧 권위라는 일반 관념이다. 사람들이 교육에서 교리를 분리하는 문제에 대해 말하는 것은 기묘하다. 교리는 실제로 교육에서 분리될 수 없는 유일한 것이다. 교리는 교육**이다**. 교리를 따르지 않는 교사는 아무것도 가르치지 않는 교사일 뿐이다.[15]

---

15   여기서 말한 교리는 특정 교파의 교리가 아니라, 인류에게 보편적인 가치로서 도덕을 의미한 것으로 보인다. 체스터턴은 가톨릭 신자이고, 그리스도의 정신을 담은 교리를 전승하는 것이 교육이므로 교육의 핵심은 교리를 가르치는 것이라고 주장할 법하다. 그러나 아무 데서도 가톨릭 교리를 가르치라고 말하지는 않는다.

사악한 외침

교육으로 우리가 갖지 않은 것을 아이들에게 줄 수 있다고 주장하는 오류가 유행하고 있다. 사람들의 말을 들어보면 교육은 일종의 마법 같은 화학 반응이고, 위생적인 식사, 목욕, 숨쉬기 운동, 신선한 공기, 손을 이용한 그리기 따위를 힘겹게 뒤섞어 우연히 눈부시게 멋진 것을 만들어낼 수 있다. 교육은 개념적으로 생각할 수 없는 무엇을 만들어낼 수 있다. 물론 이 책은 우리가 개념적으로 생각할 때까지는 좋은 아무것도 만들어낼 수 없음을 지적하는 것이 아닌 어떤 일반적 목적도 추구하지 않는다. 유전 문제에서는 침울하게 법에 따르던 사람들이 환경의 문제에서는 거의 기적을 믿는 것처럼 보인다는 점은 이상하다. 그들은 부모의 몸에 있던 것 말고는 아이의 몸을 만들기 위해 아무것도 주어질 수 없다고 주장한다. 하지만 그들은 어떻게든 부모의 머릿속에 있지 않거나, 혹은 정말로 아무 데도 없는 것이 아이의 머릿속으로 들어갈 수 있다고 생각하는 것처럼 보인다.

이에 관해 혼동할 때 전형적으로 나타나는 바보스럽고 사악한 외

침이 들려왔다. "아이들을 구하라"라는 외침이다. 물론 (인간의 집이
자 고향인) 국가를 공황 시대에 절실히 필요한 일종의 방편으로 치부
하자고 주장하는 것은 현대인의 병증에 속한 부분이다. 이런 끔찍한
기회주의는 사회주의를 비롯한 다른 책략의 기원이기도 하다. 그들
은 남자들이 굶주릴 때 모든 식량을 모으고 나누는 순간에, 사람들이
난파선에서 그렇게 하듯 아이를 아버지에게서 떼어놓을 터다. 이런
인간 공동체가 기아 상태나 침몰 상태에 놓여 있지 않을지도 모른다
는 생각은 그들의 머릿속에 떠오른 적이 없는 것처럼 보인다. "아이
들을 구하라"라는 사악한 외침은 아버지들이 아이들을 구하는 것이
불가능하다는 혐오할 만한 점을 함축한다.[16] 달리 말해 수백 만의 어
른들, 제정신이고 책임감이 있고 자립 가능한 유럽인들이 먼지나 쓰
레기처럼 취급받고, 토론에서 완전히 배제되어 있다. 그들은 개인 전
용 집이 아니라 공중용 선술집에서 술을 마시기 때문에 술주정뱅이
로 불리고, 아무도 그들이 취직할 방법을 모르기 때문에 고용불능자
로 불린다. 여전히 관습을 고수하면 그들을 멍청이라고 부르고, 여전
히 자유를 사랑하면 그들을 놈팡이라고 부른다.

이제 나는 처음부터 끝까지 다음과 같이 주장하고자 한다. 그대는
아버지들을 구하지 않는 한, 아이들을 구할 수 없다. 그리고 현재 우

---

16 "아이들을 구하라"는 외침은 부모가 버렸거나 부모의 보살핌을 받기는커녕 방치되
거나 학대당하는 아이들을 구하라는 뜻이다. 체스터턴이 이를 몰랐을 리가 없고, 아마도 아
이들을 구하려면 가장인 아버지가 경제력을 갖도록 조치해야 함을 강조하기 위해 모른 척하
거나 일부러 왜곡한 듯하다. 어쩌면 보수 성향 탓에 당대 실정을 제대로 판단하지 못했을지
도 모른다. 누구나 가끔 시대적, 개인적 편견에 압도당할 때가 있지 않은가.

리는 우리 자신을 구할 수 없는 까닭에 타인을 구할 수도 없다. 만약 우리가 시민이 아니라면, 우리는 시민 의식을 가르칠 수 없다. 만약 우리가 자유로워지려는 욕망을 잊었다면, 우리는 타인을 자유롭게 할 수 없다. 교육은 전승되는 상태에 있는 진실일 뿐이다. 그리고 교육이 우리의 손에 들어오지 않는다면 우리는 어떻게 진실을 넘겨줄 수 있는가? 따라서 우리는 우리의 일반적 목적을 위해 교육이 모든 경우 가운데 가장 명료한 경우임을 알아차린다. 아이들을 구하는 것은 헛된 일이다. 왜냐하면 그들은 계속 아이들로 남아 있을 수 없기 때문이다. 가설에 따라 우리는 아이가 인간으로 자라도록 가르치고 있다. 그리고 만약 우리 자신을 위해 이상적인 인간성을 발견하는 것이 헛되고 희망 없는 일이라면, 어떻게 타인에게 이상적 인간성을 가르치는 일이 그토록 단순할 수 있겠는가?

몇몇 미친 현학자들이 이런 난점을 다루면서 교육이란 지시나 명령이 전혀 아니고, 다시 말해 권위로 가르치는 것이 결코 아니라고 주장함으로써 되받아치려고 시도했음을 나는 알고 있다. 그들은 교육이라는 과정을 외부에서, 그러니까 교사에게서 오는 것이 아니라 전적으로 소년의 내부에서 오는 것으로 나타낸다. 교육(education)은 각 사람 안에서 잠자고 있는 능력을 끌어내거나 끄집어낸다는 뜻이 담긴 라틴어 'educere'에서 유래한 낱말이다. 어둑한 소년 내부의 영혼 깊숙한 어딘가에, 그리스어 억양을 배우고 깃이 깨끗한 옷을 입으려는 원시적 갈망이 숨어 있다. 그리고 교사는 부드럽고 상냥하게 이런 갇힌 목적을 해방할 뿐이다. 신생아에게 아스파라거스를 어떻게 먹고 배넉번 전투[17]가 일어난 날짜가 며칠인지에 대한 내재하는 비밀이 본질로서 봉인되어 있다. 교육자는 분명치 않은 긴 나눗셈에 대한 사랑을 아이에게서 끄집어내고, 밀크 푸딩부터 과일 파이에 이르기까지 약간 가려진 선호(preference)를 아이에게서 끌어낼 뿐이다. 내가 그런 유래를 믿는지 확신이 서지 않는다. 나는 다음과 같은 망신스러운 제언을 들었다. 만약 로마어를 가르치는 어떤 교사에 적용하면, '교육자'란 미숙한 기능을 자유로운 상태로 끌어냄을 의미하지 않고 어린 소년들을 데리고 산책함을 의미한다는 것이다. 그런데 나는 이런 학설에 확실히 동의하지 않는다. 아기의 교육과 관련된 장점이 아기에게서 나온다는 것이 제정신을 가진 사람의 말이라면, 아기의 우유가 아기에게서 나온다는 것도 제정신을 가진 사람의 말이될 것이다. 정말로 생물은 제각기 능력과 기능이 있다. 하지만 교육은 그런 능력과 기능을 특수한 형태로 만들어내고, 특수 목적에 맞게 훈련함을 의미한다. 그러지 않으면 교육은 아무런 의미도 없다. 말하기는 전체 상황에 대한 가장 실용적인 사례다. 그대는 정말로 단순히 아이를 쿡 찌르고 아이를 끌고 다니면서 심리학자들이 열중하는 즐겁지만 잔혹한 취향에 따라 끌어당겨서 꽥 소리와 꿍 소리를 '끄집어낼' 수도 있다. 그러나 그대는 정말로 아이에게서 영어를 끄집어

---

17   배넉번 전투(Battle of Bannockburn)는 스코틀랜드의 역사상 중요한 전투로 배넉번 시에서 약 4.8킬로미터 북쪽 지역에서 1314년 6월 23일에서 24일에 걸쳐 일어났다. 이 전투에서 로버트(Robert the Bruce)가 이끄는 스코틀랜드인들은 에드워드 2세의 잉글랜드군을 물리치고 독립을 되찾았으며 로버트는 로버트 1세로 왕위에 올랐다.

내기 전에 아주 참을성 있게 기다리며 지켜볼 것이다. 그대는 아이에게 영어를 집어넣어야 한다. 이로써 문제는 끝난다.

불가피한 권위

여기서 중요한 논점은 어쨌든 교육에서 권위를 제거할 수 없다는 것이다. (불쌍한 보수주의자들이 말하듯) 부모의 권위는 보존되어야 한다기보다 무너질 수 없다. 버나드 쇼는 언젠가 아이의 정신을 형성한다는 생각을 혐오한다고 말했다. 그때 버나드 쇼는 스스로 목을 매는 편이 낫다. 왜냐하면 그는 인생과 분리할 수 없는 것을 혐오하기 때문이다. 이런 정신의 속임수도 부모나 학교의 권위라는 불가피한 관념을 무효로 만들지 못함을 지적하기 위해, 나는 **교육하기**(educere)와 능력으로부터 끌어내기를 언급할 뿐이다. 능력을 끌어내는 교육자는 주입하는 교사와 마찬가지로 제멋대로 처리하고 강압적인데, 자신이 선택한 것을 끌어내기 때문이다. 교육자는 아이 안에 있는 무엇을 계발하고 계발하지 않을지 결정한다. (내가 생각하기에) 그는 방치된 위조 능력을 끄집어내지 않는다. 그는 (적어도 지금까지) 고문을 위한 부끄러운 재능을 소심하게 끌어내지 않는다. 교육자와 교사 사이에 드러난 모든 과장되고 정밀한 구별의 유일한 결과는 이렇다. 교사는 자신이 좋아한 것을 찔러넣고, 교육자는 자신이 좋아하는 것을 당긴다. 찔림과 당김을 당하는 아이들에게 정확히 똑같은 지적 폭력 (intellectual violence)을 행사한다. 우리는 모두 이런 지적 폭력에 책임 이 있다는 점을 받아들일 수밖에 없다. 교육은 창의적이기 때문에 폭력적이고, 인간적이기 때문에 창의적이다. 교육은 바이올린 연주하기만큼 인정머리 없고, 그림 그리기만큼 독단적이며, 집 짓기만큼 가차 없다. 요컨대 인간적인 모든 행위가 바로 교육이다. 말하자면 교육은 삶과 성장에 끼어들기다. 다음으로 우리가 이런 어마어마한 고문자이자 예술가로서 인간[18]에 대해 말하는 것은 시시하고 심지어 우스운 문제다. 그는 약사처럼 우리에게 약을 집어넣거나 치과의사처럼 우리에게서 이를 뽑아낸다.

논점은 인간이 저런 예술가로서 좋을 대로 한다는 것이다. 예술가로서 인간은 자신의 통제 아래 어머니 자연[19]을 받아들일 권리가 있다고 주장한다. 인간은 자신의 아이를 자신의 모습을 띤 초인으로 만들 권리가 있다고 주장한다. 일단 인간의 이런 창조적 권위가 주춤하게 되자, 우리가 문명이라고 부르는 난폭한 전면적 습격은 흔들리고 산산조각이 난다. 이제 현대의 자유는 대부분 근본적으로 두려움의 대상이다. 우리는 너무 용감해서 규칙을 참아내지 못하는 것이 아니

---

18 전통적 가치를 습득한 다음 안주하지 않고 강한 의지와 열정으로 새로운 미적 가치를 창조함으로써 거듭나는 인간을 의미한다. 니체의 초인을 염두에 두고 말하는 것 같다.

19 'Mother Nature'를 '어머니 자연'으로 옮겼다. '대자연'으로 번역하기도 하지만, 글자 그대로 옮겨야 은유가 드러나고 전체 맥락에서 본문을 이해하기 쉽다.

라, 오히려 너무 소심해서 책임을 짊어지지 못한다. 그리고 쇼와 비슷한 사람들은, 특히 우리의 아버지들이 인간이 되기 위한 단계를 밟았을 때 우리에게 위임하고 조상에게서 이어받은 두려운 책임을 회피하고 있다. 두려운 책임이란 우리의 인간적 전통에 깃든 진실을 긍정하고 권위의 목소리, 떨리지 않는 음성으로 진실을 다룰 책임을 의미한다. 그것이 하나의 영원한 교육이다. 무엇이 참이라는 것을 충분히 확신한다면, 그대는 감히 그것을 아이에게 말해 준다. 현대인은 이런 수준 높은 대담한 의무를 피해 이곳저곳으로 달아난다. 현대인이 대는 유일한 핑계는 (물론) 현대 철학이 어설프고 가설 수준에 머물러서, 신생아조차 충분히 확신하도록 이끌지 못할 정도로 스스로 확신할 수 없다는 것이다. 물론 이것은 민주주의의 쇠퇴와 연결되고, 얼마쯤 분리해 다룰 주제다. 여기서 아이들을 가르쳐야 한다고 말할 때 설리[20] 선생이나 메리 반스[21] 교수가 아니라 바로 우리가 가르쳐야 함을 의미한다고 말하는 것으로 충분하다. 우리의 많은 현대 학파의 골칫거리는 특히 소수에 의해 통제되는 국가가 의회, 공중용 선술집, 개인 전용 집, 교회, 혹은 장터를 통과하지 못했던 괴짜 선생들과 실험을 교실 수업에 곧바로 도입한다는 데 있다. 분명히 가장 오래된

---

20 설리(James Sully, 1842~1923)는 영국의 심리학자다. 연상 심리학의 신봉자로 비관주의 같은 주제로 전공 논문과 심리학 교재를 썼다. 영국 심리학회의 창립자 가운데 한 사람이다.

21 반스(Mary Barnes, 1850~1898)는 미국의 교육자이자 역사가다. 그녀의 교수 방식과 출판물은 시대를 앞섰다. 그녀는 학생들을 격려하고 1차 자료를 활용해 자신의 연구 기술과 자신의 문제 해결 기술을 개발하도록 했다.

것을 가장 어린 아이들에게 가르쳐야 한다. 아기에게 처음 내놓을 것은 체험으로 확실해진 진실이어야 마땅하다. 그러나 오늘날 학교에서 아이는 자기보다 더 어린 체계에 복종해야 한다. 털썩 주저앉는 네 살짜리 유아는 실제로 경험을 더 많이 하고, 유아가 복종하도록 만들어진 독단적 가르침보다 더 오래 세상을 무사히 헤쳐나간다. 많은 경우 학교는 최초 관념도 없을 때 최종 관념을 가지고 있다고 자랑한다. 왜냐하면 최초 관념은 있는 그대로 신성한 순진무구한 사람도 경험으로 무언가를 배울 수도 있다는 것이기 때문이다. 이는 모두 우리가 작은 과두제 단체의 관리를 받는다는 단순한 사실에서 기인한다. 나의 체계는 스스로 다스리는 인간이 자신의 아이를 다스릴 것임을 선제한다. 오늘날 우리는 모두 대중 교육을 대중에 대한 교육을 의미하는 말로 사용한다. 나는 그것을 대중에 의한 교육을 의미하는 말로 사용할 수 있기를 소망한다.

현재 긴급한 논점은, 확장하려는 성향의 교육자들이 예전 교사들보다 권위의 폭력을 조금도 피하지 못한다는 것이다. 아니, 그들이 권위를 덜 피한다고 주장할 수도 있다. 옛날 마을의 교사는 문법을 익히지 않는 소년을 회초리로 때리고 운동장으로 쫓아내 마음대로 뭐든 하며 놀게 했다. 소년은 아무것도 하지 않아도 되었다. 현대에 과학으로 무장한 교사는 운동장으로 뒤쫓아가서 크리켓 경기를 시킨다. 왜냐하면 운동이 건강에 좋기 때문이다. 현대의 버스비[22] 박사는 신학뿐 아니라 의학 분야의 박사다. 그는 운동이 좋다는 것이 자명하다고 말할 수도 있다. 이때 그는 그렇게 말할 수밖에 없고, 권위를 가지고 말한다. 현실적으로 운동이 좋다는 것은 자명할 수 없다. 혹은 그것을 한 번도 강제할 수 있었던 적이 없었다. 하지만 이는 현대의 관행에서 아주 온건한 사례다. 현대의 관행에서 자유를 내세운 교육 전문가들은 구식 교육 전문가들보다 금지하는 것이 훨씬 많다. 역설에 빠지는 취향을 가진 어떤 사람은 (만약 그런 부끄러운 줄 모르는 놈이 실제로 있다면) 그럴듯하게 루터[23]의 솔직한 이교 신앙의 실패와 그것을 칼뱅의 청교도 신학으로 대체한 이후, 우리의 모든 확장이 실은 확장이 아니라 감옥에 갇히는 폐쇄와 다르지 않아서 점점 덜 아름답고 인도적인 일을 허락했다고 주장할지도 모른다. 청교도는 신의 모상을 파괴했고, 합리주의자는 동화를 금지했다. 톨스토이 백작은 실제로 마치 교황처럼 음악에 반대하는 자신의 회칙을 발행했다. 그리고 나는 교육 전문가들이 아이들의 장난감 병정 놀이를 금지한다는 이야기를 들었다. 나는 어떤 사회주의자 친목회나 다른 모임에

---

22   버스비(Richard Busby, 1606~1695)는 영국국교회(성공회)의 사제인데 웨스민스터 학교의 교장으로 55년 동안 재직했다. 체벌을 지지한 엄격한 교육 방식으로 유명한 인물이다. 체스터턴은 현대 교육자를 버스비와 견준다.

23   루터(Martin Luther, 1483~1546)는 독일의 성직자이자 성서학자, 언어학자로서 교회의 부패를 반박한 95개 조가 개신교 종교 운동을 촉진했다. 루터의 사상과 저술에서 비롯된 종교개혁은 여러 개신교 종파를 낳았다. 복음을 통한 구원은 은혜, 곧 하느님의 선물로 주어지고, 하느님이 자유롭게 신앙인의 죄를 용서하는 은혜는 예수 그리스도 안에서 드러났으며, 죄를 용서받고 깨끗해질 때 평화를 누릴 수 있다고 주장했다. 성경을 독일어로 번역하면서 루터는 "사람은 율법을 지키는 것과 관계없이 믿음을 통해 하느님과 올바른 관계를 맺는다고 우리는 확신합니다"(로마 3: 28)라는 구절의 '믿음'이라는 낱말에 '오직'이라는 낱말을 덧붙였다. 개신교의 핵심은 성직자와 교회 제도의 매개 없이 모든 신도가 각자 영혼과 심정을 통해 믿음으로써 하느님과 직접 만날 수 있다는 것이다.

서 온순하고 작은 체구의 어떤 미친 남자가 내게 다가와서 나의 영향력을 (내가 어떤 영향력이든 있기라도 하다는 듯?) 소년들이 읽는 모험 소설에 반대하기 위해 사용해 달라고 부탁했던 일을 기억한다. 그런 소설이 피를 보려는 욕망을 일으킬까 봐 걱정스럽다는 것이다. 그런 말은 신경 쓰지 말자. 누구든 이렇게 미쳐 돌아가는 세상에서는 화를 참아야 한다. 여기서 이런 일이 정당한 박탈일지라도 박탈이라고 주장할 필요가 있다. 나는 오래된 거부권과 처벌권이 자주 천치 같고 잔혹하게 행사되었음을 부정하지 않는다. 러시아처럼 더 분명한 민중 전통을 가진 나라들보다 (실제로 부자만 처벌을 내리고 빈자는 처벌을 받는) 영국 같은 나라에서 금지와 처벌은 더욱 심각하다. 러시아에서는 농부가 농부를 매질하는 일이 자주 벌어진다. 현대 영국에서는 실제로 오직 신사만 매우 가난한 사람을 매질할 수 있다. 이리하여 불과 며칠 전에 내가 썼듯 (물론 빈자의 아들인) 작은 소년이 전문가들이 5펜스라고 값을 매긴 작은 석탄 조각을 집어 올리려고 했다는 이유로 매질과 5년 구금을 선고받았다. 나는 소년에 관한 거의 금수만도 못한 무지에 저항했던 자유주의자들과 인도주의자들의 편에 선다. 그런데 가난한 소년들의 도둑질을 너그럽게 봐준 인도주의자들이 소년들을 고발해야 한다는 주장은 불공정하다. 석탄 조각을 가지고 노는 빈민가의 아이를 이해한 사람들은 갑작스레 상상의 나래를 펼쳐서 아이가 장난감 병정 놀이를 한 것으로 이해할 수도 있다. 한 문장으로 요약하면 이렇다. 내가 예로 들었던 온화하고 체구가 작은 미친 남자가 모험 이야기를 없애기보다 오히려 매질을 당하고, 그것도

부당하게 매질을 당하는 소년이 많다는 점을 이해했으리라 생각한
다.

그런디 부인²⁴의 겸양

요컨대 새로운 교육은 수준이 높든 낮든 예전 교육만큼 모질다. 가장 자유로운 열풍은 가장 엄밀한 공식 못지않게 권위로 경직된다. 장난감 병정 놀이가 금지된 것은 인간적인 아버지가 생각을 잘못하기 때문이다. 소년이 그렇게 생각할 것이라는 데는 어떤 가식도 없고 가식이 있을 수도 없다. 평범한 소년이 받은 인상은 확실히 다음과 같이 단순할 터다. "만약 네 아버지가 감리교 신자라면, 너는 일요일에 장난감 병정 놀이를 해서는 안 돼. 만약 너의 아버지가 사회주의자라면, 너는 주중에도 장난감 병정 놀이를 해서는 안 돼." 모든 교육 전문가는 철저히 독단에 빠져 권위를 내세운다. 그대는 자유 교육을 용납할 수 없다. 아이를 자유롭게 놔두면, 그대는 아이를 전혀 교

---

24   세상의 평판에 신경을 쓰고 관습이나 인습에 얽매인 사람을 가리키기 위해 비유 화법으로 쓰는 말이다. '그런디 부인'은 극단적으로 관습을 중시하거나 까다로운 사람에게 비유적으로 붙이는 이름이며, 관습적 예의범절의 횡포를 의인화하여 표현한 것이다. 다른 사람들이 어떻게 생각할지에 대해 지나치게 두려워하는 경향을 때때로 그런디주의(grundyism)라고 부른다.

육하지 못할 것이기 때문이다. 그러면 가장 옹졸한 관습주의자들과 가장 멋지고 기이한 혁신가 사이에 아무 구별도 없고 어떤 차이도 없는가? 가장 엄격한 아버지와 가장 부주의하고 위험한 독신 이모나 고모 사이에 아무런 차이도 없는가? 차이는 있다. 차이는 엄격한 아버지가 엄격한 방식으로 민주주의자라는 점이다. 그는 어떤 일을 단지 행동으로 옮겨져야 한다는 자신의 공상 때문이 아니라 (칭찬할 만한 자신의 공화국을 지배하는 공식에 따라) "누구나 그것을 행한다"라는 규칙에 따라 촉구한다. 관습주의자의 권위는 대중의 신임을 주장한다. 반면에 비非관습주의자의 권위는 대중의 신임을 주장하지 않는다. 일요일에 장난감 병정 놀이를 금지하는 청교도는 적어도 청교도의 의견을 표현하고 있다. 단지 자기만의 의견을 표현하는 것이 아니다. 그는 독재자가 아니라 어떤 민주 사회, 전제적 민주 사회의 일원이고, 어쩌면 우중충한 지역 민주 사회의 일원일 수도 있다. 그는 궁극적으로 두 가지, 신을 위해 싸우고 신에게 호소하는 일을 할 수 있고 해낸 사람이다. 하지만 신식 교육 전문가의 거부권은 상원의 거부권과 비슷하다. 그것은 어떤 집단을 대표하는 척하지 않는다. 이런 혁신가들은 언제나 그런디 부인의 얼굴을 붉히는 겸손에 관해 이야기한다. 나는 그런디 부인이 혁신가들보다 더 겸손한지는 모르겠다. 하지만 그런디 부인이 더 겸허하다는 것은 확실하다.

하지만 복잡한 문제가 하나 더 있다. 무정부 상태로 기우는 현대인은 다시 교육이란 오직 정신의 확대, 모든 감각 기관을 여는 것이라고 말함으로써 그런 궁지에서 벗어나려고 시도할 수도 있다. (이런 현대인의 말에 따르면) 빛은 어둠을 비추게 되어 있고, 우리의 모든 추한 구석구석에서 판단력을 잃고 좌절한 채 사는 사람들은 단지 지각함으로써 정신을 확장해야 한다. 요컨대 계몽의 빛이 칠흑같이 어두운 런던을 비출 것이다. 여기서 골칫거리는 이런 칠흑처럼 어두운 런던이 없다는 점이다. 런던은 전혀 어둡지 않다. 심지어 밤에도 어둡지 않다. 우리는 교육이 견고한 실체라면 그런 교육은 없다고 말했다. 교육이 추상적인 정신의 확장이라면 교육에 부족함은 전혀 없다. 교육에 속한 것은 너무 많다. 사실상 교육 말고 다른 아무것도 없다.

교육받지 못한 사람은 없다. 영국에 사는 사람은 누구나 교육을 받는다. 단지 대다수 사람이 잘못된 교육을 받을 뿐이다. 공립학교는 첫째 학교가 아니라 최근 설립된 학교에 속한다. 그리고 런던 교육 위원회가 발족하기 오래전부터 런던 사람들은 교육을 받아왔다. 이와 관련된 오류는 대단히 관행적인데, 아이가 설립 인가를 받은 학교에서 문명을 배우지 않으면 야만인으로 남을 수밖에 없다고 끊임없이 가정한다. 나는 아이가 문명을 배우게 되기를 소망한다. 런던의 모든 아이는 대단히 수준 높은 문명을 배운 인격체가 된다. 그런데 문명은 서로 다르고, 많은 문명이 태생적으로 진부하다. 가난한 사람들에 관한 곤란한 문제는 늙은이들이 여전히 어리석다는 점이 아니라 오히려 젊은이들이 이미 지혜롭다는 데서 생긴다고 누구든 말할 것이다. 학교에 가지 않아도 빈민가의 소년은 교육을 받을 터다. 학교에 가지 않아도 소년은 과잉 교육을 받을 것이다. 우리가 세운 학교의 현실적인 진짜 목표는 복잡성을 제언하는 것이 아니라 오로지 단순성을 회복하는 것이어야 마땅하다. 그대는 덕망 있는 이상주의자들이 가난한 사람들의 무지와 싸워야 한다고 선언하는 소리를 듣게 될 것이다. 실은 오히려 이상주의자들의 지식과 싸우지 않으면 안 된다. 현실적인 교육 전문가들은 문화의 맹렬한 폭포에 저항해야 한다. 무단 결석생은 실제로는 온종일 배우고 있다. 만약 아이들이 철자 교본의 대문자를 보기 싫으면, 밖으로 나가 벽보의 대문자를 보기만 하면 된다. 만약 아이들이 학교에서 제공한 채색 지도가 보기 싫으면, 『데일리 메일』[25]이 제공하는 채색 지도를 놀라며 입을 다물지 못한 채 들여다볼 수 있다. 만약 아이들이 전기에 싫증을 내면, 거리로 나가서 전차를 볼 수 있다. 만약 아이들이 음악을 듣고도 감동하지 못하면, 그들은 술꾼이 될 수 있다. 만약 아이들이 학교에서 상을 받기 위해 공부하지 않으면, 데일리 메일 비행 상[26]의 상금을 타려고 노력할 수도 있다. 만약 아이들이 교사의 비위를 맞출 만큼 충분히 법과 시민 의식에 관해 배울 수 없으면, 경찰관을 피하는 데 필요한 만큼 법과 시민 의식에 관해 배운다. 만약 아이들이 역사책의 올바른 결말에서 앞으로 나아가는 역사를 배우려고 하지 않으면, 정당 신문

---

25 『데일리 메일(Daily Mail)』은 영국 런던에서 발행되는 조간신문이다. 오랫동안 외신 보도로 정평이 나 있으며, 독자적 편집 방침으로 프랑스에서 일어난 드레퓌스 사건(1894~1906)과 남아프리카 전쟁(1899~1902)에 대한 보도로 널리 알려졌다. 또한 외국 신문에 뉴스와 특집기사 및 사진을 제공한다.

26 『데일리 메일』은 1906년과 1930년 사이에 항공술 분야에서 업적을 세운 여러 사람에게 상금을 주었다. 데일리 메일 항공 상(Daily Mail aviation prizes)은 특수 비행 과제를 수행한 첫 비행사나 비행 경주의 우승자에게 상금을 걸었다. 원문의 'Prizy Bits'의 출처를 도저히 찾을 수 없어서 맥락상 'Daily Mail aviation prizes'로 대체했다.

의 그릇된 결말에서 뒷걸음치는 역사를 배울 것이다. 그리고 이것이 모든 일을 비극으로 이끈다. 런던의 가난한 사람들, 특별히 눈치 빠르게 문명을 배운 가난한 사람들은 모든 것을 맨 먼저 뒤를 따라가며 배우고, 심지어 옳은 것도 그릇된 방식으로 배운다. 그들은 법학 서적에서 법의 첫째 원리를 알아보지 못하고, 경찰 보도에서 법의 마지막 결과를 볼 뿐이다. 그들은 총선거에서 정치판에 난무하는 거짓말과 허언을 들을 뿐이다.

하지만 런던에 사는 가난한 사람들의 정념이 무엇이든, 그것은 교육을 받지 못한 것과 아무런 관계도 없다. 그들은 아무 지도나 안내를 받지 못한 채 산다기보다는 차라리 항상 열심히 신이 나서 지침에 따른다. 단지 잘못된 지침에 따를 뿐이다. 가난한 사람들은 방치되지 않고 단지 억압당한다. 아니, 오히려 박해를 당한다. 런던에서 부자들의 호소를 들어보지 않은 사람은 없다. 부자들은 온갖 광고에서 소리를 지르고 선거유세가 있을 때마다 외침으로써 호소한다. 괴상하고 갑작스럽고 볼품이 없어 보이는 우리의 거리와 복장은 민주정치가 아니라 귀족 정치의 창조물임을 언제나 기억해야 하기 때문이다. 상원은 궤도 전차(tram)를 위해 쌓을 둑이 미관을 해친다고 반대했다. 그러나 자신들의 상품으로 거리의 벽을 망가뜨리는 부자들은 대부분 실제로 상원의 자리를 차지한다. 귀족들이나 상원 의원들은 도시의 거리를 흉측하게 만듦으로써 시골의 별장을 아름답게 만든다. 논점은 런던의 가난한 사람들이 홀로 남겨져 있지 않고 오히려 무질서하고 소란스러우며 횡포에 가까운 충고로 귀가 먹먹하고 당혹스러운 상태에 놓여 있다는 것이다. 그들은 양치기가 없는 양과 비슷하지 않다. 오히려 그들은 스물일곱 명의 양치기가 소리치는 가운데 서 있는 한 마리 양과 더 비슷하다. 국립 학교는 할 수 있다면 모든 신문, 모든 새로운 광고, 새로 나온 모든 약, 모든 신학, 현대의 모든 가스의 번쩍임과 놋쇠의 시끄러운 소리에 맞서 버텨내야 한다. 나는 우리의 초등 교육이 야만적 무지 상태보다 더 낫다는 데 의문을 제기하지 않을 것이다. 그런데 야만적 무지 상태는 존재하지 않는다. 나는 우리의 학교가 가르침을 받지 못한 소년들에게 좋으리라는 점을 의심하지 않는다. 그런데 가르침을 받지 않은 소년은 존재하지 않는다. 현대 런던의 학교는 무지하고 어두운 상태보다 더 분명하고 친절하며, 더 영리하고 빨라지기만 해서는 안 된다. 현대 런던의 학교는 그림엽서보다 더 명료해야 하고, 리머릭 경연[27]에 참여할 때보다 더 영리해야 하며, 전차보다 더 빠르고 선술집보다 더 친절하기도 해야 한다. 사실상 런던 학교는 다방면의 경쟁을 책임진다. 우리는 여기저기에 어둠을 이겨낼 빛이 있다는 사실을 부정할 필요가 없다. 그런데 여기서 우리는 빛을 이겨낼 수 있는 어떤 빛이 필요하다.

---

27   리머릭(Limerick)은 아일랜드 남서부 먼스터주, 샤논강 하류에 있는 항구 도시다. 여기에서 영국의 하키와 비슷한 아일랜드식 헐링 선수권대회가 매년 열린다.

8

흩어진 무지개

나는 상징과 실례 역할을 둘 다 할 만한 사례를 하나 들려고 한다. 색채의 사례다. 우리는 사실주의자들이 (감상에 빠진 사람들이) 회색 거리와 가난한 사람들의 회색처럼 우중충한 삶에 관해 떠드는 소리를 듣는다. 그러나 가난한 사람들의 거리는 회색빛이 아니라 얼룩덜룩 칠해지고 줄무늬와 물방울과 얼룩무늬가 섞여 있고 퀼트처럼 덧대어 땜질한 흔적으로 가득하다. 혹스턴은 단색으로 색칠할 만큼 충분한 심미안을 갖춘 곳이 아니고, 켈트의 여명[28] 같은 신비스러운 분위기도 아니다. 사실상 런던의 빈민가 출신 소년은 색채의 용광로 사이를 아무 탈 없이 걷는다. 줄지어 늘어선 광고판을 따라 걷는 소년

---

28 켈트의 여명(Celtic twilight)은 '켈트 부흥 운동(Celtic Revival)'이라고 부르기도 하며, 19세기와 20세기에 켈트 문화에 새롭게 관심을 보였던 다양한 운동을 가리킨다. 게일어 및 웨일스어 문헌과 이른바 켈트 예술을 발굴하여 새로 해석했다. 예이츠(William Butler Yeats, 1865~1939)는 『켈트의 여명』이라는 제목의 민화집을 펴냈는데, 이 작품은 아일랜드 민화의 신비스러운 분위기를 대표하는 문헌으로 알려졌다. 현대 과학기술 문명에 맞선 낭만주의 운동의 일부로 평가할 수 있다.

을 지켜보라. 그러면 열대 우림의 여행자처럼 빛나는 초록색 배경 속에서, 미디 운하[29]의 짙푸른 강물 위로 날아가는 새처럼 검은색 배경 속에서, 잉글랜드의 황금색 사자가 초원에 바짝 엎드려 움직이듯 광장을 가로지르는 소년을 보게 될 것이다. 소년은 필립스[30]의 '더 파란 빛을 띤 파란색, 더 초록빛을 띤 초록색'이라는 외침에 담긴 비합리적 황홀감을 이해해야 한다. 레킷[31]의 파란색 염료보다 더 파란색은 없으며 데이 마틴스[32]의 검정 구두약보다 더 검은색은 없다. 콜먼스[33]의 겨자보다 더 짙은 노란색은 없다. 만약 산산이 흩어진 무지개처럼 이런 작은 색채의 혼돈 속에서도 작은 소년의 정신이 예술과 문화에 취하지 않는다면, 원인은 널리 퍼진 회색이나 소년의 감각이 단지 메마른 데 있지 않다. 원인은 색채가 잘못된 관계 속에 잘못된

---

29 미디(Midi) 운하는 프랑스의 가론강 중류의 툴루즈와 지중해를 연결하는 길이 360킬로미터 운하다. 수로, 수문, 다리, 터널 등 모두 328개 구조물이 설치되어 있다. 미디 운하는 1667~1694년에 건설되어 이후 산업혁명의 기반을 마련했다.

30 필립스(Stephen Phillips, 1864~1915)의 희곡인 『파올로와 프란체스카(Paolo and Francesca)』에 나오는 대사의 일부다. 필립스는 영국의 시인이자 극작가로 당대에 상당한 명성을 얻었다. 『시집』(1897)과 『헤로데Herod』(1901)와 『율리시스Ulysses』(1902), 『네로Nero』(1906) 같은 시극을 발표했다.

31 레킷은 19세기 말부터 20세기 초반까지 확장을 거듭한 영국의 생활용품 제조업체인 '레킷 앤 선즈(Reckitt and Sons)' 사를 가리킨다. 이 회사에서 생산한 파란색 염료는 특히 흰색 섬유에 추가하여 흰색을 더 희게 보이도록 만드는 효과를 냈다.

32 '더 데이 앤드 마틴(The Day and Martin)' 사는 19세기 초에 창립한 영국의 구두약 제조업체다.

33 '콜먼스(Colman's)'는 1814년에 창립한, 영국의 겨자를 비롯한 여러 가지 양념을 생산하는 제조업체다. 가장 오래 존속한 식품 상표로 다양한 종류의 겨자 식품을 생산하고 있다.

규모로, 특히 잘못된 동기로 나타난다는 사실에 있다. 소년이 결여한 것은 색채가 아니라 색채에 대한 철학[34]이다. 요컨대 레킷의 파란색 염료만 빼고 레킷의 파란색에 잘못된 점은 없다. 파란색은 레킷 회사에 속한 것이 아니라 하늘에 속한 것이다. 검은색은 데이 앤드 마틴 회사에 속한 것이 아니라 심연에 속한 것이다. 최고급 대형 그림조차 커다란 규모에 비하면 아주 작은 물건일 뿐이다. 겨자 광고의 반복을 둘러싸고 이런 방식의 특별히 자극적인 어떤 것, 양념과 작은 사치품이 등장한다. 굶주린 사람들이 있는 거리에서 아주 적은 고기에 많은 겨자 양념을 쏟아부은 광고는 특별한 역설적 상황을 드러낸다. 노란색은 밝은 그림물감이고, 겨자는 톡 쏘는 쾌락을 주는 양념이다. 이렇게 노란색 물결을 바라보는 일은 엄청나게 많은 양의 겨자 양념을 삼켜야 하는 사람의 처지와 비슷하다. 엄청난 겨자 양념을 삼키면 사람은 죽거나 겨자에 대한 미각을 통째로 잃을 것이다.

이제 우리 광고판의 거대하지만 사소한 것을 중세인의 꿈이 기록된 작지만 엄청나게 놀라운 그림과 비교해보자. 작은 그림 속 파란 하늘은 사파이어보다 크지 않고, 심판의 불길은 아주 작은 금 조각으로 표현될 뿐이다. 여기서 차이는 단지 대형 광고 도안 예술(poster art)이 본성적으로 중세의 채색 예술(illumination art)보다 더 서둘러 만들어진다는 점만이 아니다. 현대 예술가는 귀족이나 상원 의원들

---

34 여기서 말하는 철학은 학자들의 전문 철학이 아니라 생활 속 지혜 같은 것이다. 감성과 의지, 이성이라는 정신 능력을 갖춘 모든 인간은 각자 경험에 비추어 평범하고 인간적인 지혜를 터득할 수 있다.

을 위해 일하고 있는 반면에 고대 예술가는 주님을 위해 일했다는 것만도 아니다. 예전 예술가는 색채가 현실적으로 보석과 부적 같은 효력이 있는 돌처럼 중요한 의미가 있고 소중하다는 인상을 전달했다는 점에서 차이를 보인다. 색채는 제멋대로 의미를 지녔으나 언제나 권위가 있었다. 만약 새가 파란색이었다면, 만약 나무가 황금색이었다면, 만약 물고기가 은색이었다면, 만약 구름이 자주색이었다면, 예술가는 이런 색채가 중요하고 거의 고통스러울 만큼 강렬한 인상을 전달하는 데 성공했다. 시뻘건 붉은색과 황금색은 모두 불을 표현할 때 쓰였다. 지금 학교는 현실적으로 아이들이 사물 속에서 상상력 풍부한 욕망이나 쾌락을 갖도록 자극하고자 애쓴다고 가정하자. 그러면 학교가 회복하고 보호해야 할 것은 바로 색채 감각이다. 색채 감각은 색채에 탐닉함이 아니라 오히려 만약 있다면 강렬한 절약 정신과 같은 종류에 속한다. 색채 감각은 자작농 소유권 제도에서 푸른 들판에 곧게 울타리를 쳤듯 문장학[35](heraldry)에서도 푸른 들판에 울타리를 치도록 자극했다. 그것은 금화뿐 아니라 금박을 내팽개치는 게 아닐 터다. 그것은 좋은 포도주를 쏟거나 죄 없이 피를 흘림이 아니듯 부주의하게 자주색이나 진홍색을 쏟아부음이 아니리라. 그것은 이런 특별한 문제와 관련해 교육 전문가들 앞에 놓인 어려운 과제다. 그들은 술주정뱅이를 포도주 맛을 즐기는 사람으로 바꾸는 육중한 업무를 수행한다. 만약 20세기에 이런 일을 계속 수행한다면,

---

35   문장학은 가문의 문장(紋章)과 역사를 연구하는 학문이다.

12세기를 거의 따라잡을 것이다.

그렇지만 이런 원리는 모든 현대인의 삶에 적용된다. 모리스[36]를 비롯한 단지 미학의 관점에서만 중세를 찬미하는 사람들은 언제나 초서[37] 시대의 군중(crowd)이 빅토리아 여왕 시대의 군중보다 화사한 옷을 차려입고 반짝반짝 빛이 났을 것이라고 지적했다. 여기에 현실적인 진짜 구별이 있는지는 확실치 않다. 첫 장면에 갈색 수도복이 있고, 둘째 장면에 사무원이 쓰는 갈색 중산모자가 있을 것이다. 둘째 장면에 공장에서 일하는 소녀의 자주색 작업용 모자가 등장하고, 첫 장면에 사순절에 입는 자주색 제의가 등장할 것이다. 흰색 담비와 대조되는 흰색 조끼가 있을 테고, 황금 사자와 대비되는 금시계가 있을 것이다. 현실적인 진짜 차이는 이렇다. 수도복의 흙빛이 나는 갈색은 노동과 겸양(humility)을 표현하려고 본능적으로 선택되었던 반면, 사무원이 쓰는 중산모자의 갈색은 어떤 것을 표현하려고 선택된 것이 아니다. 수도사는 스스로 먼지를 덮어쓴다고 말하려는 의미를 담았다. 사무원이 찰흙으로 만든 왕관을 쓴다고 말하려고 의도하는

---

36   모리스(Frederick Denison Maurice, 1805~1871)는 영국국교회(성공회)의 신학자로 그리스도교 사회주의의 창시자로 알려졌다. 『그리스도의 왕국』(1838)을 출간하여 신학자로서 명성을 날렸으며, 이 책에서 교회는 개인·당파·종파의 다양성과 편파성을 초월한 연합된 몸이라고 주장했다.

37   초서(Geoffrey Chaucer, 1342/43년경~1400)는 중세 영국의 대표 시인이다. 지상의 삶이든 천상의 영역이든 사랑을 노래했고, 정념에 따른 애정 편력부터 신과 영적 합일에 이르기까지 다양한 주제를 다루었다. 인간관계나 인간과 신의 관계를 통해 인간의 고귀함뿐 아니라 나약함과 어리석음을 특유의 문체로 표현했다. 초서의 위대한 작품은 『캔터베리 이야기』(1390)다.

지는 확실치 않다. 사무원은 먼지를 인간의 유일한 왕관으로 덮어쓰지 않는다. 풍부한 동시에 거무스름한 자주색은 비극에 의해 일시적으로 가려진 승리를 암시한다. 그러나 공장에서 일하는 소녀는 자신의 작업용 모자가 그렇다고 여기지 않는다. 흰색 담비는 도덕적 순수를 표현하려는 의도를 담았으나, 흰색 조끼는 그렇지 않다. 금사자 장식은 열렬한 대범함을 암시하지만, 금시계는 그렇지 않다. 논점은 우리가 직물의 색조들을 잃었다는 것이 아니라 최선의 장점으로 바꾸는 재주를 잃었다는 것이다. 우리는 그림물감 통을 잃어버리고 회색 연필심만 남은 아이들과 비슷하지 않다. 우리는 그림물감 통에 들어 있는 모든 색을 혼합하고 설명서를 잃어버린 아이들과 비슷하다. 그럴 때도 어떤 이가 재미를 느낀다는 점을 나는 부정하지 않는다.

색채는 풍부한데 배색할 능력을 잃어버린 상태는 현대인이 좇는 이상과 특히 현대 교육에 잘못된 모든 것을 깨우쳐 주는 아주 완벽한 비유다. 윤리 교육, 경제 교육을 비롯한 모든 교육도 마찬가지다. 자라는 런던의 아이는 논란을 크게 불러일으키는 교사들이 부족하지 않다. 이런 교사들은 지리학이란 지도에 붉은색 칠하기를 의미하고, 경제학이란 외국인에 대한 세금 부과를 의미하고, 애국심은 대영 제국 기념일[38]에 국기를 흔드는 기이하고 비영국적인 습관을 의미한다고 가르칠 것이다. 이런 예들을 특별히 언급할 때, 나는 정치적

---

38   대영제국 기념일(Empire Day)은 빅토리아 여왕이 태어난 5월 24일이고, 1958년 이후 '영국 연방 기념일(Commonwealth Day)'이라고 부른다.

으로 반대편에 유사하게 조잡한 행동과 대중에 호소한 오류가 없음을 의미하지 않는다. 그런 예들이 현대인의 상황에 속한 아주 특별하고 시선을 끄는 특징을 드러내기 때문에 언급한다. 이는 급진 혁명가들이 언제나 있었고, 지금은 토리당 혁명가들도 있다는 것을 의미한다. 현대 보수주의자는 더는 보수주의를 내세우지 않는다. 그는 자신을 혁신가라고 공언한다. 따라서 군중에 맞선 방어벽이라고 말하는, 상원의 현재 방어책은 모두 지적으로 끝났으며, 기반이 무너졌다. 왜냐하면 현대의 가장 격렬한 대여섯 가지 주제에 대해 상원은 스스로 군중이 되고 지나치게 군중처럼 행동하는 것 같기 때문이다.

좁혀야 할 필요

이런 모든 대혼란을 거쳐 우리는 다시 한번 우리의 주요 결론으로 돌아왔다. 오늘날 문화의 참된 과제는 확장이나 팽창이 아니라 결단 력 있는 선택과 거부다. 교육 전문가들은 신조를 찾아 가르쳐야 한 다. 신학에서 말하는 신경이 아니라도, 신조는 여전히 신학만큼 세심 하고 확고한 것이어야 한다. 요컨대 신조는 반드시 정통이자 정설로 인정받는 것이어야 한다. 교사는 칼뱅의 신앙과 로드[39]의 신앙, 아퀴 나스[40]의 신앙과 스베덴보리[41]의 신앙 사이에서 엄밀하게 선택하려

---

39 로드(William Laud, 1573~1645)는 영국국교회(성공회)의 성직자로 1633년에 찰 스 1세가 캔터베리의 대주교로 지명했다. 찰스 1세의 종교개혁을 지지한 핵심 세력이었고, 1640년 의회 군대에 체포되어 1645년 제1차 내전(청교도 전쟁)이 끝날 무렵 처형되었다. 그 는 비국교도 특히 청교도들을 심하게 탄압했다. 그의 박해로 1629~1640년 약 2만 명에 이르 는 청교도들이 박해를 피해 미국의 뉴잉글랜드로 떠났다.

40 아퀴나스(Thomas Aquinas, 1224/25~1274)는 로마 가톨릭교회의 신학을 철학적으 로 정초한 중요한 인물이다. 고대 그리스의 철학자 아리스토텔레스의 철학을 응용하여 『신 학대전(Summa Theologiae)』과 『이교도 반박 대전(Summa contra gentiles)』을 써서 로마 가 톨릭교회의 신학 체계를 확립했다.

고 결단을 내리는 것이 시대에 뒤진 낡은 사고방식이라고 생각할 수도 있다. 하지만 교사는 여전히 키플링의 신앙과 쇼의 신앙 사이에서, 블래치포드의 세계와 부스[42]의 세계 사이에서 선택해야 한다. 괜찮다면 그것을 그대의 아이가 교구 목사에게 교육을 받느냐, 개신교 목사에게 교육을 받느냐, 가톨릭교 신부에게 교육을 받느냐를 선택하는 좁은 문제라고 부르자. 그대는 여전히 아이가 함스워드[43]나 피어슨[44], 마일즈[45]에게 단순하게 사는 법을 배워야 할지, 아니면 케어리[46]에게 분투하는 삶을 배워야 할지, 그리고 아이가 스완[47]의 소설을

41　스베덴보리(Emanuel Swedenborg, 1688~1772)는 스웨덴의 과학자이자 신학자다. 젊은 시절에 우주론과 입자론, 수학, 인간의 감각과 지각에 대한 논문과 저서를 발표했다. 1744년 처음으로 그리스도의 환영을 보았으며, 이후 자연과학 연구를 그만두고, 남은 생애 동안 성서를 해석하고 자신의 경험을 영적 세계와 관련짓는 일에 몰두했다. 대표 저술은 『자연 사물의 원리』와 『영혼 세계의 질서』다.

42　부스(William Booth, 1829~1912)는 영국의 종교 개혁가로 구세군 창설자다. '부스 대장'이라고 불린다. 『칠흑 속의 영국, 그리고 탈출구』에서 빈곤을 낳는 악습을 없애기 위한 10가지 방법을 제시했다. 1852년 개혁 감리회의 설교사가 되어 전도 활동을 했으나, 9년 뒤 사임하고 독자적인 선교 활동을 시작했다. 1864년 런던 빈민가로 가서 구세군의 전신인 '그리스도교 선교회'를 세웠다. 구세군은 현재까지도 전 세계적으로 빈민구제를 목표로 사회사업과 전도 활동을 하고 있다.

43　함스워드(Alfred Charles William Harmsworth, 1865~1922)는 영국의 언론 역사상 가장 성공한 신문발행인이자 대중적 현대 신문·잡지업의 창시자다. 노스클리프 남작이라고도 부른다.

44　피어슨(Karl Pearson, 1857~1936)은 영국의 수학자로 현대 통계학을 확립한 사람 가운데 하나로 꼽힌다.

45　마일즈(Eustace Hamilton Miles, 1868~1948)는 영국의 테니스 선수로 1908년 하계 올림픽에 출전했다. 자신의 이름을 딴 건강식품을 만들어 팔았다.

46　케어리(Peter Keary, 1865~1915)는 영국의 편집인으로 1890년까지 주간지와 월간지를 출간했다.

열심히 읽어야 할지, 아니면 케네디[48]의 책을 열심히 읽어야 할지 고민해야 한다. 또 더욱 크고 자유로우며 진보한 문명에 어울리는 문제, 요컨대 아이가 단지 사회 민주 연맹[49]의 폭력에 이르고 말지, 아니면 단지 앵초단[50]의 비속함에 이르고 말지에 대한 문제에 직면해야 한다. 교육 전문가들은 오늘날 신조가 허물어지고 있다고 말한다. 나는 그런 말에 의혹을 제기한다. 하지만 적어도 종파는 증가하고 있으며, 교육은 이제 단지 실용적 목적을 이루기 위한 종파적 교육일 수밖에 없다. 종파적 교육은 여러 이론 가운데 한 이론을 어떻게든 선택해야 한다. 천둥소리처럼 쩌렁쩌렁 울리는 이런 모든 목소리 가운데 어떤 목소리를 어떻게든 들어야 한다. 종파적 교육은 눈이 부시게 번쩍이는 빛 속에서 겁나고 고통스러운 가운데, 형체를 드러낼 그림자 하나 없는 상태로 어떻게든 어떤 별을 쫓아가 자취를 더듬어 찾아내야 한다.

47　스완(Annie Shepherd Swan, 1859~1943)은 스코틀랜드의 언론인이자 소설가로 여자들을 위한 낭만적 이야기를 써서 성공을 거두었다. 제1차 세계 대전기에 여성참정권 운동가이자 자유주의 운동가, 스코틀랜드 국민당의 공동 창립자로 부의장을 지냈다.

48　케네디(Bart Kennedy, 1861~1930)는 영국의 소설가이자 회고록 집필자, 언론인이다.

49　사회민주연맹(Social Democratic Federation)은 하인드먼(Henry Mayers Hyndman, 1842~1921)이 영국에 처음 조직한 사회주의 정당으로 1881년 첫 회합이 있었다. 20세기 초반 10년간 좌파와 우파로 나뉘어 투쟁하다 이후 다른 급진주의 단체와 마르크스 영국 사회당으로 합당했다.

50　앵초단(Primrose League)은 영국의 보수당을 이끈 정치인 벤저민 디즈레일리(Benjamin Disraeli, 1804~1881)를 기념하기 위해 1883년 결성된 보수단체다. 디즈레일리가 앵초를 좋아하여 붙인 이름이다. 이 단체는 신과 여왕, 나라를 받들고 보수적 대의(공익 추구와 자유 기업 옹호)를 선전했다.

나는 지금까지 너무 모호하고 거대하여 거의 아무것도 성취하지 못한 대중 교육에 대해 말했다. 그런데 때마침 영국에는 대중 교육과 비교할 만한 것이 있다. 어떤 제도, 아니면 제도들의 집합체가 있고, 똑같은 대중적 목적과 더불어 시작했고, 이후 훨씬 좁은 어떤 목적을 따랐다. 그런데 우리의 현대 초등학교는 다른 목표를 따른다는 점에서 큰 이점을 지녔다.

나는 이런 모든 문제와 관련해 긍정적인, 혹은 순진한 사람들이 좋아할 '낙관적' 해결책을 역설해야 한다. 말하자면 부정적이고 폐지론으로 기울 뿐인 대다수 해결책을 단호히 거부해야 한다. 가난한 사람들을 가르치는 대다수 교육자는 가난한 남자가 술을 마시지 않도록 가르쳐야 한다고 생각하는 것 같다. 교육자들이 가난한 남자가 술을 마시도록 가르친다면 꽤 만족스러울 것이다. 왜냐하면 가난한 남자의 비극은 대부분 단지 얼마나 술을 마시고 언제 술을 마시는지에 대한 무지로 설명할 수 있기 때문이다. 나는 (혁명적 견해로 기운 몇몇 친구처럼) 우리가 공립학교를 폐지해야 한다고 제안하지 않는다. 나는 우리가 공립학교를 더욱 공공 영역에 속하게 만들어야 한다는 훨씬 두렵고 필사적인 실험을 제안한다. 나는 의회가 일을 중단하도록 만들기를 바라지 않고, 도리어 일하기를 바란다. 교회의 문을 닫는 것이 아니라 오히려 열기를 소망한다. 배움의 등불을 끄거나 재산을 표시한 울타리를 부수는 것이 아니다. 대학을 공정하게 보편적인 곳으로 만들고 재산을 제대로 고유하게 만들기 위해 묵묵히 노력하도록 만들고 싶을 뿐이다.

많은 경우에 이런 행위가 오래된 이상으로 돌아갈 뿐만 아니라 오래된 현실로 돌아가는 것임을 기억해 두자. 그것은 증류주(gin)를 파는 상점이 선술집으로 돌아가기 위한 큰 진전일 터다. 공립학교를 중세풍으로 만듦이 공립학교의 민주화라는 것은 논쟁의 여지가 없는 참이다. 의회는 언젠가 현실적으로 (이름이 함축하듯) 사람들의 대화가 허용되는 장소를 의미했다. 효율의 일반적 증가는 국회의장에 속한 것으로 의회를 대체로 사람들의 대화를 막는 장소로 만든 것은 최근의 일이다. 가난한 사람들은 현대의 교회에 가지 못하지만, 괜찮은 오래된 교회에 갔었다. 만약 과거에 평범한 남자가 재산을 진지하게 존중했다면, 때때로 자신의 재산을 조금이라도 소유했기 때문에 그랬으리라고 생각할 수도 있다. 그러므로 나는 내가 제도에 관해 말한 어떤 것과 관련해서도 저속하게 혁신하고자 안달하지 않는다고 주장할 수 있다. 내가 앞에서 나열한 목록에서 어쩔 수 없이 골라야 할 특별한 제도는 확실히 없다. 친근하고 고맙게 여기는 진정한 개인적 이유를 댈 만한 어떤 유형의 제도는 있다. 위대한 튜더 왕가[51]의 기반, 잉글랜드의 공립학교다. 잉글랜드의 공립학교는 대단히 많은 점에서 칭찬을 받았는데, 유감스럽게도 대체로 공립학교 자체와 학

---

51 튜더 왕가의 잉글랜드 왕은 헨리 7세(1485~1509 재위)와 아들인 헨리 8세(1509~47 재위), 그리고 헨리 8세의 자식인 에드워드 6세(1547~53 재위)와 메리 1세(1553~58 재위), 엘리자베스 1세(1558~1603 재위)다. 튜더 왕조 시대에 영국은 종교개혁과 종교 전쟁을 거친 뒤 엘리자베스 1세 시대에 영국국교회(성공회)가 확고한 자리를 차지했다. 영국에 르네상스가 꽃피었으며, 잉글랜드의 통일을 이룩하고 유럽에서 경제, 정치, 문화적으로 우월한 지위를 확립했다.

생들에게 칭찬을 받았다. 아직 어떤 이유로 아무도 잉글랜드 공립학
교를 현실적으로 설득력 있는 한 가지 이유를 들어 칭찬한 적은 없
었다.

공립학교 찬성론

성공이라는 말은 물론 두 가지 뜻으로 사용할 수 있다. 성공은 바퀴가 돌아가는 것처럼 직접적이고 고유한 목적을 이루는 일에 대해 사용될 수도 있다. 혹은 바퀴가 유용한 발견이 되는 것처럼 일반적 복지에 어떤 것을 더하는 일에 대해 사용할 수 있다. 스미스의 비행 기계는 실패작이라고 말하는 것과 스미스가 비행 기계를 만드는 데 실패했다고 말하는 것은 상당히 다르다. 이것은 아주 넓게 보면 구식 영국 공립학교와 신식 민주주의 학교의 차이다. 어쩌면 구식 공립학교는 (개인적 생각으로) 최종적으로 나라를 강하게 만들기보다는 오히려 약하게 만들고 있고, 그러므로 최종 의미를 따지면 비효율적일지도 모른다. 그대가 비행선을 만들어 그것이 그대를 죽게 만들더라도, 그대는 비행선을 만들어 그것이 날게 할 수 있다. 공립학교 제도는 만족스럽게 작동하지 않을 수도 있으나 작동하기는 한다. 공립학교는 우리가 원하는 것을 성취하지 못할 수도 있으나 공립학교가 원하는 것을 성취한다. 그런 점에서 일반 초등학교는 아무것도 성취하지 못한다. 거리의 빈민가 출신 아이를 가리키며 '이튼 학교[52] 재학생들' 사이에서 얼굴에 생기가 넘치는 어리숙한 소년이, 해로 학교[53]와 윈체스터 학교[54]의 교사들이 지지했던 이상을 구현한다는 뜻에서, 대중 교육이 지지했던 이상을 구현한다고 말하기는 어렵다. 귀족주의 성향의 교육 전문가들은 신사[55]를 키워낸다는 긍정적 목적을 가진다. 또 그들은 퇴학시킬 때조차 신사를 키워낸다. 대중 교육 전문가들은 시민을 키워낸다는 훨씬 고귀한 이념을 가졌다고 말할 것이다. 나는 그것이 훨씬 고귀한 이념이라고 양보한다. 그러나 시민은 어디에 있는가? 나는 '이튼 학교의 재학생들' 사이에서 빈민가 출신 소년이 좀 우스꽝스럽고 감상에 빠진 금욕주의로 경직되어 세상 물정에 밝은 사람으로 불린다는 점을 안다. 나는 심부름꾼 소년이 로마

---

52   이튼 중고등학교(Eton College)는 영국 잉글랜드 버크셔주 이튼에 있는 사립 중고등학교다. 1440년 잉글랜드의 헨리 6세가 재능이 있지만 가난해서 교육을 받지 못하는 학생들을 위해 학교를 설립했다. 헨리 6세가 학교를 세울 당시의 이념과 달리 현재 저소득층 학생은 20%만 입학을 허가하고 있다. 영국 상류 계급이나 부유층 자녀들이 주로 다니는 명문 학교로 1,300명 학생이 모두 기숙사에서 생활한다.

53   해로 학교(Harrow School)는 영국 런던에 있는데 소년들이 거주하는 독립된 기숙사를 갖춘 공립 학교로, 존 리온(John Lyon)이 엘리자베스 1세의 칙령에 따라 인가를 받아 설립했다. 스쿼시, 크리켓, 축구 같은 운동 경기의 발전에 중요한 역할을 했다.

54   윈체스터 학교(Winchester College)는 햄프셔주 윈체스터에 있으며, 공식 명칭은 윈체스터세인트메리 학교다. 1382년 윌리엄 오브 위컴 주교가 소년들을 옥스퍼드대학교의 뉴칼리지에 입학할 수 있도록 준비시키려고 세운 학교다. 헨리 6세가 설립한 이튼 학교를 비롯한 다른 공립학교의 원형이 되었다.

55   '신사(gentleman)'는 원래 향사(esquire) 아래, 자작농(yeoman)의 위에 있는 잉글랜드의 유산 계급(gentry)을 가리키는 말이었다. 교육과 관련하여 논할 때 '신사'는 일반적으로 선량하고 예절 바른 남자를 뜻한다.

공화국의 스토아철학으로 경직되어 시민이라고 불린다고는 상상할 수 없다. 남학생은 현실적으로 순진무구하게 거만한 태도를 보이며 "나는 영국 신사입니다"라고 말할 것이다. 나는 심부름꾼 소년이 머리를 쳐들고 별을 올려다보면서 "나는 로마 시민입니다"라고 대답하는 것을 쉽게 그려볼 수 없다. 우리의 위대한 교사들은 가장 좁은 예절 수칙을 가르쳤던 반면, 우리의 초등학교 교사들은 가장 넓은 도덕 규칙을 가르치고 있다고 인정하자. 둘 다 가르치고 있다고 인정하자. 그러나 둘 가운데 하나만 배우고 있다.

위대한 개혁가나 행사의 달인은 몇몇 구체적이고 실용적인 개혁을 용케 유발하지만, 자신의 미래상을 완수하거나 자신의 영혼을 만족시킨 적이 없다. 나는 이렇게 겉보기에 분명한 진부한 말이 전혀 참이 아니라고 믿는다. 이상한 도치 현상으로 정치적 이상주의자(political idealist)는 요구하는 것이 아니라 원하는 것을 자주 붙잡는다. 그가 품은 이상으로 인한 무언의 압박은 시사하려던 실상보다 더 길게 이어지고 세상을 더 많이 고쳐서 새로운 모습으로 바꾼다. 소멸한 것은 자신이 그토록 실용적이라고 생각했던 글자 자체의 뜻이다. 견뎌낸 것은 자신이 도달할 수 없고 발언할 수도 없다고 느꼈던 정신이다. 완수되지 않은 일은 정확히 자신의 계획에 따른 것이다. 완수된 일은 정확히 자신의 통찰에 따른다. 따라서 인쇄된 열두어 가지 프랑스 혁명 헌법 조문[56]은 입안자들에게 충실한 업무 수행처럼 보

---

56 프랑스 혁명 헌법 조문은 1798년에 나온 프랑스 인권선언문을 가리킨다. 프랑스 인

였지만 우리에게는 가장 야생에 가까운 공상처럼 바람을 따라 흩어져 사라진 듯하다. 흩어져 사라지지 않은 것, 유럽에 고정된 사실은 추구해야 할 이상(ideal)과 미래상(vision)이다. 공화국은 모두 최소한의 예절과 부를 소유한 시민들만으로 채워진 나라라는 이념, 18세기에 꿈꾼 미래상, 20세기의 현실이다. 그래서 나는 공화국이 일반적으로 바람직하든 그렇지 않든 사회 문물(social things)의 창조자와 함께 있으리라고 생각한다. 사회 창조자의 모든 계획은 실패할 것이고, 그가 쓰는 모든 도구는 망가질 것이다. 사회 창조자의 타협은 깨질 것이고, 그의 양보는 소용이 없어질 것이다. 그는 숙명을 스스로 끌어안을 수밖에 없다. 그는 가슴에서 우러난 욕구 말고 아무것도 느끼지 못하리라.

만약 사람들이 아주 작은 일을 아주 큰 일과 비교할 수도 있다면, 영국의 귀족 학교가 프랑스의 민주주의와 똑같은 종류의 성공과 속이 꽉 차고 장대한 무엇을 주장할 수 있다고 말할 수도 있다. 적어도 그들은 민주주의 교육을 확립하기 위한 현대 영국의 산만하고 어설픈 시도에 비해 똑같은 우월성을 주장할 수 있다. 대영제국 시대에 내내 공립학교의 남학생들을 출석하도록 만든 만큼, 과장되기는 했으나 여전히 긍정적인 성공과 논란의 여지 없이 일정한 모양과 크기를 측정할 수 있는 사실은 집중식의 최고 환경에서 기인한다. 이런

권선언문은 1776년에 일어난 미국의 독립혁명과 계몽운동에 영향을 받은 결과물로 1791년 프랑스 헌법 서문에 담겨 있다. 자유, 평등, 박애, 저항권, 국민 주권, 사상과 언론의 자유, 종교의 자유, 소유권(재산권) 보장을 명문화했다. 이는 현대 민주주의 헌법의 근간이 되었다.

환경에서 우리의 공립학교 경영자들은 자신들이 어떤 부류의 소년을 좋아하는지 알려주었다. 그들은 너그럽게 일을 시작하고 모든 것을 원해서 아무것도 얻지 못하는 대신 어떤 것을 원했고 얻어냈다.

유일한 문제는 그들이 얻어낸 것의 품질이다. 현대인이 현실적으로 개혁을 요구한 제도를 공격할 때 언제나 잘못된 이유로 공격하는 상황에는 몹시 미쳐 돌아가는 점이 있다. 따라서 우리의 공립학교에 반대하는 많은 사람은 스스로 민주적이라고 상상하면서 그리스어 공부를 아무런 의미 없이 공격하느라 녹초가 되었다. 나는 그리스어가 얼마나 쓸모가 없는 것으로 여겨질 수도 있는지, 특히 시민 의식을 부정하는 정도까지 치열한 상업에 스스로 몸을 던지려고 헐떡이는 사람들에게 얼마나 쓸모가 없을지는 이해할 수 있다. 그러나 그리스어가 어떻게 비민주적인 것으로 생각될 수 있는지는 도무지 이해하지 못하겠다. 나는 카네기[57]가 왜 그리스어를 혐오했는지 잘 이해한다. 어느 그리스 자치 도시에서 그가 죽게 될 거라는 모호하지만 확고하고 모진 인상에 근거한다. 그런데 어떤 우연이든 퀄치[58]나 크

---

57   카네기(Andrew Carnegie, 1835~1919)는 스코틀랜드계 미국인 사업가이자 박애주의자다. 그는 19세기 말 미국 철강 사업의 확장을 주도했고 역사상 가장 부유한 미국인 가운데 한 사람이 되었다. 미국과 영연방에서 중요한 자선 사업을 벌였다.

58   퀄치(Henry Quelch, 1858~1913)는 '헨리 퀄치'로 불리는 영국 최초 마르크스주의자이자 사회민주운동의 정초자다. 그는 사회주의 운동가이자 언론인, 노동조합 지지자였다. 동생인 로렌조는 사회주의 운동가였고, 아들인 톰은 공산주의 운동가로서 주목할 만한 성과를 거두었다.

룩스[59], 로버트슨[60] 같은 민주주의자가 왜 자유를 상징하는 그리스어 알파벳을 사람들이 배우는 것에 반대하는지 나는 도무지 이해할 수 없다. 급진주의자들은 왜 그리스어를 싫어해야 하는가? 신에 맹세코 급진파의 가장 빠르고 가장 영웅적인 역사는 바로 그리스어로 쓰여 있다. 민주주의자라는 말이 그리스어인데, 그리스어는 왜 민주주의자에게 역겨움을 불러일으키는가?

심각성은 덜하지만 유사한 실수는 단지 공립학교의 체육이 동물성과 야수성을 조장할 뿐이라면서 공격하는 것이다. 유일하게 부도덕한 의미의 야수성은 영국 공립학교의 악습이 아니다. 공립학교의 분위기에서는 도덕적 용기가 일반적으로 부족해지는 탓에 약자를 괴롭히는 일이 발생하고, 이것이 도덕과 관계가 더 깊다. 공립학교는 전반적으로 신체와 관련된 용기를 북돋워준다. 그런데 공립학교는 도덕적 용기를 꺾을 뿐만 아니라 금지한다. 이런 문제의 최종 결과는 전투의 화염 속에 흐려지고 숨을 때를 제외하면 밝은색 제복을 입고 참아낼 수조차 없는 무성의한 영국 관리에게 나타난다. 이것은 우리의 현재 금권 정치에 대한 모든 애착과 마찬가지로 전적으로 현대의 문제다. 구식 귀족주의자들에게는 알려지지 않았던 문제다. 흑태자[61]는 확실히 적들 사이에서 자신의 투구를 집어들 용기를 지녔던 기

---

59   크룩스(William Crooks, 1852~1921)는 노동조합 지지자이자 정치인으로 주목받았고 페이비언 협회의 회원이기도 했다. 그는 특히 가난과 불평등에 반대하는 운동을 펼쳤다.

60   로버트슨(John Mackinnon Robertson, 1856~1933)은 언론인이자 합리주의와 세속주의의 옹호자였다. 그리스도 신화 이론의 옹호자로 유명해졌다.

사라면 누구든지 친구들 사이에서도 자신의 투구를 집어들 용기를 지녀야 한다고 요구했을 것이다. 그러면 도덕적 용기에 관한 한, 공립학교는 그것을 약하게 지지한 것이 아니라 단호히 억압한 것이다. 그러나 전반적으로 신체적 용기를 지지하고, 신체적 용기는 장대한 기초다. 18세기의 한 위대하고 현명한 영국인은 덕을 잃은 인간이 다른 어떤 것도 결코 확실하게 지키지 못할 것이라고 진심으로 말했다. 이제 신체적 용기가 잔혹성과 관계가 있다는 것은 비열하고 병든 현대인의 거짓말 가운데 하나다. 톨스토이의 추종자와 키플링의 추종자는 아무 데서도 한꺼번에 이보다 더 많은 주장을 하지 않는다. 내 생각에 그들은 서로 작은 파벌 싸움을 벌인다. 어떤 이는 신체적 용기가 잔혹성과 관계가 있으니 포기해야 한다고 말하고, 다른 이는 잔혹성이 용기의 일부이니 매력적이라고 주장한다. 신께 감사하게도 그것은 모두 거짓말이다. 신체의 기운과 배짱은 어떤 남자를 어리석게 만들기도 하고, 부주의하거나 무디게 만들기도 하고, 취하거나 굶주리게 만들 수도 있지만, 인간이 앙심을 품게 만들지는 않는다. 그리고 우리는 (공립학교 사람들이 언제나 스스로 쏟아내고 있는 끊임없는 칭찬에 합류하지 않으면서) 이것이 공립학교에서 단지 사악한 잔혹성을 제거하도록 작동한다고 쾌활하게 인정할 수도 있다. 영국 공립학교

---

61 흑태자(Black Prince)는 잉글랜드의 에드워드 3세(Edward III, 1330~1376)를 가리킨다. 옥스퍼드셔의 우드스톡 궁전에서 태어나서 '우드스톡 오브 에드워드(Edward of Woodstock)'라고도 불린다. 왕위 계승자였으나 아버지보다 먼저 죽어서 왕이 되지는 못했다. 그의 아들 리처드 2세가 왕위를 물려받았다. 흑태자는 백년전쟁 동안 가장 뛰어난 사령관으로 꼽힌다. 기병 운용에 새로운 전술을 도입했으며 생전 위대한 기사로 존경받았다.

생활은 영국의 공공 생활(public life)과 매우 비슷하고, 공립학교 생활은 공공 생활을 준비하는 역할을 한다. 공립학교 생활은 지극히 개방적이고 공유되며 관습적이거나, 그렇지 않으면 정말로 매우 비밀스럽다는 점에서 공공 생활과 특히 비슷하다. 도벽과 몰래 술 마시기, 이름 없는 다른 악습이 있는 것과 꼭 마찬가지로 공립학교에는 잔혹 행위가 있다. 그런데 이런 일은 대낮에 학교의 만인이 의식적으로 지켜볼 때는 잘 드러나지 않는다. 그리고 잔혹 행위는 더욱더 드러나지 않는다. 심술궂어 보이는 소년들은 삼삼오오 모퉁이에 모여 추한 일을 늘 하는 것 같다. 그것은 추잡한 인쇄물일 수도 있고, 음주의 시작일 수도 있고, 때로는 작은 소년들에게 가한 잔혹 행위일 수도 있다. 그런데 이런 단계에서 남을 괴롭히는 자는 허풍쟁이나 떠버리가 아니다. 속담에 따르면 남을 괴롭히는 자들은 언제나 비겁하다. 그러나 이렇게 남을 괴롭히는 자들은 비겁할 뿐 아니라 수줍음이 많다.

나는 공립학교에 반대하는 잘못된 저항의 셋째 사례로 귀족 정치라는 말에 이중 함축을 담아 사용하는 습관을 언급할 수도 있다. 가능한 한 간략히 분명한 진실을 말해보자. 만약 귀족 정치가 부유층에 의한 지배를 의미한다면, 영국은 귀족 정치를 실행하고 영국 공립학교는 귀족 정치를 지지할 것이다. 만약 귀족 정치가 예로부터 전해진 가문이나 결점 없는 혈통에 의한 지배를 의미한다면, 영국은 귀족 정치를 실행하지 않고 공립학교는 귀족 정치를 체계적으로 파괴할 것이다. 이런 주기 속에서 현실 귀족 정치는 현실 민주 정치와 비슷하게 나쁜 형태가 되었다. 현대 상류 사회의 연회 주최자는 자신의 조상을 칭찬하지 않는다. 이는 탁자에 둘러앉은, 대단한 조상이 없는 절반의 과두 정치 지지자에게 모욕적 발언이 될 것이기 때문이다. 우리는 현대 귀족이 자신에게 맞는 옷을 입을 만한 도덕적 용기가 없다고 말했다. 그가 자신에게 속한 문장이 그려진 덧옷(coats of arms)을 입을 만한 도덕적 용기가 없음은 더 말할 것도 없다. 모든 일은 점잖은 신사와 고약한 신사를 뒤죽박죽 섞은 애매한 문제일 뿐이다. 점잖은 신사는 다른 누구의 아버지도 언급하지 않고, 고약한 신사는 자신의 아버지를 언급하지 않는다. 그것이 유일한 차이고, 나머지는 공립학교에서 가르치는 예의범절의 문제다. 그런데 이튼 중고등학교와 해로 학교 같은 사립학교가 귀족 정치로 기울 수밖에 없는 까닭은 벼락부자들의 자식들이 학교를 채우기 때문이다. 공립학교는 귀족들을 위한 일종의 피난처, 보호시설처럼 그들이 들어가기는 해도 나오지는 못하는 장소가 아니다. 공립학교는 귀족들을 위한 일종의 공장이다. 그들은 눈에 띄게 들어간 적이 없지만 거기서 나온다. 가난하고 작은 사립학교들은 구세계의 감상적인 봉건 양식으로 "신사의 아들만을 위하여"라는 공고문을 내걸곤 했다. 만약 공립학교들이 어떤 공지문을 내걸었다면, "신사의 아버지만을 위하여"라고 새겨야 마땅하다. 두 세대에 걸쳐 그들은 속임수를 쓸 수 있다.

위선자를 키우는 학교

거짓을 사실인 양 꾸며서 고발하거나 고소하는 일이 있다. 이것이 무고(誣告, false accusation)다. 고전주의에 대한 고발, 잔혹성에 대한 고발, 그리고 배타성에 대한 고발은 혈통의 완벽함에 근거한다. 영국 공립학교의 소년들은 현학자가 되지도 않고 고문자가 되지도 않는다. 대다수 소년은 조상을 딱히 자랑스러워하지 않거나, 자랑스러워할 조상도 없다. 그들은 공손하고 성미를 누그러뜨리고, 신체적으로 대담하고 청결해지기 위해 배운다. 일반적으로 동물에게 친절하고 하인을 비롯한 동등한 누구든, 또 지구상의 쾌활한 동반자들을 정중한 태도로 대한다. 그러면 이상적인 공립학교에 어떤 잘못된 점이 있는가? 우리는 모두 공립학교에 무엇인가 잘못된 점이 있다고 느끼지만, 신문에 나온 문구가 맹목적으로 퍼져서 혼란스럽고 복잡해졌다고 생각한다. 그래서 이렇게 맹목적으로 퍼진 모든 문구에 현혹되지 않고 공립학교의 시작과 영국 공립학교의 위대한 성취에 끼어든 결점을 추적하기는 힘든다.

모든 점을 고려할 때 영국 공립학교에 제기된 최종 반론은 진실을 말해야 할 의무를 아주 노골적이고 버릇없이 무시한다는 것이다. 먼 시골 저택의 미혼 숙녀들[62]은 영국의 남학생들이 진실을 말하기 위해 배운다고 여전히 생각하지만, 한순간도 그것을 진지하게 주장할 수 없다. 아주 가끔 모호하게 영국의 남학생들은 거짓말을 하지 말라는 소리를 듣지만, 이것은 전혀 다른 문제다. 나는 거짓말을 전혀 하지 않고 우주에 대해 외설적으로 꾸며낸 이야기와 날조된 이야기를 조용히 지지할 수도 있다. 나는 다른 남자의 외투를 입을 수도 있고, 다른 남자의 기지를 훔칠 수도 있고, 다른 남자의 신조를 버릴 수도 있고, 다른 남자의 커피에 독을 탈 수도 있다. 거짓말을 하지 않고도 이런 일을 모두 할 수 있다. 그러나 영국의 어떤 남학생도 진실을 말하라고 배우지 않는다. 이유는 간단하다. 학교에서 아무도 진실이나 진리를 추구하라고 가르치지 않기 때문이다. 공립학교에 다니는 학생은 처음부터 어떤 사실이 정말로 사실인지에 관해 전혀 주의를 기울이지 않은 채 배운다. '경기나 놀이'에 참여할 때 사실을 자기 편에서 이용할 수 있는지에만 주의하라고 배운다. 그는 옥스퍼드 학생 연합 토론회[63]에서 찰스 1세가 처형되는 것이 옳았냐는 문제를 해결

---

62   세상 물정을 잘 모르는 사람을 의미하려고 비유적으로 사용한 말인 듯하다.

63   영국의 대학교와 공립학교는 전통적으로 학생 연합 토론회를 조직하여 운영하고 있다. 특히 옥스퍼드 연합 토론회(Oxford Union debating Society)는 1823년에 만들어졌고, 영국에서 가장 오래된 대학생 연합 토론회이자 세계에서 가장 권위 있는 사립대학교 학생회 가운데 하나다. 옥스퍼드 연합 토론회는 옥스퍼드 학생회와 분리되어 독자적으로 활동한다.

하기 위해 찬성과 반대 가운데 한쪽을 선택한다. 크리켓 경기장에서 럭비 공립학교와 웨스트민스터 공립학교 가운데 어느 학교가 승리할지 결정하기 위해 엄숙하게 거드름을 피우며 경솔하게 한쪽을 선택하는 것과 마찬가지다. 영국 남학생은 진리가 추상적인 개념이라는 것, 경기의 결과는 우연히 일어날 수도 있는 문제라는 것, 찰스 1세의 처형은 우연이 일어났거나 일어나지 않았을 수도 있는 문제라는 것을 인정하지 않는다. 그는 옥스퍼드 대학과 케임브리지 대학이 겨루는 조정 경기에서 한쪽을 선택하고 응원하는 것과 꼭 마찬가지로 총선에서 자유당을 지지하거나 토리당을 지지한다. 그는 운동 경기가 알려지지 않은 영역을 다룬다는 것을 안다. 하지만 정치가 알려진 영역을 다루어야 한다고는 생각하지도 못한다. 만약 누구든 현실적으로 이런 자명한 명제, 공립학교가 진리를 사랑할 용기를 분명히 꺾는다는 것을 의심한다면, 그를 안정시킬 한 가지 사실이 있다. 영국은 정당 체제로 운영되는 나라고, 언제나 공립학교를 나온 남자들이 주로 운영했다. 편리하든 불편하든 정당 체제가 진리를 특별히 좋아하는 사람들에 의해 만들어질 수 있었다고 주장할 사람이 런던 서부에 자리한 핸웰 출신인가?

이런 논점에 근거한 영국의 행복은 위선 그 자체다. 어떤 남자가 진실을 말할 때 그가 처음 말한 진리는 자신이 거짓말쟁이라는 것이다. 다윗[64]은 서두른 나머지 모든 인간이 거짓말쟁이라고 정직하게

---

64 다윗은 이스라엘 왕국의 2대 왕으로 예루살렘을 수도로 삼았다. 유대인의 역사에서

말했다. 이후 유유히 전해진 공식적 설명에 따르면 이스라엘의 왕들은 적어도 진실을 전해주었다는 것이 다윗이 했던 말이다. 커즌[65] 경은 인도의 총독이었을 때 인도인이 진실성, 이 세상의 현실과 지적인 명예에 무관심하다는 평판에 대한 도덕 강연을 했다. 아주 많은 사람이 동양인이 이런 비난을 받을 만한지, 인도인이 정말로 심한 훈계를 받을 처지에 있는지를 두고 열띤 토론을 벌였다. 커즌 경이 이런 훈계를 해도 되는 처지에 있었는지 아무도 감히 묻지 않았던 듯하다. 그는 평범한 정당 소속 정치인이다. 정당 소속 정치인은 어느 당에든 소속되었을 수도 있는 정치인이다. 정당 전략이 뒤틀리고 바뀜에 따라 몇 번이고 그런 사람이 될 수밖에 없는 커즌 경은 다른 사람들을 속였거나 터무니없게도 자기를 기만했다. 나는 동양을 잘 모르고 내가 아는 내용을 좋아하지도 않는다. 나는 커즌 경이 인도에 갔을 때 대단히 가장된 분위기를 감지했을 것이라고 믿을 준비가 되어 있다. 나는 거짓된 분위기가 커즌 경이 자라난 영국의 분위기보다 더 가장된 것이었다면 그것은 틀림없이 화들짝 놀라고 숨이 멎을 듯한 거짓된 분위기였을 것이라고 말할 뿐이다. 영국의 의회는 실제로 진실성을 제외한 모든 것에 신경을 쓴다. 공립학교 출신 남자는 친절하고

견고한 왕조를 세운 이상적인 왕으로 추앙받고 그의 통치에서 이스라엘 민족의 메시아사상이 생겨났다. 다윗은 미래에 있을 성취의 상징이었으므로 신약의 저자들은 예수가 다윗의 혈통이라고 강조했다. 다윗 가문은 하느님과 민족을 이어주는 중요한 상징으로서 중요하다.

65   커즌(George Nathaniel Curzon, 1859~1925)은 영국의 보수 성향 정치인으로 1899부터 1905까지 인도 총독을 지냈고, 1919년부터 1924년까지 외무부 장관을 역임했다.

용감하고 공손하고 깨끗하고 붙임성이 좋다. 그러나 말이 지닌 가장 겁나는 의미의 진실은 그와 관계가 없다.

영국의 공립학교와 영국의 정치 체제에서 진실을 추구하지 않는 태도는 어느 정도 영국인의 성격에 나타난 약점이다. 이런 약점은 필연적으로 거짓 전설, 낮은 수준의 정신적 방종(self-indulgence)으로 집착해서 생긴 자명한 망상에 따른 기묘한 여러 미신을 낳는다. 이렇게 공립학교에서 생겨난 미신 가운데 여기서 한 가지만 말할 여유가 있다. 비누에 관한 미신이다. 이 미신은 씻기를 중시한 바리새인들로 인해 공유되었던 듯한데, 이들은 여러 가지 점에서 영국 공립학교의 귀족 출신 학생들과 닮았다. 그들은 사교 단체의 규칙과 전통에 마음을 쓰고, 다른 사람들을 희생한 대가로 거슬리는 낙관론으로 기울고, 무엇보다 그들의 상상력이 부족한 지적거리는 애국심은 나라에 전혀 이익을 주지 못한다. 늙은 사람의 상식으로 볼 때 씻기는 큰 쾌락을 준다. (외부 세계에 적용된) 물은 포도주처럼 아주 좋은 것이다. 시바리스인[66]은 포도주로 목욕하고 비국교도는 물을 마신다. 그러나 우리는 이런 많은 예외에 관심이 없다. 씻기는 즐거운 일이므로 부유한 사람들이 가난한 사람들보다 씻을 여유가 더 많을 수 있음은 당연하고, 이를 인정한다면 전부 괜찮다. 부유한 사람들은 호감을 살

---

[66] 시바리스인(Sybarites)은 이탈리아 남부에 위치한 고대 그리스의 도시인 시바리스(Sybaris)에 살았던 사람들을 가리킨다. 시바리스는 당시 부유했고 시민들의 사치스러운 생활로 유명했다. 그래서 시바리스인은 '사치와 향락에 빠진 사람'이라는 파생 의미를 함축한다.

만한 다른 어떤 것, 예컨대 음료나 당나귀 타기를 권하듯 가난한 사람들에게 목욕을 권해야 한다. 그러나 어느 무시무시한 날, 19세기 중반 어느 곳에 어떤 사람이 (꽤 부유한 누군가가) 두 가지 위대한 진리를 발견했다. 씻기는 부자들에게는 덕이고, 그러므로 가난한 사람들에게 씻기는 의무다. 왜냐하면 어떤 의무는 사람이 이행하기 힘든 덕이기 때문이다. 그리고 어떤 덕은 일반적으로 상류 계급의 신체 청결처럼 아주 쉽게 이행할 수 있는 의무다. 그러나 공립학교의 공공 생활 전통 속에서, 비누는 단순히 쾌적해서 칭찬할 만한 것이 되었다. 목욕은 로마 제국의 쇠퇴를 부분적으로 상징한다. 그러나 똑같은 목욕은 대영 제국의 기운과 원기 회복을 부분적으로 상징한다. 때때로 출중한 공립학교 출신 남자들, 추기경들, 학감들, 교장들, 고위 정치인들은 자신들을 칭송할 때 실제로 신체의 청결과 도덕적 순수나 정결을 동일시했다. 그들은 (내 기억이 맞는다면) 공립학교 출신 남자의 속과 겉이 모두 청결하다고 말한다. 마치 모두 성인은 더러울 수 있지만 유혹하는 자는 청결해야 한다는 것을 몰랐던 것처럼 말한다. 마치 모든 매춘부는 매혹하는 일이 직업이기 때문에 청결해야 하고, 반면에 좋은 아내는 집을 깨끗이 치워야 해서 더러워질 수도 있다는 것을 몰랐던 것처럼 말한다. 마치 신의 우레와 같은 소리가 울릴 때는 언제나 실은 불결한 수레에서 가장 단순한 남자를, 목욕탕에서 가장 복잡한 불한당을 발견할 개연성이 높다는 것을 우리는 전혀 몰랐던 것처럼 말한다.

물론 이런 신사의 쾌락을 앵글로색슨 사람의 덕으로 바꾼 속임수의 다른 사례가 있다. 운동 경기는 비누와 마찬가지로 감탄할 만한 것인데, 비누처럼 기분이 좋아지게 한다. 그리고 노동자가 줄곧 필연적으로 노동할 수밖에 없는 세상에서 운동 경기 참가자가 경기를 펼치거나 놀이를 하는 것이 모든 도덕적 장점을 압축해 보여주지는 못한다. 무슨 일이 있어도 신사가 버릇없고 아이 같지 않은 것으로서, 쾌락에 대한 자신의 자연스러운 사랑을 잃어버리지 않았음을 스스로 기뻐하게 두자. 그런데 어떤 사람이 아이 같은 기쁨을 느낄 때 아이 같은 무의식도 경험하는 상태가 제일 좋다. 나는 우리가 숨바꼭질[67]을 하는 것이 의무고 가족이 갖추어야 할 덕 가운데 하나는 자리 빼앗기[68]에서 두각을 나타내는 것이라고 언제까지나 설명했던 작은 소년에 대해 특별한 애정을 보여야 한다고 생각하지 않는다.

짜증 나는 다른 위선은 조직적 자선 활동에 반대하며 구걸(mendicity)에 대해 과두 정치와 흡사한 태도를 보이는 것이다. 여기서 다시 청결과 운동선수의 경우에 그랬듯, 이런 위선적 태도는 어떤 장점으로서 주장되지 않는다면 완벽하게 인간적이며 이해할 만한 것이다. 비누에 관해 명백한 점은 비누가 편리한 제품이라는 것이다. 이와 마찬가지로 거지들(beggars)에 관해 명백한 점은 그들이 불

67　숨바꼭질(Hide and Seek)은 한 아이가 술래가 되고, 다른 아이들이 숨으면 술래가 아이들을 찾아다니는 놀이다.

68　자리 빼앗기 놀이(Puss in the Corner)는 다섯 명의 아이들이 하는 놀이로 방 가운데 있는 술래가, 벽에 붙어서 있는 아이들이 서로 '푸스(Puss)'라고 신호를 하여 자리를 바꿀 때, 자리를 하나 빼앗아 차지한다.

편한 존재라는 것이다. 부자들은 거지들을 직접 만난 적이 없다고만 말했다면 조금도 비난을 받게 되지 않을 터다. 왜냐하면 현대 도시 문명 속에서 거지를 직접 만나는 일은 불가능하기 때문이다. 혹은 불가능하지 않더라도 적어도 만나기는 대단히 어렵기 때문이다. 그런데 이런 사람들은 앞에서 말한 자선 활동이 어렵다는 이유로 거지들에게 돈 주는 일을 거절하지 않는다. 이런 자선이 쉽다는 지독히 위선적인 근거로 거지들에게 돈을 주지 않는다. 부자들은 아주 기괴하게도 "누구든 자기 호주머니에 손을 넣고 1페니를 꺼내 가난한 사람에게 줄 수 있습니다. 그런데 우리는 말이죠, 우리 박애주의자들은 집으로 돌아가서 가난한 사람의 걱정과 근심에 대해 곱씹으며 정확히 어떤 감호소, 소년원, 구빈원, 정신 병원이 현실적으로 가난한 사람이 가기 가장 좋은 곳인지 알아내려고 열심히 고민합니다." 이는 속이 훤히 보이는 거짓말이다. 부자들은 집으로 돌아갔을 때 가난한 사람에 관해 곱씹어 생각하지 않는다. 곱씹어 생각했더라도 거지들의 용기를 꺾으려는 부자들의 동기가, 거지들은 귀찮은 존재라는 것이 완벽하게 합리적이라는 원래 사실을 변경하지 않을 것이다. 어떤 사람은 이런저런 부수적 자선 행동을 하지 않기 때문에, 특히 그 문제가 구걸의 경우처럼 진짜 어렵고 미심쩍을 때 쉽게 용서받을 수도 있다. 그러나 자선을 베푸는 일이 그리 어렵지 않다는 핑계로 어려운 과제를 회피하는 행동에는 치명적으로 펙스니프 같은 사람[69]의 위선을 연상시키는 점이 있다. 만약 누구든지 현실적으로 자기 집의 문 앞에서 구걸하는 열 사람의 거지에게 말을 걸어 본다면, 곧바로 자선을 베푸는 일이 병원비로 지불할 수표를 쓰는 수고보다 훨씬 어렵다는 사실을 알게 될 것이다.

---

69 펙스니프 같은 사람(Pecksniffian)은 19세기 찰스 디킨스의 소설인 『마틴 처즐위트 Martin Chuzzlewit』(1843)에 등장하는 세스 펙스니프(Seth Pecksniff)에서 유래한 말로, 자선을 베푸는 척하거나 높은 도덕 규칙을 따르거나 신심이 두터운 척하는 위선자를 가리킨다.

신식 학교의 진부함

깊은 무력감을 느끼게 만드는 이유, 바로 진실에 대한 냉소적이고
방종한 무관심 탓으로 영국의 공립학교는 우리에게 필요한 이상을
제공하지 못한다. 우리는 현대 공립학교를 비판하는 사람들에게 옳
건 그르건 필요한 일을 할 수 있다는 것, 공장은 돌아가고 바퀴는 굴
러가며, 신사들은 비누와 크리켓 경기로 배출되고, 조직적 자선 활동
은 모두 완료될 것임을 기억하라고 요청할 뿐이다. 우리가 앞에서 말
했듯 공립학교는 현실적으로 우리 시대의 다른 모든 교육 계획보다
나은 점이 있다. 그대는 중국의 아편 소굴에서 독일 은행가의 저녁
만찬에 이르기까지 길을 잃은 여러 일행 가운데 어느 무리를 만나든
공립학교 출신 남자를 골라낼 수 있다. 그러나 어떤 성냥팔이 소녀가
비종파 종교(Undenominational Religion)와 세속 교육을 받으며 자랐
다고 말할 수 있을지는 의문이다. 이런 점에서 종교개혁 이후 우리를
지배했던 위대한 영국의 귀족 정치는 현실적으로 근대인들이 따른
모형이다. 그것은 어떤 이상을 구현하며, 그러므로 어떤 현실을 만들

어냈다.

우리는 여기서 이 책이 주로 한 가지 점을 보여주고자 한다고 되풀이하여 말할 수도 있다. 근대 이후 진보가 대부분 선례에 근거하지만, 진보는 원리나 원칙(principle)에 근거해야 한다는 것이다. 우리는 이론으로 긍정될 수도 있는 것이 아니라 이미 실천이나 관행으로 승인된 원리에 따라 나아간다. 이런 이유로 의기양양한 사람이 많이 공감할 만한 역사에서 자코바이트[70]는 역사상 마지막 토리당원이다. 자코바이트는 구체적이며 특정한 무엇을 원했고 그것을 향해 나아갈 준비가 되어 있었으며, 그래서 돌아갈 준비도 되어 있었다. 그러나 현대 토리당원들은 자신들이 창조의 흥분을 느끼지 못했던 방어 상황에 대해 답답함을 느낄 뿐이다. 혁명가들은 개혁을 이루어내고, 보수주의자들만이 개혁을 보존한다. 보수주의자들은 대체로 아주 많이 원했던 개혁을 한 번도 단행한 적이 없다. 군비 경쟁이 일종의 음침한 표절 행위인 것과 마찬가지로, 정당들이 벌이는 경쟁은 일종의 음침한 상속일 따름이다. 남자는 투표권을 가지고 있고, 그래서 여자도 곧 투표권을 틀림없이 가지려고 할 것이다. 가난한 아이들은 강제로 배우고, 그래서 곧 강제로 양육될 수밖에 없다. 경찰관들은 12시에 선술집 문을 닫으라고 단속하고, 그래서 머지않아 11시에 선

---

70   자코바이트(Jacobite)는 1688년 영국에서 일어난 명예혁명의 반혁명 세력을 통칭한다. 그들은 추방된 스튜어트 왕조의 제임스 2세와 그 직계 후손이 정통 국왕이기 때문에 복위를 주장했다. 자코바이트는 '제임스(James)'의 라틴어 이름인 야코부스(Jacobus)에서 유래한다.

술집의 문을 닫을 것임이 분명하다. 아이들은 14살이 될 때까지 학교에 멈춰 있고, 그래서 곧 40세가 될 때까지 멈춰 있으리라. 어떤 이성의 빛도, 어떤 제일 원리의 일시적 귀환도, 명백한 문제에 대한 어떤 추상적 요구도 선례에 따른 단순한 진보의 이런 미친 듯 단조로운 질주를 방해할 수 없다. 그것이 현실적으로 혁명을 막는 좋은 방도다. 사건의 논리에 따라 급진주의자들은 보수주의자들 못지않게 틀에 박힌 사람들이 된다. 우리는 할아버지가 자신에게 층계 아래 출입구에 서 있으라고 했다고 말하는 백발의 늙은 광인을 한 사람 만난다. 우리는 할아버지가 그에게 좁은 길을 따라 걸으라고 했다고 말하는 또 다른 백발 늙은 광인을 만난다.

나는 우리가 여기서 논증의 이런 주요 부분을 되풀이할 수도 있다고 말한다. 왜냐하면 바로 지금 논증의 주요 부분이 놀라우리만치 강하게 드러난 곳에 이르렀기 때문이다. 우리의 초등학교가 명확한 이상을 가지고 있지 않다는 점은 초등학교가 공립학교의 이상을 공공연히 모방한다는 사실에 의해 최종적으로 입증된다. 초등학교에서 엉성하게라도 적용하지는 않는 사람들이 이튼 중고등학교와 해로학교의 윤리적 편견과 과장된 태도를 전부 복사한다. 신체의 청결이 도덕적 성품에 미치는 효과를 내세운 거칠고 균형이 맞지 않는 교훈이 있다. 교육자들과 교육에 관심을 가진 정치인들은 열렬한 환호 속에 청결이, 도덕 및 종교 훈련에 관해 옥신각신하는 모든 사소한 말다툼보다 더 중요하다고 선언한다. 정말 어떤 소년이 자기 손을 씻는 한, 소년이 어머니의 잼이나 형제의 굳은 피를 씻어내는지는 중요하지 않은 것처럼 보일 것이다. 운동 경기가 익살 감각을 자주 해친다는 것을 알면서, 운동 경기가 익살 감각을 일깨운다는 극도로 불성실한 가식도 있다. 무엇보다 상류 계급에 퍼진 똑같이 엄청난 가정이 있는데, 거액의 돈을 취급하고 누구에게나 명령하는 큰 기관들이 일을 가장 잘 처리하고, 사소하고 충동적인 자선(charity)은 어떤 점에서 경멸할 만하다는 것이다. 블래치포드는 이렇게 말한다. "세계는 경건한 태도가 아니라 비누와 사회주의를 원한다." 경건한 태도는 대중/민중이 좋아하는 덕 가운데 하나다. 반면에 비누와 사회주의는 상류 중산 계급이 즐기는 두 가지 취미다.

정치인들과 교사들이 귀족 학교에서 빌려와서 민주주의 학교에 적용해 이름을 붙인 '건강'의 이상은 특히 빈곤한 민주주의(impoverished democracy)에 적합하지 않다. 조직을 갖춘 정부에 대한 모호한 찬양과 개별 원조에 대한 모호한 불신은, 친절이 냄비를 빌린다는 뜻이고 명예가 구빈원에 가지 않는 것이라고 생각하는 대중/민중의 삶과 맞아떨어질 수 없다. 빈곤한 민주주의는 가난한 사람들에게 매일 영광을 베푸는 신속하고 관대한 제도의 기세를 서서히 꺾거나, 돈이 한푼도 없는 대중/민중에게 돈을 함부로 주지 말라는 흐릿한 충고로 바뀐다. 운동 경기에 과장하여 돌리는 영광은 즐겁게 뛰놀며 경주에 참여하지 않더라도 불건전하게 먹고 마시는 부자들을 다룰 때 충분히 방어할 수 있을지 몰라도, 삽이나 망치, 곡괭이나 톱으로 운동을 아주 많이 하는 노동자들에게 적용될 때는 무슨 수를 써도 적절치 않다. 씻기라는 셋째 경우에 대해, 장식 계급(ornamental class)에 고유한 신체를 위한 사치에 관한 수사법이 단지 있는 그대로 환경미화원에게 적용될 수 없다는 것은 명백하다. 신사는 실질적으로 항상 얼룩 하나 없을 것이라고 기대한다. 심해 잠수부가 물에 젖은 것이 신용을 떨어뜨리지 않는 것과 마찬가지로, 쓰레기 더미를 뒤지는 사람에게 더럽다는 것은 더는 신용을 떨어뜨리는 일이 아니다. 점토로 덮여 있을 때 미켈란젤로[71]나 피로 덮여 있을 때 바야르[72] 못지않게, 굴뚝 청소부는 그을음이 묻어 있을 때 더는 불명예스럽지 않다. 공립 학교 전통을 확장한 이런 사례들은 가난한 사람들의 청결을 거의 불가능하게 만든 속물근성을 키우는 현재 학교 제도를 대신해 무슨 일이든 하거나 제언하지 않았다. 아마 섬유로 만든 제품을 일반적으로 쓰는 관례와 부자들의 헌 옷을 입는 유행을 예로 들 수 있다. 한 사람이 다른 사람의 집에 입주하듯, 다른 사람의 옷을 입는다. 교육 전문가들이 단지 귀족 계급의 중고 사상을 흡수할 때, 어떤 사람이 귀족의 중고 옷을 집어올리는 것에 질색하지 않아도 전혀 놀랍지 않다.

---

71 미켈란젤로(Michelangelo di Lodovico Buonarroti Simoni, 1475~1564)는 르네상스 시대 이탈리아의 대표적 조각가, 건축가, 화가, 시인이다. 주요 조각 작품은 「다비드」와 「피에타」이고, 회화 작품으로는 「시스티나 천장화」와 「최후의 심판」 등이 있다.

72 바야르(Pierre Terrail, Seigneur de Bayard, 1473년경~1524)는 프랑스의 장군으로 당대에 뛰어난 군대 지휘관이었고, '두려움 없고 나무랄 데 없는 기사(le chevalier sans peur et sans reproche)'로 알려졌다. 영웅적이고 헌신적이며 관대하고 친절한 인물로서 완전무결한 기사의 전형이었다.

친권을 박탈당한 부모

일반 학교(popular schools)에서 속삭이는 일조차 없는 문제가 적어도 하나 있는데, 그것은 대중/민중에 대한 의견이다. 자식들의 교육과 아무 관계도 없는 것처럼 보이는 유일한 사람들이 부모들이다. 그런데도 영국의 가난한 사람들은 여러 면에서 아주 명확한 전통에 따라 산다. 영국의 가난한 사람들은 당황스럽고 역설적인 상황에 몸을 숨기고, 그들의 문제를 풀어낸 심리학자들은 가난한 사람들이 매우 이상하고 야만적이며 속이 시커멓다고 말한다. 그러나 사실상 빈곤층의 전통은 대부분 단순한 인류의 전통이며, 많은 사람이 때로는 알아보지 못했던 중요한 문제다. 예컨대 노동자들은 어떤 이가 극도로 불쾌한 일에 관해 말한다면 그것을 거친 언어로 말하는 편이 낫다면서 전통을 따른다. 사람들이 꼬임에 넘어가 극도로 불쾌한 일을 용서할 개연성이 낮다는 말이다. 그런데 인류도 이런 전통을 따랐다. 청교도와 그들의 아이들, 입센의 추종자들이 나타나 장황한 말과 어두운 표정으로 중요하지 않다고 생각하기 시작할 때까지 그런 전통에

따랐다. 혹은 교육받은 계급은 개인의 외모에 관한 농담을 대부분 금
기로 여겼다. 그러나 이렇게 할 때 그들은 빈민가의 농담뿐 아니라
세상에 대한 건강한 문학의 절반 이상까지 금기로 만들었다. 그들은
펀치[73]와 바르돌프[74], 스티긴스[75], 시라노 드 베르주라크[76]의 코에 꼴
망태를 예의 바르게 걸어 주었다. 교육받은 계급은 죽음을 너무 무시
무시해서 말하기 어려운 것으로 여기고, 개인이 지닌 기형처럼 각자
에게 비밀스러운 것으로 남겨두는 끔찍한 비종교적 풍속을 채택했
다. 이와 반대로 가난한 사람들은 가까운 사람과 사별하는 상황에 대
해 소문을 크게 내고 드러낸다. 이 점에서 가난한 사람들은 옳다. 그

73　펀치는 매부리코와 곱사등이가 특징인 인기 있는 꼭두각시 인형이다. 영어로
'Punch'라고 하고, 이탈리아어로 'Pulcinella'라고 한다. 정식 명칭은 'Punchinello'다. 끈으
로 조종하는 마리오네트와 장갑형 인형이 있다. 펀치는 꼭두각시 인형극인 '펀치와 주디'의
주인공으로 잔인하고 복수심이 강하며 남을 잘 속인다. 대체로 권위에 반항하는 인물로 묘
사된다. 로마의 광대와 우스꽝스러운 시골뜨기 역할까지 소급할 수 있지만, 가깝게는 17세
기 이탈리아의 희극 델라르테에 등장하는 풀치넬라에서 찾을 수 있다.

74　바르돌프(Bardolph)는 셰익스피어의 작품에 등장하는 인물이다. 셰익스피어의 역사
극『헨리 4세』에 등장하는 존 팔스타프(Sir John Falstaff)의 수행원 가운데 한 사람으로 도둑
이다. 새빨간 코에 여드름이 잔뜩 난 바르돌프는 팔스타프와 헨리 왕자의 희극적 모욕 발언
과 말장난의 대상이다. 그의 역할은 작지만, 희극적 기분 전환을 이끌고, 헨리가 왕자에서 왕
으로 나아가는 성격의 변화를 보여주는 인물이다.

75　스티긴스(Stiggins)는 디킨스의 소설『픽윅 클럽 여행기』(1836)에 나오는 인물로 '빨
간 코를 가진 남자'라고 불리며 목사이고, 웰러 부인의 친구이자 그녀의 남편과 아들의 강적
이다.

76　시라노 드 베르주라크(Cyrano de Bergerac)는 에드몽 로스탕(Edmond Rostand,
1868~1916)의 동명 5막 운문 희곡 작품에 나오는 인물이다. 17세기 역사적 사실을 극화한
작품이고, 주인공인 시라노 드 베르주라크는 코가 유난히 큰 추남으로, 사촌 누이동생을 남
몰래 사랑한다.

들은 인간의 아이들이 따르는 모든 장례 풍습의 배후에 있는 심리적 진실을 이해한다. 슬픔을 줄이는 방법은 많이 슬퍼하는 것이다. 고통스러운 위기를 참아낼 방법은 위기라고 아주 많이 주장하는 것이다. 슬픔을 느낄 수밖에 없는 사람들을 용납하는 방법은 적어도 슬픔이 중요하다고 느끼는 것이다. 이런 점에서 가난한 사람들은 단순히 보편 문명을 지키는 사제들이다. 그리고 가난한 사람들의 고리타분한 잔치와 장엄한 수다에는 햄릿[77]의 구운 고기 냄새와 파트로클로스[78]를 위한 장례식에 일었던 먼지와 메아리 같은 것이 있다.

박애주의자들이 노동 계급의 삶과 관련해 거의 너그러이 봐주지 않는 (혹은 아예 너그럽게 봐주지 않는) 것들은 단순하게 우리가 인류의 가장 위대한 모든 기념물로 너그럽게 봐주어야 하는 것들이다. 노동자는 셰익스피어만큼 중요한 존재이거나 호메로스[79]만큼 수다

---

77   햄릿(Hamlet)은 셰익스피어의 비극 『햄릿』의 주인공이다. 이 비극은 덴마크를 배경으로 햄릿이 아버지를 죽이고 어머니와 결혼한 클라우디우스에게 복수하는 과정에서 일어나는 비극을 뛰어나게 묘사했다.

78   파트로클로스(Patroclus: Πάτροκλος)는 고대 그리스 신화의 트로이 전쟁의 영웅으로 아킬레우스가 매우 아꼈던 전우로 호메로스의 『일리아스』에서 중요한 인물로 등장한다. 파트로클로스가 헥토르와 전투에서 패하여 죽은 다음, 아킬레우스는 분노로 가득 차 슬퍼하며 전장으로 나가 헥토르를 죽이고 그의 시체를 모욕한다. 이후 아킬레우스는 파트로클로스의 장례를 성대하게 치렀다. 말 4마리와 개 2마리를 함께 화장하고 트로이의 젊은이 12명을 순장했다고 한다.

79   호메로스(Homeros)는 고대 그리스의 서사시인 『일리아스』와 『오디세이아』의 저자로 알려진 시인이다. 두 권의 서사시 작품은 고대 그리스 교육과 문화의 토대였다. 그리스인들은 호메로스의 작품을 암송하고 그리스 문화의 통일성과 영웅주의의 상징, 도덕적 가르침과 실천적 교훈의 원천으로 받아들였다.

스러울 수도 있다. 노동자는 종교인이라면, 지옥에 관해 거의 단테 [80]만큼 많은 이야기를 할 수도 있다. 세상을 많이 아는 노동자는 음주에 관해 거의 디킨스만큼 말할 수도 있다. 그리스도[81]가 정결 의식 (ceremonial washing)에 대해 덜 생각하고 오히려 특별히 신성하게 여겼던 음주 의식(ceremonial drinking)에 대해 더 많이 생각하더라도, 역사적 지지가 없다면 가난한 사람들도 없다. 오늘날 가난한 사람들과 역사에 실존했던 성인들, 영웅들 사이에 드러난 유일한 차이는 모든 계급에서 사물에 대해 느낄 수 있는 평범한 인간과 사물에 대해 표현할 수 있는 인간을 분리한다는 점이다. 가난한 사람들이 느끼는 것은 단지 인간의 유산일 뿐이다. 물론 이제 아무도 마부와 석탄 운반 노동자가 대지주와 대령, 찻잎 상인 못지않게 아이들의 완벽한 교사일 수 있다고 기대하지 않는다. **부모를 대신하는**(in loco parentis) 교육 전문가들이 분명히 있다. 그런데 해로 학교의 교사는 부모를 대신하지만, 혹스턴 학교의 교사는 도리어 **부모에게 반대한다**(contra

---

80   단테(Alighieri Dante, 1265~1321)는 이탈리아의 가장 위대한 시인이자 중세 서유럽 문학의 거장이다. 인간의 속세와 운명을 그리스도교적 시각으로 그려낸 『신곡』으로 널리 알려졌다. 여행자 단테는 베르길리우스, 베아트리체, 베르나르두스의 안내로 지옥, 연옥, 천국으로 여행하면서 수많은 신화와 역사 속 인물을 만나 이야기를 나누며 그리스도교 신앙에 바탕을 둔 죄와 벌, 기다림과 구원에 관한 철학과 윤리를 이야기할 뿐만 아니라 중세 신학과 천문학적 세계관을 광범위하게 다룬다.

81   그리스도(Christ)는 크리스트나 크라이스트라고 표기하기도 한다. 고대 그리스어인 크리스토스(Χριστός)에서 온 말이고, 기름 부음을 받은 자를 의미한다. 70인역 성서에서 메시아라는 뜻을 가진 히브리어를 그리스어로 옮길 때 처음 사용했다. 가톨릭교와 개신교를 포함한 그리스도교에서 그리스도는 나사렛 예수와 동의어로 쓴다.

parentem). 대지주의 모호한 정치, 대령의 더욱 모호한 덕, 찻잎 상인의 영혼과 정신적 열망은 실제로 영국 공립학교에서 이런 사람들의 자식들에게 전달된다. 그런데 여기서 나는 아주 분명하고 단호한 질문을 하고 싶다. 살아 있는 이는 누구든지 가난한 사람들의 특별한 덕과 전통이 가난한 사람들에 대한 교육으로 재현되는 방식을 지적하는 척이라도 할 수 있는가? 나는 술집에서 나올 법한 행상인의 반어법[82]이 학교에서 상스럽게 나타나기를 바라지 않는다. 그런데 행상인의 반어법은 도대체 나타나는가? 자식은 아버지의 감탄스러운 명랑함과 속어에 조금이라도 공감하도록 배워야 하는가? 나는 성모의 애처롭고 절절한 **피에타**[83]를 그녀의 장례용 상복과 구운 고기와 더불어 교육 제도 안에서 정확히 모방할 것이라고 기대하지 않는다. 그러나 피에타는 교육 제도에 도대체 영향을 미치는가? 어떤 초등학교 교사든 피에타에 한순간이라도 숙고나 존경을 표시하는가? 나는 교사가 남학생의 아버지만큼 병원과 선적불[84] 본부를 혐오할 것

---

82   행상인은 물건을 가지고 이곳저곳 돌아다니며 장사하는 사람이다. 반어법(Irony)은 고대 그리스어인 에이로네이아(εἰρωνεία)에서 유래하며 넓게 '알고도 모른 체하기'나 '무지한 척하기'를 의미하고, 수사 장치나 문학의 기교로 사용한다. 반어법은 구두 반어, 연극 반어, 상황 반어로 구별하는데, 모두 어떤 진리를 주장할 때 강조하기 위해 사용한다. 사과를 팔러 다니는 행상인은 이렇게 외친다. "왔습니다. 왔어요~ 꿀맛 사과가 왔습니다." 어떤 사과도 꿀맛이 나지 않지만, 자신이 파는 사과가 맛있다고 강조하기 위해 이렇게 반어법을 사용한다.

83   피에타(pietàs)는 성모 마리아가 예수의 시체를 안고 슬퍼하는 조각상을 가리키는 이탈리아어다.

84   선적불(cash on shipmemt)은 배에 짐을 싣거나 내릴 때 현금을 즉시 지급하는 제도를 가리키며 'C.O.S'라는 약자로 표시한다.

이라고 기대하지 않는다. 교사는 가난한 남자가 공식 기관과 제도에 반대한 명예가 걸린 논점에 조금이라도 공감하는가? 평범한 초등학교 교사가 노동으로 살아가는 대중/민중의 이런 모든 억센 전설을 뿌리째 뽑고, 원칙적으로 맥주와 자유에 맞서 비누와 사회주의를 설교하는 일을 자연스러울뿐더러 양심적이라고 생각할 것임은 확실하지 않은가? 하류 계급(lower class)에 관해, 교사는 부모를 대신하지 않고 부모에 반대해서 가르친다. 현대 교육은 소수의 풍습을 물려주고 다수의 풍습을 뿌리째 없애버리는 것을 의미한다. 가난한 아이들은 그리스도와 비슷한 자비심, 셰익스피어의 웃음, 죽은 자에 대한 호메로스 풍의 깊은 존경심을 대신해, 자신들과 동떨어진 부자들의 편견을 현학적으로 복사하고 강요받았을 뿐이다. 가난한 아이들이 욕실은 필수품이라고 생각할 수밖에 없는 까닭은, 욕실이 행운으로 누리는 사치이기 때문이다. 그들이 스웨덴산 곤봉을 휘두르는 까닭은 교사들이 영국산 곤봉을 두려워하기 때문이다. 또 가난한 아이들을 교구가 부양하는 것에 반대하는 편견을 극복해야 하는 까닭은 귀족들이 국가가 자신들을 부양하는 것에 관해 전혀 부끄러워하지 않기 때문이다.

바보짓과 여성 교육

소녀들에 대해서도 마찬가지다. 나는 여성 교육에 관한 새로운 사상에 대해 어떻게 생각하느냐는 질문을 자주 받는다. 그러나 여성 교육에 관해 새로운 사상이란 없다. 새로운 사상의 흔적조차 없고, 있었던 적도 없다. 교육 개혁가들은 대지주의 자식들에게 무엇을 가르쳤는지 물은 다음에 그것을 굴뚝 청소부의 자식들에게 가르친 것과 마찬가지로, 소년들에게 무엇을 가르쳤는지 물은 다음에 그것을 소녀들에게 가르친다. 교육 개혁가들이 새롭다고 말한 사상은 잘못된 자리에 놓은 아주 오래된 사상이다. 소년들이 축구를 한다면, 소녀들은 왜 축구를 해서는 안 되는가? 소년들이 교복을 입는다면, 소녀들은 왜 교복을 입어서는 안 되는가? 소년들이 주간 학교에 수백 명씩 다닌다. 그리고 소년들이 옥스퍼드대학교에 들어간다면, 소녀들은 왜 옥스퍼드대학교에 들어가서는 안 되는가? 요컨대 소년들이 콧수염을 기른다면, 소녀들은 왜 콧수염을 길러서는 안 되는가? 이것이 교육 개혁가들이 생각한 신식 사상이다. 중요한 문제를 두고 도무지 두뇌 노동을 하지 않는다. 성(sex)이란 무엇이고, 성이 왜 이런저런 방식으로 바뀌는지 근본적 질문을 제기하지 않고, 대중 교육(popular education)에서 왜 대중/민중의 익살스러움과 심정에 대해 상상력으로 파악하는 것 이상을 하지 않는가? 꾸준하고 정교하며 거추장스러운 모방 말고 아무것도 없다. 대중 교육은 초등학교 수업의 사례와 마찬가지로 냉랭하고 무모하여 부적합하다. 야만인도 남자에게 좋은 몸을 쓰는 일이 적어도 여자에게 나쁠 개연성이 높다는 점을 알아볼 수 있을 것이다. 그렇더라도 이런 증상이 가벼운 미치광이들은 아무리 잔인하더라도 소년의 놀이를 소녀들에게 장려했다. 더 강한 사례를 들어보자. 교육 개혁가들은 소녀들이 이미 집에서 일을 한다는 점을 전혀 생각해보지도 않고 소녀들에게 과중한 숙제를 내준다. 그것은 모두 똑같이 어리석은 예속일 뿐이다. 여자의 목에 두른 빳빳이 세운 옷깃이 있어야 하는 까닭은 그것이 이미 남자의 목에 둘렀던 골칫거리이기 때문이다. 어떤 색슨족 농노는 판지로 만든 옷깃을 달면 놋쇠로 만든 깃을 요구할 터다.

그렇다면 다음과 같은 질문에 비웃지 않고 대답하게 될 것이다. "그대는 어떤 것을 선호하는가? 빅토리아 시대 초기의 우아한 여성으로 돌아가서 곱슬머리를 하고 정신을 차리게 만드는 약을 휴대하며 수채화를 좀 그리고 이탈리아어를 조금 해보며, 하프를 좀 연주하고 저속한 글을 발췌하며, 감각없는 칸막이벽에 색칠하기를 바라는가? 그대는 구식 여성 교육을 선호하는가?" 나의 대답은 "단연코, 그렇다"는 것이다. 나는 확고하게 구식 여성 교육을 신식 여성 교육보다 좋아한다. 이런 까닭에 나는 빅토리아 시대 초기의 여성상 속에서 어떤 지적 설계를 알아볼 수 있다. 반면에 새로운 사상 속에는 아무것도 없다. 실제 사실의 관점에서도 우아한 여성이 대부분의 우아하지 않은 여성보다 한 수 위가 아닌지는 확실치 않다. 나는 제인 오스틴[85]이 샬럿 브론테[86]보다 더욱 강하고 예리하며 상황 판단이 더 빨랐던 것이 아닐까 생각한다. 나는 제인 오스틴이 조지 엘리엇[87]보다 더욱 강하고 예리하며 상황 판단이 더 빨랐다고 확신한다. 제인 오스틴은 샬럿 브론테도 조지 엘리엇도 하지 못한 한 가지 일을 해냈는데, 냉정하고 분별력 있게 남자를 묘사할 수 있었다. 단지 이탈리아어를 어설프게 알았던 구식 귀부인이 그저 영어를 더듬더듬 말할 수 있는 신식 귀부인보다 더 활기차지 않았는지는 잘 모르겠다. 멜로즈 대수도원[88]을 수채화로 그리는 일에 좀처럼 성공하지 못했던 지난

---

85 제인 오스틴(Jane Austen, 1775~1817)은 영국의 작가로 섬세한 시선과 재치 있는 문체로 18세기 영국 중·상류층 여성들의 삶을 그렸다. 『오만과 편견』, 『감각과 감성』, 『맨스필드 파크』, 『에마』, 『노생거 사원』, 『설득』으로 영국 문학사에 이름을 남겼다.

86 샬럿 브론테(Charlotte Brontë, 1816~1855)는 영국의 소설가로 『제인 에어』(1847)의 작가로 유명하다. 자연스러운 욕구와 사회 여건 사이에서 갈등하는 여성의 삶을 감동적으로 묘사했다. 여성의 관점에서 사랑을 그림으로써 빅토리아 시대의 인습과 편견을 깼다는 평가를 받았다.

87 조지 엘리엇(1819~1880)은 영국의 소설가이자, 시인, 언론인, 번역자로 빅토리아 시대의 가장 중요한 작가다. 현대 소설의 특징인 심리분석 기법을 발전시켰고 영국 사실주의 문학을 완성하는 데도 공헌한 작가로 평가받으며, 주요 작품 『애덤 비드』, 『플로스강의 물방앗간』, 『사일러스 마너』, 『미들 마치』를 포함하여 7편의 소설을 썼다.

88 멜로즈 대수도원(St. Mary's Abbey; Melrose Abbey)은 스코틀랜드의 변경에 위치한 록스버러셔, 멜로즈에 있는 시토 수도회의 수도원이다. 12세기에 스코틀랜드의 왕 데이비드 1세가 명령하여 지은 다음 성모 마리아에게 바쳤다. 1385년 영국군의 침입으로 일부가 파괴

시절의 공작부인들이, 초상화만 그리고 잘 그리지도 못하는 현대 공작부인들보다 정신력이 약한지도 확실치 않다. 하지만 그것이 우리가 다룰 논점은 아니다. 구식 공작부인들의 낡고 묽은 그림물감과 서툰 이탈리아어와 관련된 이론과 이념은 무엇이었는가? 관련된 이념은 집에서 만든 포도주와 세습 조리법의 등급이 더 낮았는데도 수천 가지 예상치 못한 방식으로 가난한 여자들이 고수할 수 있다는 것이다. 내가 이 책의 2부에서 촉구했던 이념이다. 우리가 모두 예술가들이 되거나 갑자기 죽어 사라지지 않는 한, 세상은 한 사람의 비전문적 보편인을 길러내고 보호해야 한다. 누군가는 전문적인 모든 정복 사업을 포기해야 하고, 여자는 모든 정복자를 정복할 수도 있다. 여자는 인생의 여왕 같은 존재일 수도 있으며, 인생에서 사병이 되어서는 안 된다. 나는 이탈리아어를 서툴게 말하는 우아한 여성이 완벽한 결과물이라고 생각하지 않는 것과 마찬가지로 증류주와 장례식에 대해 말하는 빈민가의 여성이 완벽한 결과물이라고 생각하지 않는다. 완벽한 결과물은 거의 없지 않은가! 하지만 구식 여성은 충분히 이해할 만한 이념에서 유래했고, 신식 여성은 아무 데서도 유래하지 않는다. 어떤 이상을 가지는 것은 옳고, 옳은 이상을 가지는 것은 옳으며, 다음과 같은 두 사례는 옳은 이상이다. 장례식을 치르는 빈민가의 어머니는 안티고네[89]의 타락한 딸, 집의 수호신들을 섬기는

되어 유적으로 남아 있다.

89 안티고네(Antigone)는 테베의 왕 오이디푸스(Oedipus)의 딸이다. 안티고네의 전설은 가부장제에 맞선 여성의 관점을 대표하거나 인간의 법보다 신의 명령이 더 중요하다는

고집 센 여사제다. 이탈리아어를 서툴게 말하는 숙녀는 포르티아[90]의 타락한 열째 사촌이었다. 포르티아는 위대한 황금기 이탈리아의 숙녀이자 르네상스기의 비전문적 인생을 대표하며, 뭐든 될 수 있었기에 법정 변호사의 역할도 할 수 있었다. 현대의 단조로움과 모방의 바다에 가라앉아 무시되는 성격 유형들은 원래 그대로 진실을 단단히 붙들고 있다. 못생기고 더럽고 자주 술에 취한, 안티고네를 닮은 빈민가의 여성은 여전히 자신의 아버지 시신을 매장할 것이다. 생기가 없이 점점 사라져 가는 우아한 여성은 여전히 자신과 자기 남편의 근본적 차이를 느낄 것이다. 그녀의 남편은 도시에 속한 어떤 것일 수밖에 없고, 그녀는 시골에 속한 모든 것일 수도 있다.

그대와 나, 그리고 우리가 모두 유일신에게 아주 가까웠던 시절이 있었다. 그래서 지금도 자갈의 (또는 고통의) 색, 꽃의 (또는 불꽃의) 냄새는 마치 뒤섞인 신탁의 조각들이나 잊힌 얼굴의 생김새인 것처럼 일종의 권위와 확신을 주면서 우리의 심장을 뛰게 한다. 이런 단순함을 전 생애에 걸쳐 열렬히 쏟아붓는 것이 교육의 유일한 진짜 목표이며, 아이와 가장 가까운 데에 자신이 있다는 것을 여성은 이해한

사상을 대표한다.

90   포르티아(Portia)는 셰익스피어의 희곡 『베니스의 상인』에 등장하는 여주인공이다. 벨몬트의 거부의 상속인으로 여러 청혼자를 물리치고 바사니오라는 가난한 상인과 결혼한다. 유대인 고리대금업자인 샤일록은 안토니오의 살 1파운드를 담보로 바사니오에게 3,000더컷를 빌려준다. 기한이 되어 빌린 돈을 갚지 못하자 샤일록은 안토니오의 살 1파운드를 받아내려 한다. 포르티아는 재판관으로 변장하여 지혜로운 판결로 안토니오의 목숨을 구한다. 피는 흘리지 않게 살만 1파운드를 잘라내라고 판결했다.

다. 여성이 이해한 내용을 말하는 것은 내가 할 수 없는 일이다. 침통한 일이 아니라는 것만 예외적으로 말한다. 도리어 그것은 높이 솟아오르는 가벼움, 우리가 어렸을 적에 새가 지저귀자 곧이어 뜰에 꽃이 피고, 색을 칠하자 곧이어 번진다고 느꼈던 것 같은 비전문적으로 드러나는 우주의 시끌벅적한 상태다. 남자들과 천사들의 언어를 어설프게 말하고 겁나는 과학을 조금 해보며, 기둥과 피라미드로 묘기를 부리고 행성들을 공처럼 던지는 일이다. 이는 마술사가 오렌지를 던지고 받듯, 인간의 영혼이 영원히 간직해야 할 내면에 속한 대담하고 무심한 상태다. 이렇게 제정신이 아닌 듯 경박한 일을 우리는 제정신이라고 부른다. 그리고 우아한 여성은 수채화 물감 위로 곱슬머리를 늘어뜨리면서 그것을 알았고 알맞게 행동했다. 그녀는 미친 듯 불타오르는 태양과 함께 묘기를 부리고 있었다. 우아한 여성은 우월감이 드러난 특징 가운데 가장 신비롭고 어쩌면 가장 도달하기 어려운, 열등감이 드러난 특징들의 평형(eguilibrium)을 유지하고 있었다. 그녀는 여성성이나 여성다움의 가장 중요한 진실, 보편적 모성을 유지하고 있었다. 만약 어떤 일이 행할 만한 가치가 있다면, 그것은 서툴러도 행할 만한 가치가 있다.

5부

**인간의
집**

곤충의 제국

언젠가 어느 즐거운 날, 내가 버크[1]는 무신론자라고 말했기 때문에 교양을 갖춘 보수주의자 친구가 굉장히 불편하고 고통스러워했다. 이런 논평이 버크의 전기에 비추어 정확성이 부족하다고 말할 필요는 없다. 나의 논평은 정확했다. 버크는 확실히 자신이 의식하는 우주 이론에 따르면 무신론자가 아니지만, 로베스피에르[2]와 달리 신에 대한 불타는 신앙심이 특별히 있었던 것은 아니다. 나의 논평은

---

1   버크(Edmund Burke, 1729~1797)는 아일랜드 더블린 출신의 영국 정치인이자 정치철학자, 연설가다. '보수주의의 아버지'로 불리며 현대 보수주의에도 영향을 미쳤다. 상대적으로 진보적인 휘그당의 당원이었으나, 대의 정부와 세습 귀족제도, 사유 재산, 길드 같은 소규모 집단의 중요성을 강조한 점에서 보수주의를 대표한다. 프랑스 혁명의 이념에 반대했으며, 이성을 지나치게 신뢰하는 계몽주의가 현실을 고려하지 않고 체제를 이상적으로 만들려는 시도야말로 인간 이성의 파괴성을 보여주는 전형적 예라고 주장했다.

2   로베스피에르(Maximilien-François-Marie-Isadore de Robespierre, 1758~1794)는 프랑스 혁명을 주도한 혁명 정치인이자 법학자였다. 루소의 정치 철학을 계승했다고 공언했고, 공포정치 시대 혁명정부의 주요 통치기관이었던 공안위원회를 1793년 후반기에 장악했으나 1794년 테르미도르 반동 때 축출되어 처형되었다. 그리스도교의 인격신에 반대한 로베스피에르는 신을 전체 우주를 관통하는 일자이자 최고 존재라고 여겼다.

여기서 반복해 드러낼 만한 진실을 참조한 것이었다. 프랑스 혁명을 둘러싸고 언쟁을 벌일 때 로베스피에르가 유신론자를 대표하듯 버크는 무신론자의 태도와 논증 방식을 대표했다는 의미로 말했다. 프랑스 혁명은 모든 지역적 관습이나 편의를 넘어선 추상적이고 영원한 정의라는 이념에 호소했다. 만약 신의 명령이 있다면 인간의 권리는 틀림없이 있다. 여기서 버크는 멋지게 방향을 틀었다. 버크는 로베스피에르의 학설을 (이와 마찬가지로 유신론인) 오래된 중세의 **신법**(jus divinum) 학설로 공격하지 않았다. 그는 근대를 지배한 과학의 상대성에 근거한 논증으로 로베스피에르의 학설을 공격했다. 요컨대 진화에 근거한 논증을 제시했다. 버크는 인류가 어디에서나 환경과 제도에 따라 만들어지거나 환경과 제도에 적응했다고 제언했다. 사실상 사람은 저마다 실천이나 관행에 따라 인류가 마땅하다고 여긴 독재자가 될 뿐만 아니라 인류에게 필요한 독재자가 되었다. 버크는 이렇게 말했다. "나는 인간의 권리에 대해 아는 것이 하나도 없지만, 영국인의 권리에 대해서는 조금 안다." 여기서 그대는 무신론자의 핵심을 파악한다. 버크의 논증은 다음과 같다. 우리는 자연의 우연과 성장에 따라 보호를 받았다. 그러면 우리는 왜 그것을 넘어서 마치 꼭 우리가 신의 모상(images of God)인 것처럼 생각한다고 선언해야 하는가? 새들이 나뭇잎으로 만든 둥지에서 태어나듯 우리는 영국의 상원 제도 아래서 태어난다. 흑인들이 열대의 태양 아래서 살 듯 우리는 군주제 아래서 산다. 흑인들이 노예라도 그들의 잘못은 아니다. 우리가 속물이라도 우리의 잘못은 아니다. 따라서 다윈[3]이 민주주의에 크게 한 방을 먹이기 오래전, 다윈에서 비롯한 논증의 핵심은 벌써 프랑스 혁명에 반대할 것을 강력히 촉구했다. 버크가 결국 말했듯 인간은 동물처럼 모든 것에 적응할 수밖에 없다. 인간은 어떤 천사처럼 모든 것을 바꾸려고 시도해서는 안 된다. 18세기 최후의 경건하고 우아하고 반쯤 인위적인 낙관론[4]과 이신론[5]의 약한 외침은 "신은 털을 갓 깎인 어린 양에게 바람을 누그러뜨린다"라고 말한 스턴[6]의 목소리로 다가왔다. 그리고 버크는 강철 같은 진화론자로서 이렇게 답했다. "아니다. 신은 털을 갓 깎인 어린 양을 바람에 적응하게 한다." 어린 양은 스스로 적응해야 한다. 다시 말해 어린 양은 죽거나 찬바람 속에 서 있기를 좋아하는 특별한 종류의 어린 양이 된다.

다윈의 진화론에 반대해서 대중/민중이 공유하는 무의식적 본능은 리젠트 공원의 어느 우리에 사는 자신의 할아버지를 방문한다는

---

3   다윈(Charles Robert Darwin, 1809~1882)은 영국의 생물학자이자 지질학자로 진화론의 확립에 가장 크게 공헌했다. 1859년에 『종의 기원』을 출간하여 자연 선택에 따른 진화 이론의 증거를 제시했다. 발표 당시 창조론자들에게 많은 공격을 받았으나, 이후 진화 이론은 과학계와 대중에게 널리 인정받게 되었다.

4   낙관론(optimism)은 어떤 구체적인 노력의 성과나, 또는 일반적 성과가 긍정적이고 호의적이고 바람직할 것이라는 믿음이나 희망을 반영한 태도다.

5   이신론(deism)은 '신'을 의미하는 라틴어 'deus'에서 유래한 말이다. 계시가 종교적 지식의 원천이라는 견해를 거부하고, 이성과 자연 세계에 대한 관찰이 우주의 최고 존재이자 조물주의 실존을 충분히 확립할 수 있다고 주장하는 견해다.

6   스턴(Laurence Sterne, 1713~1768)은 영국의 소설가다. 줄거리보다는 화자의 자유연상과 일탈을 중시하는 소설의 효시인 『트리스트럼 샌디Tristram Shandy』(1759~1767)를 썼다. 그의 작품은 파격적이고 줄거리에 집착하지 않고 너그럽고 연민 어린 해학이 구사된 신랄한 풍자물로 평가받았고, 그는 오늘날 근대 심리 소설의 선구자로 꼽힌다.

기괴한 생각에 단지 기분이 상한 느낌이 아니다. 인간은 술을 마시고 짓궂은 장난을 치는 것을 비롯해 다른 많은 기괴한 짓을 즐긴다. 그들은 자신을 짐승이 되게 만들어도 별로 신경을 쓰지 않으며, 자기 조상을 짐승이 되게 만들어도 그다지 신경을 쓰지 않을 터다. 현실적 본능은 더 깊은 데 자리하고 훨씬 가치가 있다. 그런 본능은 이렇게 말할 수 있다. 언제가 사람들이 인간을 변하기 쉽고 변경 가능한 것으로 생각하기 시작할 때, 언제나 강하고 교활한 인간이 자신을 온갖 보편적 목적에 맞는 새로운 모습의 인간으로 왜곡하기 쉽다. 대중/민중이 공유하는 본능은 이런 발전 속에서 짐을 지기 위해 등이 굽은 곱사등이나 힘든 일에 맞춰 비틀어진 팔다리의 가능성을 상상한다. 신속하게 체계적으로 집행된 일은 무엇이든 대부분 성공한 계급과 그들의 이익에 따라서만 집행될 것이라는 추측은 근거가 충분하다. 그러므로 이런 계급은 웰스 씨의 『모로 박사의 섬』[7]에 나온 방식으로 몹시 잔인한 잡종과 절반만 인간적인 실험의 시각을 드러낸다. 부자들은 기수가 될 난쟁이 부족과 짐꾼이 될 거인 부족을 사육하게 될 수도 있다. 마부는 안짱다리를 한 채 태어나고 재단사는 책상다리를 한 채 태어날지도 모른다. 향수를 만드는 사람은 크고 기다

---

7 『모로 박사의 섬(The Island of Doctor Moreau)』은 1896년에 영국의 작가인 웰스가 출간한 과학 공상 소설이다. 소설의 본문은 난파선에서 구조된 프렌딕이라는 남자가 이야기하는 식으로 서술된다. 그는 모로 박사의 섬에서 나온 사람이었고, 모로 박사는 동물 생체 해부로 인간과 비슷한 잡종 생명체를 창조한 미친 과학자의 이야기를 들려준다. 이 소설은 고통과 잔혹함, 도덕적 책임, 인간의 정체성, 인간의 자연 개입 같은 수많은 철학적 주제를 다룬다. 초기 공상 과학 소설의 고전으로 읽힌다.

란 코와 냄새를 맡는 사냥개처럼 웅크린 자세로 태어날 수도 있으리라. 포도주의 맛을 보는 전문가는 포도주를 한 번 맛보고 자신의 얼굴에 새긴 끔찍한 표정을 유아처럼 생동감 있게 표현할지도 모른다. 언젠가 인간이라 불렸던 고정된 유형이 바뀔 수 있다고 여길 때, 사람들이 어떤 상상을 하든 그것은 인간의 공상에 따른 공포를 따라잡을 수 없다. 만약 어떤 백만장자가 팔을 원하면, 어떤 짐꾼은 문어처럼 팔이 열 개로 늘어나야 할 것이다. 만약 어떤 백만장자가 다리를 원하면, 어떤 심부름하는 소년은 지네처럼 백 개의 다리로 빨리 걸어야 할 것이다. 왜곡된 가설의 거울, 다시 말해 미지의 왜곡된 거울에 비추어, 인간은 희미하게 이런 괴물 같고 사악한 형상을 볼 수 있다. 콧구멍 하나, 또는 귀 하나밖에 남지 않은 인간은 모두 눈으로 달리거나 손가락으로 달릴 수밖에 없다는 말이다. 이는 적응이라는 단순한 개념이 우리를 위기로 몰아넣은 악몽이다. 그것은 현실에서 그리 멀리 떨어져 있지 않은 악몽이다.

아주 거친 진화론자도 현실적으로 우리가 어떤 방식이든 비인간적인 존재나 다른 어떤 동물이 되어야 한다고 요구하지 않는다고 말할 것이다. 미안하지만, 정확히 말해 그것을 가장 거친 진화론자뿐만 아니라 아주 잘 길든 일부 진화론자들이 조장한다. 최근 역사에서 마음이 허약한 사람들로 구성된 소수 집단의 종교라는 의미의 미래 종교가 될 것으로 보이는 중요한 **사이비 종교 집단**이 갑자기 떠올랐다. 현미경으로 신을 찾아보아야 한다는 것이 우리 시대의 전형적 특징이다. 또 우리 시대는 곤충 숭배를 명확히 표시했다. 우리가 새롭다고 말하는 일이 대부분 그렇듯, 물론 곤충 숭배는 관념으로 볼 때 전혀 새롭지 않다. 그것은 우상 숭배로 볼 때만 새롭다. 베르길리우스[8]는 벌을 진지하게 예로 들었지만, 글로 적었던 만큼 진지하게 벌을 키워보았을지는 의심스럽다. 현명한 왕은 게으름뱅이에게 게으름뱅이를 위한 매력적인 직업으로 개미를 지켜보라고 말했다. 그러나 우리 시대에는 아주 다른 풍조가 나타났고, 무수한 지식인과 마찬가지로 하나 이상의 위대한 인간이 우리가 곤충보다 열등하므로 곤충을 연구해야 한다고 진지하게 제언했다. 예전 도덕가나 윤리학자들은 단지 인간의 덕을 거론하면서 아름답게 꾸미려고 제멋대로 동물들에게 이런저런 덕을 분배했다. 그런 문제에 대해 사자는 용기의 상징이거나 펠리컨이 자비의 상징이었듯, 개미는 거의 전령사 같은 근면의 상징이었다. 그러나 만약 중세인들이 사자가 용맹하지 않다고 확신했다면, 그들은 사자를 버리고 용기를 간직했을 터다. 만약 펠리컨이 자비롭지 않았다면, 그들은 펠리컨에 대해 나쁘게 말했으리라. 옛날 도덕가나 윤리학자들은 개미가 인간의 도덕성을 강하게 만들고 그런 도덕성의 전형을 나타내도록 허용했다. 그들은 결코 개미가 인간의 도덕성을 뒤엎도록 허락하지 않았다. 그들은 근면을 위해 개미를, 비슷하게 시간 엄수를 위해 종달새를 이용했다. 그들은 가정적이

---

8   베르길리우스(Publius Vergilius Maro, 기원전 70~19)는 기원전 30년경 집필을 시작해 미완성으로 남은 서사시 『아이네이스』로 유명하다. 로마의 전설적 창시자 아이네이스의 이야기를 통해 신의 인도를 받아 세계를 문명사회로 만들어야 한다는 로마의 사명을 천명한 작품이다. 초기에 에피쿠로스 철학의 영향을 받았으나 점차 스토아철학에 가까워졌다. 이탈리아의 농가에서 태어나, 시골과 농부들에 대한 애정이 모든 작품에 배어 있다.

고 편안한 교훈을 얻기 위해 하늘을 나는 새를 올려다보고 땅에 기어 다니는 곤충을 내려다보았다. 그런데 우리는 곤충을 내려다보지 않고 올려다보는 종파를 마주하게 되었다. 이런 종파는 우리에게 본질상 고대 이집트인처럼 딱정벌레에게 절하고 딱정벌레를 숭배하라고 요구한다.

마테를링크[9]는 틀림없는 천재고, 천재는 언제나 돋보기를 가지고 다닌다. 그의 끔찍스러운 수정 렌즈로, 우리는 벌들을 작고 노란 벌 떼가 아니라 황금색 군대와 전사, 여왕까지 위계를 갖춘 무리로 보게 되었다. 상상력은 영구히 과학의 여러 갈래로 뻗은 길과 풍경을 따라 더 아래를 응시하고 더 기어 내려가, 어떤 이는 비율이 제멋대로 뒤바뀌는 온갖 경우를 상상한다. 집게벌레는 코끼리처럼 메아리치는 평원을 가로질러 성큼성큼 걷거나, 메뚜기는 거대한 비행기처럼 하트퍼드셔에서 서리로 날아가듯 우리의 지붕 위로 포효하며 다가온다. 어떤 이는 꿈속에서 거대한 곤충학 성당에 들어갈 듯한데, 이런 건축은 팔이나 등뼈보다 더 야생에 가까운 것에 기초한다. 안에 늑골 기둥은 칙칙하고 기괴한 애벌레가 어중간하게 기는 모양이거나, 둥근 천장은 허공에 매달려 번뜩이는 무시무시한 거미의 형상이다. 아래 세상을 과장한 모습에 대해 이런 형언할 수 없는 두려움을 느끼

---

9 마테를링크(Maurice Maeterlinck, 1862~1949)는 벨기에의 시인이자, 극작가, 수필가로 1911년 노벨 문학상을 받았다. 죽음과 삶의 의미를 주로 다룬 작가로 상징주의를 대표하며, 침묵과 죽음 및 불안의 극작가로도 불린다.

게 만드는 현대 공학 작품이 하나 있다. 흔히 투페니 튜브[10]라고 불리는 기이한 곡선 구조의 지하철로다. 수직 기둥이나 둥근 기둥이 없는 땅딸막하고 둥근 길은, 머리를 드는 법을 모르는 거대한 벌레 모양의 굴처럼 보인다. 이것은 뱀의 지하 소굴이자 모양과 색을 바꾸려는 정신이며, 바로 인간의 적이다.

　하지만 마테를링크 같은 작가들이 그런 문제에 대해 우리에게 영향을 미쳤던 것은 이상한 심미적 암시에 따른 것만이 아니다. 거기에는 윤리적 측면도 있다. 마테를링크가 벌을 다룬 책의 요지는 숭배고, 사람들은 벌들의 집단 정신(collective spirituality), 이를테면 벌들이 벌집의 영혼이라고 불리는 어떤 것만을 위해 산다는 사실을 부러워할지도 모른다. 다른 여러 현대 작가들이 곤충의 집단적 공동 도덕(communal morality)에 대한 이런 숭배를 다양한 방향과 형태로 표현했다. 키드[11]는 오로지 우리 인간 종족의 진화한 미래를 위해서만 살아야 한다는 이론을 세웠다. 일부 사회주의자들은 개미에 대해 큰 관심을 보이고, 일반적으로 벌보다 개미를 선호하는데, 그것은 개미가

10　투페니 튜브(Twopenny Tube)로도 알려진 중앙 런던 철도(Central London Railway)는 심층 지하 '관(tube)'을 뚫고 철로를 만들어 1900년에 개장했다. 중앙 런던 철도의 지하도와 역은 런던 지하 중앙선의 중심부를 형성한다.

11　키드(Benjamin Kidd, 1858~1916)는 영국의 사회주의자다. 『사회 진화』(1894)를 출간하면서 국제적으로 명성을 얻었다. 거기서 사회와 현대 문명의 진화는 이성이나 과학이 아니라 '종교적 믿음'의 힘으로 일어난다는 논증을 펼쳤다. 다윈의 진화론에 영향을 받은 키드는 인간 사회의 진화와 생물 유기체의 진화 사이에 유비를 찾아내 사회학의 창시자 가운데 한 사람으로 평가받는다. 그러나 세계는 키드가 생각한 것과 다르게 돌아갔고, 제1차 세계 대전 이후 키드의 저작은 거의 관심을 받지 못했다.

아주 밝은 색을 띠지 않기 때문이 아닐까 생각한다. 모호한 곤충 숭배의 수백 가지 증거 가운데 특히 "애국심이 유일한 종교"라고, 달리 말해 오로지 벌집의 영혼을 위해 산다고 말했던 극동의 활기 넘치는 민족이나 국민에게 홍수처럼 쏟아낸 아첨을 들 수 있다. 수 세기에 걸쳐 긴 시간이 흐르면서 그리스도교 세계는 점점 약해져 병들거나 회의주의에 빠져들고, 신비한 아시아가 우리에게 맞서 어렴풋한 인구를 움직여 물질의 어두운 운동처럼 서쪽으로 밀려들 때, 곤충 숭배자들은 아시아 민족의 침략을 떼지어 기어 오는 이나 쉴새 없이 날아드는 메뚜기 부대와 비교하는 일이 아주 흔했다. 동양의 군대는 정말로 곤충과 비슷했다. 동양의 기병들과 침략자들은 맹목적이고 재빠른 파괴 성향, 인격적 관점에 깜깜한 허무주의, 개인의 삶과 사랑에 대한 혐오에 가까운 무관심, 단지 수와 관련된 기본 신념, 비관적 상황에서 내는 용기와 무신론에 입각한 애국심을 지닌 점에서 정말로 땅 위를 기어 다니는 생물들과 비슷하다. 하지만 이전에 한 번도 그리스도교도는 튀르크인을 곤충이라고 부르지 않았고 곤충이 찬미의 대상을 의미한 적도 없었다. 이제 처음으로 우리는 곤충을 두려워할 뿐만 아니라 숭배한다. 우리는 아시아에서 비롯한 어마어마하고 모호하고 거대한 형태에 경배하며 더듬더듬 버려진 땅 위로 드리운 날개 달린 생물들이 천둥처럼 소리 내며 하늘을 날고 비처럼 하늘색을 바꾸는 신비스러운 구름 속에서 희미하게 식별할 수 있다. 그것은 벨제붑, 바로 파리떼의 왕이다.[12]

이런 끔찍한 벌통의 영혼 이론에 저항할 때, 그리스도교 세계

(Christendom)에 속한 우리는 우리 자신이 아니라 온 인류를 대표한다. 인간의 본질을 드러낸 독특한 생각, 다시 말해 선하고 행복한 인간이 자체로 목적이라는 생각과 영혼은 구할 가치가 있다는 생각을 대표한다. 아니, 이런 생물학적 공상과 비슷하게 우리는 자연의 한 구역 전체의 족장이자 대변자, 개별 어미의 젖과 방황하는 새끼의 용기를 대표하고 개의 감동적 기사도 정신과 고양이의 익살스러움과 괴팍스러움, 평온한 말의 애정, 사자의 고독을 대표함으로써 감독하는 가문의 왕자로 나선다고 말해도 좋을 것이다. 하지만 곤충들의 사회에서 그랬듯, 사회에 대한 이런 단순한 미화는 특별히 인간의 상징이었던 줄거리 가운데 하나로 변형되어 해소된다고 역설함이 더욱 중요한 논점이다. 파리떼와 벌떼의 어두운 그림자와 혼동은 인간 가족의 이념을 점점 옅어지게 만들어 끝내 사라질 것처럼 보인다. 벌집은 인간의 집보다 더 커졌고, 벌들이 그들의 포획자들을 파괴하고 있다. 메뚜기가 남긴 것을 애벌레가 먹어 치웠다. 그리고 우리의 평범한 친구 존스의 작은 집과 정원은 위험한 상태다.

---

12 벨제붑(Beelzebub)은 고대 팔레스타인의 한 도시 에크론에서 숭배했던 신에서 유래한다. 나중에 유대교와 그리스교에서 악마(Satan)의 다른 이름으로 사용했고, 마왕이라는 의미로 사용했다. 우리나라 성경에서 '바알세불'로 음역하기도 한다. 악마론에서 지옥의 일곱 마왕 가운데 하나로 묘사하고, 글자 그대로 의미를 따지면 '파리떼의 왕(Lord of Flies)'을 뜻한다.

2

우산꽂이의 오류

몰리 경[13]은 언젠가 상원을 고치거나 끝장내야 한다고 말할 때 혼동을 일으킨 문구를 사용했다. 왜냐하면 고치는 일과 끝내는 일은 다소 유사함을 암시하는 것처럼 보일 수도 있기 때문이다. 나는 고치는 일과 끝내는 일이 정반대임을 특별히 강조하고 싶다. 그대는 어떤 일을 좋아하기에 고치고, 어떤 일을 좋아하지 않기에 끝낸다. 고치는 것은 강하게 만드는 일이다. 예컨대 나는 과두 정치를 불신한다. 그래서 엄지손가락을 조이는 고문 도구를 고치려 하지 않는 것과 마찬가지로 상원을 더는 고치려고 하지 않을 것이다. 다른 한편 나는 가족 제도를 믿는다. 그러므로 나는 의자를 고치듯 가족 제도를 고칠 것이다. 그리고 당분간 현대 가족이 고치고 싶은 의자란 것을 부정

---

13   몰리 경(John Morley, 1st Viscount Morley of Blackburn, 1838~1923)은 영국의 자유주의 정치인이자 작가, 신문 편집자다. 1883년 국회의원으로 선출되어 1892년 아일랜드 담당 비서실장을 지냈고, 1905년과 1910~11년에 식민지 인도 국무장관을 지냈다. 그는 뛰어난 정치 평론가였고, 네 차례나 영국의 총리를 지낸 윌리엄 글래드스턴(William Ewart Gladstone, 1809~1898)의 전기를 썼다.

하지 않으려 한다. 그러나 여기에서 현대 진보 사회학자들의 무리가 끼어든다. 언제나 남자 종족에게 근본적으로 중요했던 두 가지 제도, 곧 가족과 국가가 있다. 내가 생각하기에 무정부주의자는 둘 다 불신한다. 사회주의자들이 국가를 믿지만 가족 제도를 불신한다고 말하는 것은 상당히 불공정하다. 수많은 사회주의자는 어떤 토리당원보다 가족을 더 믿는다. 그러나 무정부주의자들은 둘 다 끝내려고 하지만, 사회주의자들은 국가를 고치는 일(곧 강하고 새롭게 만드는 일)에 참여한다. 그리고 가족 제도를 강하고 새롭게 만드는 일에 특별히 참여하지는 않는다. 사회주의자들은 아버지와 어머니, 그리고 자식의 기능을 자체로 정의하기 위해 어떤 일도 하지 않고 있다. 가족이라는 기계 장치의 느슨해진 나사를 다시 바짝 조이려고 하지 않는다. 오래된 그림의 빛바랜 선을 다시 검게 칠하지 않는다. 그들은 국가와 함께 이런 일을 하고 있다. 그들은 국가라는 기계 장치를 예리하게 다듬어서 검은 독단적 주장을 검게 칠하고 단순한 정부를 모든 점에서 더 강하고 어떤 점에서 이전보다 더 가혹하게 만든다. 그들은 가정을 폐허 속에 두지만, 벌집을 특히 벌집의 내부를 잇는 줄은 원 상태로 되돌린다. 노동과 빈곤에 관한 법의 몇몇 계획은 최근 뛰어난 사회주의자들이 개혁에 앞장서서 대중/민중의 대다수를 범블 씨[14]의 전제 권력 속에 놓아두는 것과 비슷한 상황에 이른다. 언뜻 보기에 진보는

---

14 범블 씨는 찰스 디킨스의 유명한 소설인 『올리버 트위스트』에서 고아인 올리버가 살았던 교구 구빈원의 말단 관리자로, 비열하고 강압적인 인물을 가리킨다.

경찰에 의해 일어남을 의미한다.

내가 강력히 주장할 논점은 어쩌면 다음과 같이 제언할 수도 있겠다. 사회주의자들과 정치색이 같은 사회개혁가들은 국가에 속한 일과 단순히 혼동하거나 억압할 수 없는 본성에 속한 일 사이에 그어진 선을 분명히 의식한다. 그들은 해가 뜨기 전 아이들이 학교에 가도록 강요할 수 있을지 몰라도, 해가 뜨도록 강요하지 못할 것이다. 그들은 크누트[15]와 마찬가지로 바다의 물살을 되돌리지 못하고 해수욕하는 사람들만 쫓아낼 터다. 그런데 국가의 테두리 안에 그어진 선들은 어지럽혀지고 독립 단체들은 서로 섞인다. 그들은 본성적으로 사적인 것과 공적인 것, 필연적으로 묶인 것과 자유로운 것을 구별하는 확고한 본능적 감각이 없다. 17세기 이후 사유지를 조용히 빼앗겼듯, 영국인이 야금야금 아주 조용히 개인의 자유(personal liberty)를 빼앗긴 이유가 그런 본능적 감각의 결여다.

나는 이를 부주의한 비유로 간결하지만 충분하게 표현할 뿐이다. 사회주의자는 지팡이와 우산을 둘 다 우산꽂이에 넣기 때문에 지팡이를 우산처럼 생각하는 사람을 의미한다. 하지만 지팡이와 우산은

15　크누트(Canute; Cnut)는 11세기 전형적 바이킹에서 계몽 군주로 변신한 덴마크 출신의 왕이다. 덴마크 국왕인 아버지 스벤 1세를 따라 1013년 잉글랜드를 침공했고, 이후 잉글랜드의 왕이 되었다. 초기에 무자비했으나 이후 잉글랜드의 평화와 번영을 이끈 유능한 지배자로 거듭났다. 그가 바닷가에 서서 사람들이 지켜보는 가운데 자신이 육지로 밀려오는 물살을 되돌릴 수는 없음을 보이려고 했다는 이야기가 실제로 바닷물의 흐름을 되돌릴 수 있다고 생각했다는 식으로 와전되어, '크누트'는 '어떤 일의 발생을 막으려고 애쓰지만 성공하지 못할 사람'이라는 의미를 지니게 되었다.

전투용 도끼와 장화 벗는 도구만큼 다르다. 우산의 핵심 관념은 폭이 넓음과 보호다. 지팡이의 핵심 관념은 가늘다는 성질이고, 부분적으로 공격을 상징한다. 지팡이는 검이고 우산은 방패지만, 우산은 이름이 알려지지 않은 적, 적대적이지만 익명의 우주에 맞선 방패를 상징한다. 그러므로 더 적당한 비유를 들자면 우산은 지붕이다. 우산은 일종의 허물어질 수 있는 집이다. 그런데 결정적 차이는 이보다 더 깊은 데 있다. 이런 차이로 인간 정신의 두 왕국은 사이에 골이 깊이 파이면서 갈라진다. 왜냐하면 논점은 우산이 단순한 골칫거리인 만큼 실제 적에 맞선 방패지만, 지팡이는 순수한 쾌락인 만큼 전적으로 상상의 적에 맞선 검이다. 지팡이는 검일 뿐만 아니라 예복에 착용한다. 이는 순수하게 예식에서 으스대며 걷기 같은 것이다. 사람들은 어떤 남자가 옆구리에 검을 차서 더욱 남자처럼 느끼듯, 지팡이를 손에 들어서 더욱 남자처럼 느낀다고 말하는 것을 제외한 어떤 식으로도 그런 감정을 표현할 수 없다. 그러나 아무도 우산에 관해 어떤 부풀린 감상에 빠진 적이 없었다. 우산은 필요한 악이다. 지팡이는 아주 불필요한 선이다. 내 생각에 이것이 우산을 끊임없이 잃어버리는 현상에 대한 설명이다. 아무도 지팡이를 잃어버린 사람에 대해 들어본 적이 없다. 왜냐하면 지팡이는 쾌락을 주는 물건이자 개인의 물적 재산의 일부이기 때문이다. 그것은 필요하지 않을 때도 그리워진다. 나의 오른손은 지팡이를 잊을 때 지팡이 다루는 솜씨를 잊을지도 모른다. 그런데 누구든지 비를 피해 안으로 들어가 서 있던 곳을 잊을 수도 있듯 우산을 잊을지도 모른다. 누구든지 필요한 것을 잊을 수 있다.

만약 내가 비유 화법을 계속 사용해도 된다면, 나는 모든 집산주의자의 오류란 두 인간이 우산을 공유할 수 있으므로 두 인간이 지팡이를 공유할 수 있다고 해서 발생한다고 간단히 말할 수도 있으리라. 우산은 아마 특정한 날 소나기가 내리는 일정한 거리에 걸쳐 놓을 일종의 공동 비가림막으로 교체될지도 모른다. 그러나 공동 지팡이를 짚거나 휘두른다는 생각은 무의미하고 허튼소리일 뿐이다. 마치 어떤 이가 공동으로 소유한 콧수염을 비비 꼰다고 말하는 것처럼 말이다. 이는 노골적 환상을 드러낸 것이며, 어떤 사회학자도 그런 바보 같은 생각을 제언하지 않는다고 말할 것이다. 실례지만, 사회학자들은 그렇게 한다. 내가 지팡이와 우산을 혼동한 경우와 정확히 평행해서, 개혁을 제언할 때 영구히 반복적으로 드러나는 평행 사례를 들어보일 것이다. 100인의 사회주의자 가운데 적어도 60인은 공동 세탁소를 언급할 때, 계속해서 동시에 공동 주방을 언급할 것이다. 이것이 내가 인용했던 환상적인 사례만큼 기계적이고 비지성적인 사례다. 지팡이와 우산은 둘 다 현관에 세워 둔 우산꽂이에 넣는 뻣뻣한 막대다. 주방과 세탁소는 둘 다 열기와 축축함, 증기로 가득한 큰 방이다. 그러나 두 방의 영혼과 기능은 정반대다. 셔츠를 빠는 한 가지 방식이 있을 뿐이다. 다시 말해 오로지 올바른 한 가지 방식만 있다. 해진 셔츠와 관련된 취향과 공상은 없다. 아무도 이렇게 말하지 않으리라. "톰킨스는 셔츠에 구멍을 다섯 개 내는 것을 좋아하지만, 나는 셔츠에 좋았던 오래된 구멍을 네 개 만들어 달라고 해야 한다.” “세탁부가 내 잠옷의 왼쪽 다리 부분을 찢어낸다고 하자. 지금 내가 주장할 것이 하나 있다면, **오른쪽**(right) 다리 부분을 찢어내는 것이죠.” 이상적인 세탁은 단순히 세탁한 물품을 돌려보내는 것이다. 그러나 이상적인 요리가 단순히 요리한 음식을 돌려보내는 일이라는 주장은 참이 아니다. 요리는 예술이다. 요리에는 인격이 묻어난 개성이 드러나고 심지어 괴팍스러움도 들어 있다. 왜냐하면 인격이 드러나야 하고 괴팍할 수도 있음이 예술의 정의에 포함되기 때문이다. 다른 모든 점에서 음식을 가리지 않는 어떤 남자는 숯불에 거의 태우지 않으면, 흔한 소시지에 손도 댈 수 없다. 그는 자신의 소시지가 넝마처럼 구워지기를 원하지만, 자신의 셔츠를 넝마가 될 때까지 삶으라고 주장하지 않는다. 나는 요리의 섬세함에 딸린 이런 요점이 대단히 중요하다고 말하고 있지 않다. 공동의 이상이 그런 요점으로 무너진다고 말하는 것도 아니다. 내가 말하는 것은 공동의 이상을 추구하는 사람들이 그런 요점이 실제로 있음을 의식하지 못하고, 완전히 공적인 일과 대단히 개별적인 일을 섞음으로써 시작부터 잘못된 길을 간다는 점이다. 어쩌면 우리는 사회가 위기에 빠질 때, 포위 공격을 받는 상태에서 공동으로 배급되는 질 나쁜 고기를 먹어야 하듯 공동 주방을 수용해야 할지도 모른다. 그런데 교양 있는 사회주의자는 포위 공격을 받는 상태에 있지 않으면서도 너무 쉽게 공동 주방에 관해 마치 그것이 공동 세탁소와 똑같은 종류의 일인 양 떠들어댄다. 이는 사회주의자가 애초에 인간의 본성을 오해하고 있음을 보여준다. 공동 주방과 공동 세탁소는 세 사람이 같은 합창곡을 노래

하는 것과 세 사람이 같은 피아노로 세 가지 음조를 연주하는 것만
큼 다르다.

보수주의자 거지(Gudge)의 두려운 의무

정력이 넘치는 진보주의자와 완고한 보수주의자 사이에 (또는 더 유연한 언어로 말하면 허지와 거지 사이에) 벌어진다고 일찍이 암시한 언쟁에서 목적이 엇갈리는 상황은 현재 극심하다. 토리당은 유령 도시에 가족 생활을 보존하고자 원하고 사회주의자는 현재 유령 도시에 보존할 어떤 가족 생활도 없다고 매우 합리적으로 지적한다. 그러나 허지(Hudge), 곧 사회주의자는 다음으로 어떤 가족생활이 있다면 그 것을 보존할 것인지, 또는 가족 생활이 사라진 곳에 그것을 회복할 것인지에 대해 아주 모호하고 불가사의한 태도를 보인다. 토리당은 이따금 마치 실존하지 않는 가정 생활의 유대를 조이고자 원하는 것 처럼 말하고, 사회주의자들은 마치 어떤 사람도 구속하지 못할 만큼 유대를 풀고자 원하는 것처럼 말한다. 우리는 모두 양측에 다음과 같은 애초의 이상적 질문을 제기하고자 한다. "그대는 도대체 가족을 유지하고자 원하는가?" 만약 허지, 곧 사회주의자가 가족의 보존을 원한다면 그는 가족 안에서 자연스러운 제한과 구별, 분업을 준비해야 한다. 사회주의자는 여자가 사적 공간으로서 집을 선호하고 남자가 공적 공간으로서 집을 선호한다는 생각을 견뎌내도록 스스로 다잡아야 한다. 그는 어떤 여자의 여성성을 어떻게든 참아내야 하는데, 이런 여성성은 부드러움과 양보를 의미하지 않고, 솜씨가 좋으며 절약하고 오히려 단단하며 해학을 즐길 줄 앎을 의미한다. 사회주의자는 흔들림없이 유치하고 기운이 넘치면서 독립 관념이 없는 아이라는 생각에 직면해야 한다. 근본적으로 권위뿐만 아니라 정보와 스카치 사탕을 위해서도 열성을 다하지 않으면 안 된다. 만약 남자와 여자와 아이가 자유롭고 자주적인 가정에 함께 산다면, 이런 고대부터 전해진 관계는 반복될 것이다. 사회주의자인 허지는 이런 관계를 참고 견뎌야 한다. 그는 가족 제도를 파괴해서 남성과 여성이라는 두 성이 없는 벌집과 유랑하는 군중 속으로 몰아넣고, 모든 아이를 올리버 트위스트처럼 국가의 아동으로 자라게 함으로써만 고대부터 전해진 관계를 피할 수 있다. 이런 엄중한 말을 허지에게 하더라도, 거지는 심한 훈계를 모면하지 못할 것이다. 왜냐하면 토리당원에게 아주 날카롭게 말할, 쉽고 분명한 진실은 다음과 같기 때문이다. 만약 그가 가족 제도를 여전히 유지하고자 원한다면, 만약 그가 가족 제도를 본질적으로 야만적인 상업의 분리하는 힘에 충분히 저항할 만큼 강하게 만들고자 원한다면, 그는 아주 큰 희생을 치르고 재산을 평등하게 분배해야 한다. 이런 특별한 순간에 영국 국민의 압도적 다수는 단순히 너무 가난해서 가정 생활을 유지하지 못한다. 그들은 잘 해낼 수 있을 만큼 가정적이고, 지배 계급보다 훨씬 가정적이다. 하지만 그들은 단지 충분한 돈이 없어서 이런 가족 제도 안에서 원래 좋은 것을 의미하던 무엇을 얻을 수 없다. 남자는 돈을 낭비한다고 아주 정당하게 표현되는 어떤 대범함을 대표하게 되어 있다. 그러나 만약 주어진 상황에서 그가 일주일 먹을 분량의 음식을 버릴 정도로만 낭비할 수 있을 뿐이라면, 그는 대범할 수 없고 인색할 수밖에 없다. 여자는 물건에 올바르게 값을 매기고 돈을 분별 있게 지킨다고 잘 표현되는 어떤 지혜를 대표하게 되어 있다. 그러나 만약 지킬 돈이 없다면 어떻게 돈을 지키는가? 아이는 어머니를 자연스러운 재미와 시가 흐르는 샘처럼 생각해야 한다. 그러나 어머니의 샘이 다른 샘처럼 흐르지 않는다면, 아이가 어떻게 놀이를 할 수 있는가? 소름 끼치게 흉하고 엉망진창인 집에서, 여자가 일하러 밖에 나가고 남자가 없는 집에서, 또 아이가 법에 따라 교사의 요구를 어머니의 요구보다 더 중요하게 생각하도록 강요받는 상황에서, 고대부터 전해진 예술과 기능 가운데 어떤 것이든 가망이 있겠는가? 보수주의자 거지를 비롯해 상원과 칼턴 사교 단체에 소속된 보수주의자 거지의 친구들은 이 문제에 관해 마음을 정해야 하고 아주 신속하게 그렇게 해야 한다. 만약 그들이 영국을 이혼 재판소 사이사이에 가정 생활이라고 불리던 오래된 놀이를 하는 빛바랜 나비 몇 마리로 장식된 벌집과 개미집으로 바꾸는 것에 만족한다면, 그들이 곤충의 제국을 가지도록 내버려두자. 그들은 자기들에게 곤충의 제국을 줄 사회주의자들을 얼마든지 찾아낼 것이다. 그러나 만약 그들이 가정 생활이 있는 영국을 원한다면 그들은 급진 정치인들이 감히 제언했던 것보다 엄청나게 큰 규모로 할 수 있는 데까지 '돈을 쏟아붓지' 않으면 안 된다. 그들은 예산안에 책정한 것보다 더 무거운 부담과 상속세보다 더 치명적인 타격을 참아내야 한다. 왜냐하면 해야 할 일은 거대 재산과 거대 부동산의 분배 이상도 이하도 아니기 때문이다. 우리는 이제 사회주의만큼 광대한 변화를 일으켜야만 사회주의를 피할 수 있다. 만약 우리가 재산을 지켜야 한다면, 우리는 재산을 거의 프랑스 혁명 시기만큼 엄격하게 싹 쓸어서 분배해야 한다. 만약 우리가 가족 제도를 보존해야 한다면 우리는 국가와 국민을 상대로 혁명을 일으켜야 한다.

4

의심

이제 책을 마무리하고 있는 마당에, 나는 이따금 내게 떠올라 떠나지 않는 소름 끼치는 의혹을 독자의 귀에 속삭일 것이다. 진보주의자 허지(Hudge)와 보수주의자 거지(Gudge)가 비밀리에 제휴하고 있으며, 그들이 공공연히 계속 벌이는 언쟁이 거의 미리 짜고 하는 일이고, 그들이 서로 이익을 도모하는 방식은 자주 반복되는 우연의 일치가 아니라는 의심이다. 부자 정치인 또는 금권 정치인 거지는 무정부 상태의 산업주의를 원하고, 이상주의자 허지는 거지에게 무정부 상태에 대한 찬사를 늘어놓는다. 거지는 여자들이 값싼 노동력을 제공하기 때문에 여성 노동자들을 원한다. 허지는 여성의 노동을 '자신의 인생을 살 자유'라고 부른다. 거지는 착실하고 고분고분한 노동자들을 원하고, 허지는 거지가 아니라 노동자들에게 완전 금주 운동을 설교한다. 거지는 독재에 맞서 싸우지 않을 길들고 소심한 노동자 계급을 원한다. 허지는 톨스토이[16]로부터 아무도 어떤 것에든 맞서 싸워서는 안 된다는 점을 입증해 보인다. 거지는 당연히 건강하고 잘 씻는 신사이고, 허지는 거지의 완벽하게 씻는 습관을 실천할 수 없는 사람들에게 간곡히 설교한다. 무엇보다 보수주의자 거지는 약탈하고 혹사하며 양성이 노역에 시달리는 야비하고 잔혹한 제도로 지배한다. 이는 자유로운 가족과 전혀 일관되지 않으며 그것을 파괴할 수밖에 없다. 그러므로 허지는 예언자의 미소를 띠며 팔을 우주까지 뻗으며 가족 제도란 우리가 머지않아 멋지게 벗어날 어떤 것이라고 말한다.

나는 진보주의자 허지와 보수주의자 거지의 제휴가 의식적인지 무의식적인지는 잘 모르겠다. 나는 단지 그들이 평범한 인간을 여전히 집이 없는 상태로 둔다는 점을 안다. 잿빛 황혼이 드리운 거리를 걷다가, 살아본 적이 없어도 자기 집을 여전히 지키고 있는 기둥과 울타리와 은은하고 붉은 전등을 슬프게 바라보는 평범한 남자 존스를 만나게 될 것임을 나는 알 따름이다.

---

16 톨스토이는 러시아 사회주의 혁명 초기에 구체제에 반대한 농민 혁명가들의 정신적 지주였으나 폭력 혁명에 단호히 반대하고 평화주의를 고수했다.

5

결론

　이 책은 시작해야 할 곳에서 끝난다. 나는 영국인이 재산 관념을 계속 갖더라도, 현대 영국의 재산을 지탱하는 중심축은 빠르든 느리든 무너뜨려야 한다고 주장했다. 그럴 수 있는 길은 둘이다. 하나는 사심없고 공정한 공무원들이 냉정하게 행정 업무를 수행하는 집산주의다. 다른 하나는 개인이 재산을 분배받아서 생산하는 자작농 소유권 제도다. 나는 후자가 인간의 본성에 맞는 세련된 해결책이라고 생각한다. 자작농 소유권 제도는 인간이 저마다 일종의 작은 신처럼 행동하도록 만드는 제도이기 때문이다. 교황의 말이 맞는지를 두고 어떤 사람이 다른 사람을 비난할 때처럼 말이다.

　인간은 자신의 영역에서 영원의 기쁨을 맛본다. 달리 말해 자기 땅을 소유하게 되면 필요한 시간보다 더 오래 일하고 싶을 것이다. 여기서 자작농 소유권 제도의 앞날에 관한 논증을 시작하지 않고 끝내는 편이 옳다고 나는 믿는다. 이 책은 자작농 소유권 제도에 찬성하는 주장이 옳다고 증명하는 것이 아니라, 개혁을 판에 박힌 일로 돌려버린 현대의 자칭 현자들에게 반대하는 주장이 옳다고 증명하기 위해 썼기 때문이다. 책 전반에 걸쳐 순수한 윤리적 사실을 두서없이 쓰면서 실천하라고 공들여 촉구했다. 혹시라도 논점이 무엇인지 모르는 사람에게, 사실이기도 하고 전혀 해가 되지도 않으면서 쉽고 분명하게 이해되는 우화를 소개하면서 마무리하겠다.

방금 전 현대 법률에 따라 힘이 약한 다른 동료 시민에게 명령하도록 허가받은 의사를 포함한 다른 사람들이, 모든 소녀에게 머리카락을 짧게 자르라고 명령을 내렸다. 물론 여기서 모든 소녀는 가난한 부모를 둔 소녀들을 의미한다. 부잣집에서 태어나고 자란 소녀들이야말로 대단히 건강하지 못한 여러 습관을 공통으로 지녔지만, 의사들은 부잣집 소녀들에게 억지로 간섭하지 못할 것이다. 여기서 특별한 간섭에 찬성하는 주장이 튀어나온다. 가난한 사람들은 모두 숨이 막힐 정도로 악취가 풍기는 불결한 암흑가에서 짓눌려 살고, 이(lice)가 들끓을 것이므로 머리카락을 길러서는 안 된다는 것이다. 그래서 의사들은 머리카락을 짧게 자르라고 제안한다. 의사들은 이를 박멸할 생각을 떠올릴 것 같지 않다. 그러나 이는 박멸될 수 있다. 현대인이 벌이는 대부분의 토론에 공통으로 나타나지만 언급되지 않는 것이 전체 토론에 중요한 핵심이다. 만약 그리스도교도라면, 곧 자유로운 영혼을 지닌 인간이라면 분명히 마부의 딸에게 적용한 강압을 가능한 한, 내각의 요직을 차지한 장관의 딸에게도 적용해야 한다고 생각한다. 나는 의사들에게 왜 그들이 만든 규칙을 사실상 장관의 딸에게는 적용하지 않는지 묻지 않을 것이다. 왜 그런지 알기에 묻지 않는다. 의사들은 용기가 없어서 자신들이 세운 규칙을 장관의 딸에게 적용하지 못한다.

하지만 의사들이 내세울 구실은 무엇이고, 가난한 집 아이의 머리카락은 자르고 깎지만 부잣집 아이의 머리카락은 자르지도 깎지도 않기 위해 의사들이 사용할 논증은 무엇인가? 의사들은 부유한 사람보다 가난한 사람의 머리카락에 이가 생길 공산이 크다고 주장한다. 왜 그런가? 가난한 아이들은 대단히 가정적인 노동자 계급의 본능과 반대로, 극도로 비효율적인 공교육 제도로 비좁은 교실에 모여 지낼 수밖에 없고, 마흔 아이 가운데 한 아이 꼴로 규칙을 위반하기 때문이다.

왜 그렇게 되었는지 다시 물어보자. 가난한 사람은 대지주에게 많은 지대를 내야 하기에 쪼들리고, 아내도 노동하는 경우가 흔하기 때문이다. 그러므로 가난한 사람의 아내는 아이를 돌볼 시간이 없어서 마흔 아이 가운데 한 아이 꼴로 불결하다. 노동자 위에 두 사람이 올라타고 있다. 지주는 글자 그대로 노동자의 배에 올라앉아 있고, 교사는 글자 그대로 노동자의 머리에 올라앉아 있다. 그래서 노동자는 우선 가난 탓에 자기 딸의 머리카락을 방치하고, 다음으로 문란한 성생활에 노출되지 않도록 머리카락에 독을 바르고, 마지막으로 위생학 때문에 머리카락이 잘려 나가도록 허락할 수밖에 없다. 노동자는 어쩌면 자기 딸의 머리카락에 자부심을 지닐지 몰라도, 사회는 노동자의 견해 따위를 중요하게 생각하지 않는다.

앞에서 말한 간단한 원칙에 따라 사회 문제를 해결하려는 의사는 즐겁게 앞장선다. 과도한 전제 정치가 인간을 더러운 진흙탕 속으로 몰아넣어 머리카락이 더러워질 때, 과학이 해야 할 일은 머리카락을 깨끗이 씻는 것이다. 독재자의 머리를 자르는 일은 쉽지 않을 테지만, 노예의 머리카락을 자르는 일은 훨씬 쉽다. 같은 방법으로 가난한 아이가 치통으로 비명을 질러서 교사나 예술가인 신사의 작업을 방해하면, 이를 몽땅 빼버리는 것이 쉬울 것이다. 가난한 아이의 손톱이 역겨울 정도로 더러우면, 손톱을 뽑아버릴 수 있을 테고, 가난한 아이가 구질구질하게 코를 풀면, 코도 베어낼 수 있을 것이다.

초라하고 천한 동료 시민의 출현은, 우리가 다루기 전까지 놀라우리만치 단순하게 생각될 수 있다. 그러나 여기서 말한 모든 것은 의사가 자유인의 집으로 걸어 들어가서, 봄날에 피어난 꽃처럼 깨끗한 딸의 머리카락을 자르라고 명령할 수 있다는 부정할 수 없는 사실보다 더 야만적이지 않다. 이렇게 생각하는 사람들은 빈민가에 이가 창궐하는 현상이 빈민가를 만들어낸 사회의 잘못이지 머리카락의 잘못이 아니라는 생각을 결코 떠올리지 못할 듯하다. 적어도 머리카락은 두피에 깊이 뿌리박혀 있다. 머리카락에 서식하는 이는 다른 곤충들과 우리가 말했던 동양의 군대들처럼 청소해도 좀처럼 제거하기 어렵다. 사실 머리카락처럼 영원한 제도를 만들어야 비로소 우리는 제국 같은 지나가는 제도를 시험할 수 있다. 사람이 들어갈 때 머리가 부딪치는 집을 지었다면, 집은 잘못 지어진 것이다.

적어도 반항할 이유를 가질 만큼 보수적이지 않으면, 군중은 결코 반항할 수 없다. 우리가 겪은 모든 무정부 상태와 관련된 가장 끔찍한 사상이 퍼져 있다. 고대에 자유를 위해 투쟁한 바람은 대부분, 깨끗하고 평판이 좋은 관습이 바람을 잠재워서 오늘날 일어나지 않을 것이라는 생각이다. 타일러[17]가 망치를 내려놓았던 모욕적 행동은 이제 의료적 진단이라고 말할지도 모른다. 베르기니우스[18]가 더러운 노예처럼 혐오하고 설욕했던 모욕적 행동은 이제 자유 연애로 칭송될지도 모른다. 풀롱[19]이 지독하게 조롱하며 내뱉은 "그들은 풀이나 뜯어 먹게 놔두라"라는 말은 이제 이상적 채식주의자가 죽으며 외치는 말일 수도 있다.

가난하고 작은 학생들의 곱슬곱슬한 머리카락을 싹둑 자를 과학이라는 이름의 커다란 가위를 손에 쥔 사람들은, 쉬지 않고 가난한 사람들에게서 예술과 명예를 깨끗이 잘라내려고 점점 가까이 달려들 터다. 곧이어 단정한 옷깃에 맞추려 목을 비틀고, 새 장화를 신기

17　타일러(Wat Tyler)는 1381년 잉글랜드 역사상 최초로 일어난 대규모 민중 봉기의 지도자다. 영주에게 내는 신분세의 형태로 농노에게 인두세를 부과한 것이 민중 봉기의 직접적 원인이었으나, 14세기 중반부터 차츰 쌓인 경제적 불만이 커지면서 일어났다. 타일러가 이끈 반란군은 런던까지 진격하여 인두세 철폐, 농지를 싸게 공급할 것, 농노제와 강제 노동 철폐를 요구했다. 한 달도 되지 않아 타일러가 정부군에게 잡혀 참수되고 반란은 정부군에게 진압되었고, 이후 정부는 인두세를 폐지했다.

18　베르기니우스(Lucius Verginius Rufus, 15~97)는 로마 시대에 게르마니아 지방 총독이자 세 차례 집정관을 지냈다. 로마 귀족들로 구성된 10인회의 한 사람인 아피우스가 딸의 정조를 빼앗으려 하자 명예를 지키기 위해 딸을 칼로 찔러 죽였다. 이 사건을 계기로 로마군과 평민들이 힘을 합쳐 10인회를 몰아내고 호민관과 집정관의 역할이 다시 강해졌다.

19　풀롱(Foulon de Doué, 1715~1789)은 프랑스의 정치인이자 루이 16세 시절 재무장관을 지냈다. 평판이 좋지 않은 인물로 프랑스 혁명이 일어났을 때 파리에서 도망쳤으나 농민들에게 붙잡혀 비참하게 죽었다.

려고 발에 칼을 대는 일도 서슴지 않으리라. 그들에게 신체가 의복보다 중요하다는 생각은 떠오르지 않을 법하다. 안식일은 인간을 위해 만들어졌다는 생각도 하지 못할 듯하다. 모든 제도는 정상적인 육체와 정신에 적합한지에 따라 판단되고 결딴난다는 생각도 떠올리지 않을 것 같다. 그대가 정신을 차리는 일은 정치적으로 제정신인지 시험하는 것이다. 그대가 머리카락을 그대로 두는 일은 예술적으로 제정신인지 시험하는 것이다.

이런 모든 이야기에 담긴 비유와 목적을 밝혀보자. 우리는 당장 또다시 시작해야 하고, 다른 끝에서 시작하지 않으면 안 된다. 나는 소녀의 머리카락에서 시작한다. 어쨌든 나는 좋은 것이 무엇인지 안다. 다른 무엇을 악이라고 하든, 좋은 어머니가 자기 딸이 아름답다고 자부심을 느끼는 것은 좋은 일이다. 여기서 말하는 좋은 것은, 모든 세대와 인종을 평가하는 시금석이 될 수 있는 요지부동의 상냥하고 유연한 마음가짐에서 나온다. 좋은 것에 반대되는 다른 것이 있다면, 그것을 쓰러뜨려야 한다.

나는 도랑에 넘어진 개구쟁이 여자아이의 붉은 머리카락으로 모든 현대 문명에 불을 지르려 한다. 여자아이는 머리카락을 길러야 하기에 머리를 깨끗이 감아야 한다. 머리를 깨끗이 감아야 하기에 더러운 집에서 살아서는 안 된다. 더러운 집에서 살아서는 안 되기에 자유롭고 한가한 어머니가 있어야 한다. 자유롭고 한가한 어머니가 있어야 하기에 고리대금업자인 지주가 사라져야 한다. 고리대금업자인 지주가 사라져야 하기에 재산을 다시 분배해야 한다. 재산을 다시 분배해야 하기에 혁명은 일어날 것이다.

　방금 내 집 앞을 아장아장 걸어 지나간, 붉은 머리카락을 휘날리던 개구쟁이 여자아이는 머리카락을 잘라내지도 매를 맞지도 바뀌지도 않으리라. 여자아이는 죄수처럼 머리카락을 짧게 자르지 않아도 될 것이다. 아니, 지구의 모든 나라가 여자아이에게 맞춰 변경되고 뒤집히리라. 여자아이는 인간답고 신성한 모습을 띤다. 아이들을 중심으로 모든 사회 구조는 흔들리고 쪼개지고 무너질 것이다. 사회를 지탱하던 기둥은 흔들리고, 오래되고 낡은 지붕은 무너지겠지만, 여자아이는 머리카락 한 올도 뽑히지 않으리라.

찾아보기

ㄱ

가난의 이상 55, 56
가난한 사람들 46, 62, 73, 77, 86, 90,
   91, 210, 233~235, 237, 247, 248,
   263, 271~277, 310, 313
가난한 집 아이 311
가문의 지배 83
가정 48, 62, 65, 72~74, 92, 116, 134,
   140, 144, 147, 149, 155, 168, 196,
   208, 292, 297, 304, 305, 311
가정 생활 62, 71, 72, 92, 142, 147, 149,
   166, 168, 303~305
가정 생활의 이념 92
가족 37, 62, 65~67, 72, 92, 198, 200,
   265~297, 303~306, 308
가족 이념 92
가족 제도 65, 66, 296, 297, 304~306,
   308
가짜 158, 163, 217
가톨릭 신학 32, 58, 203
가톨릭교회 44, 52~54, 108, 154
감옥 53, 90, 163, 184, 228
강압 177~179, 181, 192, 193, 224,
   310
개신교 53, 54, 86, 188, 245
개인 35, 65, 108, 122, 142, 274, 294,
   298, 299, 309

개인 전용 집 153, 156, 168, 170, 171,
   186, 226
개인주의 18, 82, 88
개인주의자 85
개혁 252, 254, 269, 279, 297, 300, 309
거대 부동산 306
거대 자본가 64
거대 재산 306
거부권 181, 229, 232
거지(Gudge) 77~80, 83, 266, 267, 303,
   305, 307, 308
거짓말 49, 203, 217, 235, 256, 260,
   261, 266
건강 19, 20, 34, 35, 79, 145, 215, 227,
   271, 272, 307, 310
결혼 64, 67~71, 89, 107, 111, 167,
   168, 187, 189, 190, 198
결혼 생활 69, 71, 89, 93, 189
결혼 시장 189
경쟁 42, 115, 116, 142~144, 236, 269
경쟁 체제 124, 142
경제 법칙 87
경제 투쟁 89
계급 55, 62, 63, 120, 190, 274, 276,
   289
계몽 147, 233
고대 예술가 240
고르곤 44
고용주 37, 117, 149
고전주의 160, 259
곤충 286, 291~295, 305, 312

곤충 숭배 291, 294
곤충의 제국 286, 305
공공 생활 19, 21, 257, 264
공공성 55
공동 세탁소 300, 301
공동 주방 78, 300, 301
공동 주택 79
공동의 이상 301
공동체 88, 90, 123, 126, 177
공리 116
공리주의 168
공립학교 233, 247, 248, 250, 253~
  264, 268, 270, 277
공상 17, 18, 30, 161, 207, 213, 232,
  253, 290, 295, 300
공유지 86, 87
공적인 것 298
공중용 집 168
공화국 38, 62, 189, 112, 180, 253
공화주의 55, 57, 68, 116
과두 정치 83, 84, 118, 258, 265
과두제 국가 194
과두제 단체 227
과학 36, 85, 89, 116, 117, 152, 153,
  167, 176, 208, 212, 227, 284, 287,
  292, 312, 313
관료 체제 143
관습 67, 84, 85, 104, 105, 107, 133,
  220, 232, 287, 313
관습주의자 232
관용 35

광기 17, 21, 34, 60, 123, 209, 210
광신자 36
광신주의 32
교리 29, 31~35, 185, 214, 218,
교리 신봉자 34
교리의 시대 33
교사 143, 218, 221, 222, 224, 227, 234,
  242~245, 252, 271, 276~278, 305,
  312
교수대 181, 183, 188
교육 28, 30, 31, 63, 138, 165, 188, 194,
  204, 212~222, 224~228, 231~
  236, 242, 244~247, 251, 268, 272~
  280, 283
교육 개혁가 279, 280
교육 문제 192
교육 전문가 228, 232, 234, 240, 244,
  246, 251, 276
교육 제도 217, 277
교육받은 계급 63, 274
교육자 222, 224, 227, 247, 270
교회 16, 52~54, 62, 85, 226, 247, 248
구빈원 62, 89, 266, 271
구식 여성 280, 282
구식 위선자 30
국가 17, 56, 66, 67, 83, 90, 125, 131,
  142, 179, 188, 220, 226, 278, 297,
  298, 304, 306
국가 권력 85
국가 폭력 178
국민 17, 21, 38, 91, 122, 189, 294, 306

군국주의 96, 121, 215
군대 20, 86, 100, 110, 119~121, 129,
　292, 294, 312
군인 정신 119, 120
군중 57, 85, 109, 114, 117, 156, 181~
　183, 194, 241, 243, 304, 312
굴복 28, 35, 69, 170, 173
권위 66, 90, 106, 112, 113, 137, 190,
　218, 224~227, 231, 232, 240, 283,
　304
권위의 폭력 227
귀족 85~87, 91, 120, 235, 239, 258,
　263, 272, 278
귀족 계급 58, 84, 85, 91, 272
귀족 정치 20, 56, 84, 87, 119~121,
　178, 235, 257, 258, 268
규칙 38, 73, 99, 110, 113, 122, 123,
　137, 141, 157, 185, 186, 193, 197,
　198, 225, 232, 263, 311
그런디 부인 231, 232
그리스도교 26, 34, 37, 53, 54, 61, 68,
　69, 82, 99, 203, 208, 217, 294, 310
그리스도교 국가 99
그리스도의 이상 54
그리스어 105, 168, 215, 221, 254, 255
금권 정치 36, 56, 72, 121, 255, 307
금권 정치인 36, 307
금융 56, 124, 126
급진주의 52, 255, 270
기번 214, 215

ㄴ

나폴레옹 43, 100, 119, 129, 130
낙관론 84, 97, 145, 263, 288
날씨 102, 104, 105, 107
남성적 권력 185
남자 종족 188, 193, 297
낭만 39, 137, 151, 152
낭비 123, 152, 155, 156, 171, 305
냉소주의 157, 177, 200
노동자 26, 37, 62, 125, 142, 198, 206,
　265, 271, 273, 276, 307, 311
노동자 계급 62, 311
노동조합 198
노예 37, 65, 119, 120, 145, 146, 163,
　167, 176, 195, 196, 213, 287, 312,
　313
노예 제도 176
논리 35, 137, 270
논리의 시대 35
니체 178

ㄷ

다면성 138
다윈 118, 287, 288
단독 주택 75
단순성 17, 32, 234
단테 276
당통 57
대의 51, 55, 173
대중 21, 22, 96, 204, 227, 232, 243,
　247, 280

대중 과학 206, 211, 212
대중 교육 227, 247, 251, 280
대중/민중 58, 61, 63, 176, 271, 273,
　　278, 280, 288, 297
대지주 83, 85, 276, 279
대지주들 83
대화 70, 109, 115, 120, 156, 168, 170,
　　248
도덕성 291, 293
도덕적 용기 255, 256, 258
독신 232
독재 정치 88
독재권 125
독재자 124, 182, 194, 195, 232, 287,
　　312
돈 73, 77, 143, 152, 154, 168, 171, 266,
　　271, 305, 306
동료 시민 310, 312
동의 20, 43, 61, 68, 92, 131, 138, 161,
　　162, 177, 189, 195, 199, 222
동지애 106~110, 112, 121, 124, 125,
　　154, 156, 168
동화 137, 228
두려운 책임 226
드레퓌스 57, 234
디즈레일리 178
디킨스 97, 276

ㄹ
레오나르도 다빈치 138
로마 제국 44, 46, 99, 120, 264

로베스피에르 55, 286, 287
로즈 96, 97
로즈버리 24, 26
르네상스 43, 283

ㅁ
마라 55, 58
마르크스주의 92
마리 앙투아네트 57
마테를링크 26, 292, 293
맨체스터학파 91
맹목적 애국자 40
모성애 106
모호한 태도 32~34
몰리 296
무력 53, 177, 180
무료 집 174, 175
무신론자 286, 287
무의식적 본능 288
무정부 상태 44, 66, 67, 69, 73, 111,
　　122, 129, 185, 186, 232, 307, 312
무질서 130, 235
문명 35, 68, 90, 116, 124~126, 134,
　　165, 166, 208, 225, 233, 235, 246,
　　266, 275
문명인 165, 166, 208
미래 숭배 40
미신 48, 204, 209, 263
미켈란젤로 43, 272
민족 175, 294
민주 권력 193

민주 정부 178
민주 정치 88, 179, 235, 257
민주주의 46, 56, 58, 63, 83, 112, 113,
    116, 117, 124, 126, 131, 173, 179,
    182, 194, 226, 232, 250, 253, 255,
    271, 287
민주주의 국가 194
밀너 19

ㅂ

바야르 272
박애 79, 107
박애주의자 275
박해 235
반동 83, 187
반민주적 성향 125
반사회성 35
반항 62, 174, 312
버크 80, 286~288
법적 의제 124, 175, 182
베르길리우스 68, 291
벨록 19
보수 정당 173
보수주의 243
보수주의자 77, 78, 224, 243, 269, 270,
    286, 303, 305, 307, 308
보수주의자 거지(Gudge) 77, 78, 303,
    305, 307, 308
보어전쟁 41, 42
보즈웰 113
보편성 123, 136, 138, 144, 148, 165

보편인 137, 195, 197, 282
보편적 모성 284
보편주의 139
복잡성 233
본능적 감각 298
봉건 제도 87
부모 113, 204, 205, 207, 219, 224, 273,
    276, 278, 310
부유층 71, 257
부유한 남자 72, 73
부자 정치인 307
부자들 46, 85, 90, 91, 178, 235, 266,
    271, 272, 278, 289
부잣집 아이 311
분배 291, 304, 306, 309, 314, 315
불가지론 25
불가지론자 34
불평등 118~120
블래치포드 206, 217, 245, 271
비관론자 145
비국교도 32, 263
비극 98, 155, 191, 209, 235, 242, 247
비실용적 인간 22
비전문가 138, 196
비판의 자유 58
빈곤한 민주주의 271

ㅅ

사교용 집 156
사랑 61, 64, 65, 71, 89, 99, 102, 103,
    106, 107, 109, 112, 115, 216, 217,

220, 222, 261, 265, 294

사생활 165

사실 숭배 213

사실의 문제 162

사실주의 162

사실주의자 237

사악한 외침 219, 220

사업 41, 124, 176, 196, 282

사유지 81, 298

사적 공간 183, 304

사적인 것 57

사형 집행인 177, 181

사회 민주주의 46

사회개혁가 298

사회주의 30, 34, 35, 87, 90, 92, 93, 108, 220, 271, 278, 306

사회주의자 78, 91, 92, 113, 142, 228, 293, 297, 298, 300, 301, 303~305

사회학 16, 18, 204, 297, 300

사회학자 297, 300

산업주의 71, 91, 92, 142

삼위일체 34

상류 계급 82, 155, 156, 264, 271

상상력 40, 55, 99, 147, 151, 263, 280, 292

상식 28, 29, 111, 145, 147

상식의 해독제 145

상업 독재 125

상업 문명 124

상업 시대 198

상업 체제 196

상퀼로트 44

새로운 사상 47, 279, 281

새로운 이상 43, 60, 61

색채 207, 237~240, 242

색채 감각 240

샐리비 20

샬럿 브론테 281

서둘러야 할 필요 118

선거 192, 235

선례 174, 196, 199, 269

선술집 112~115, 126, 155, 156, 168, 170, 171, 220, 236, 248, 269

선택 26, 48~50, 63, 88, 89, 108, 139, 184, 188, 224, 241, 244~246, 261

설득 49, 50, 78, 87, 125, 155, 160, 193, 249

성 토머스 52

성(sex) 66~68, 167, 190, 280

성경 37, 44, 113

성공 26, 27, 55, 69, 71, 130, 202, 240, 250, 253, 281, 289

성당 51, 58, 184, 292

성평등 190

세속 교육 28, 215, 268

세탁 300, 301

셰익스피어 23, 43, 152, 275, 278

소규모 사유지 81

소규모 소유권 81

소수 113, 130, 173, 226, 278, 290

소수의 통치 173

소작인 81, 87

속물 116
속물근성 82, 272
솔트 217, 218
쇼 19, 91, 202~204, 224, 226, 245
숙명 207, 253
숙명 의식 209
숙명론 187, 208
슈아죌 57
스콜라 철학자 176
스콧 경 39
스턴 288
스티븐슨 104
스펜서 146
시민 의식 221, 234
식민지 96, 98, 99
식민지 이상주의 96, 97
신사 31, 105, 229, 251, 252, 258, 264,
    265, 268, 272, 308, 312
신성함 157
신식 여성 280
신식 위선자 30, 31
신앙 35, 42, 139, 175, 215, 228, 244,
    245
신의 명령 287
신의 모상 141, 287
신조 25, 31~35, 41, 42, 45, 56, 115,
    122, 139, 215, 244, 246, 260
신학 29, 31, 32, 148, 202~204, 207,
    214~216, 227, 236, 244
실용적 인간 25
실패 45, 52~55, 69, 80, 152, 228, 250,
253
심리 작용 162
심판 52, 180, 204, 239
십자군 33, 40, 41
쌀쌀맞음 158, 161, 163

ㅇ

아리스토텔레스 37, 138, 139, 146, 148
안티고네 282, 283
애국심 42, 96, 99, 100, 242, 263, 294
애정 42, 67, 106, 108~110, 265, 295
애착 255
야만인 165, 167, 209, 210, 233, 280
야생 74, 123, 137, 139, 159, 253, 292
약탈 결혼 167, 168
양심 131, 137, 167, 196~198, 278
양심에 따름 196, 197
어머니 자연 225
언론 58
엄지의 규칙 186
에디 여사 217
에디슨 114, 115
여성 교육 279, 280
여성성 160, 190, 199, 284, 304
여성의 복종 163
여성의 오래된 이상 196
여성의 품위 156, 164
여성적 전통 162, 163
여성적 지혜 185
여성적 특권 190
여성적 특징 193

여성적 편견 189
여성주의자 198, 199
여성참정권 128~131, 192, 195
여자 인간 143
여자 종족 151
역사 43, 52, 58, 62, 79, 144, 159, 165,
    176, 193, 194, 234, 235, 255, 269,
    276, 290
연립 주택 75, 77
열등감 284
영국국교회 31
영웅 27, 42, 63, 98, 119, 125, 255, 276
영혼 18, 31, 37, 79, 106, 108, 126, 137,
    138, 147, 152, 154, 167, 187, 188,
    204, 211, 214, 252, 277, 284, 293~
    295, 300, 310
영혼의 자유 187
예술 63, 137, 138, 156, 160, 238~240,
    301, 305, 312~314
예술가 63, 212, 225, 239, 240, 282,
    312
예술가로서 인간 225
오래된 권력 193
오래된 사상 279
오래된 이상 43, 60~62, 90, 96, 248
오래된 제도 136
오류 17, 18, 31, 60, 103, 125, 158, 175,
    219, 233, 243, 296, 300
와일드 185
왕권신수설 175
왕정주의 122

요리 23, 27, 72, 75, 143, 301
우산 105, 298~300
우산꽂이 296, 298, 300
우상 숭배 124
우생학 20, 45, 189, 204, 211
우아한 여성 280~284
우월감 115, 116, 146, 284
우정 34, 106, 110
우주 50, 65, 81, 105~108, 137, 148,
    154, 159, 207, 260, 284, 286, 299,
    308
웨슬리 신학 31
웨일스 40
위선 261, 265~267
위선자 30, 31, 259
유대 관계 68
유물론 108
유물론자 22, 103, 204, 208
유아 교육 190
유전 204, 208~211
유전설 208, 210
유행 71, 84, 124, 155, 161, 219, 272
은유 17
의지 숭배 213
의학 18, 227
의회 115, 123, 170, 171, 226, 247, 248,
    262
이교도 18, 61, 68, 99, 104, 134, 176,
    209
이상주의자 51, 110, 234, 252, 307
이상향 88

이성 33, 139, 149, 160
이성의 문제 149
이성의 시대 33, 160
이슬람교 32~34
익명성 156
인간 종족 106, 147, 154, 166, 293
인간성 43, 71, 107, 116, 175, 221
인간의 권리 287
인간의 덕 291
인간의 본성 69, 301, 309
인간의 영혼 79, 106, 126, 284
인간의 이상 36, 37
인간의 조건 126
인간의 존엄성 17
인간의 집 134, 154, 295
인간의 평등 105
인간적 전통 181, 226
인도주의 83
인도주의자 229
인류 36, 42, 54, 65, 68, 73, 89, 93, 116,
    121, 137, 138, 140, 142, 143, 146,
    149, 166, 175, 178, 179, 188, 189,
    192, 209, 273, 275, 287, 295
인류의 전통 273
인위 110, 116, 160, 161
인위의 시대 160
일상 생활 76
잃어버린 대의 51
입센 273

ㅈ

자기 집 73, 75, 80~82, 267, 308
자부심 161, 311, 314
자선 265~268, 271
자식 113, 186, 207, 258, 273, 277, 279,
    297
자연 66, 89, 98, 146, 159, 161, 196,
    287, 295
자연미 159
자연의 설계 159
자유 48, 49, 53, 58, 68, 73, 74, 107,
    116, 135, 163, 187~189, 194, 197,
    212, 220, 225, 228, 255, 278, 307,
    313
자유 연애 65, 66, 71, 313
자유농민 55
자유로운 가족 65, 200, 308
자유무역주의 91, 92
자유사상가 48
자유주의자 229
자작농 47
자작농 소유권 제도 28, 240, 309
자코바이트 269
자코뱅파 46, 52, 179
잔인한 공공성 183, 184
잔혹성 256, 259
재산 19, 64, 86, 92, 123, 247, 248, 299,
    304, 306, 309, 314
재산권 60, 63, 64
재산권의 적 60, 64
적응 36, 199, 287, 288, 290

전문 직종 125, 126

전문가 117, 121, 124, 125, 136, 137, 139, 140, 147, 182, 199, 228, 229, 231, 290

전문가 지배 121, 124, 140

전문성 136, 140, 142, 146, 147, 198

전문직 144

전쟁 40, 76, 129~131, 154, 168, 176, 180

전제 권력 193, 297

전제 정부 67, 178

전제 정치 48, 55, 58, 88, 118, 179, 312

절약 151~154, 156, 165, 168, 198, 240

정당 정치 171

정당화 214

정복 35, 53, 100, 130, 172, 282

정부 55, 67, 122, 129, 130, 178, 179, 188, 189, 271, 297

정상인 38

정신적 방종 263

정치 권력 91

정치적 정의 162

제국주의 41, 96~100, 128

제도 23, 28, 69, 75, 90, 106, 109, 119, 136, 176, 247, 248, 254, 271, 278, 287, 297, 308, 309, 312, 314

제인 오스틴 281

제재 177, 180

제정신 21, 35, 37, 118, 145, 146, 220, 222, 284, 314

조지 엘리엇 281

존슨 113~115

졸라 209, 213

종교 31, 32, 86, 103, 137~139, 156, 168, 204, 208, 215, 270, 290, 294

종교개혁 44, 54, 85, 176, 208, 268

종교인 20, 138, 276

종파 154, 188, 215, 246, 292

주님 88, 139

죽음 68, 102, 189, 274

지배 계급 83, 91, 304

지배자 122, 163, 194

지적 설계 204, 281

지적 폭력 225

지주 79, 81, 311, 314

지팡이 23, 133~136, 298~300

지혜 17, 102, 104, 110, 140, 185, 305

진보 운동 71

진보 정당 173

진보주의 71

진보주의자 79, 303

진보주의자 허지(Hudge) 77, 308

진실 41, 216, 260, 261, 284, 287

진짜 27, 158

진화 36, 37, 287, 293

진화론 118, 288

진화론자 290

질병 16~19, 77

집단 정신 293

집산주의 18, 82, 91, 92, 142

집산주의자의 오류 300

ㅊ

참정권 128, 131, 172, 174, 181, 182, 184, 196
채색 103, 137, 234, 239
책임감 220
천국 63, 90, 97, 116
청결 259, 264, 265, 270, 272
청교도 18, 45, 86, 214, 228, 232
청교도 신학 32, 90, 91, 203, 228
체임벌린 42, 83
초등학교 247, 250, 252, 270, 277, 278, 280
초인 25, 89, 96, 125, 225
치료법 16, 17, 19, 36
친화력 108

ㅋ

칼라일 55, 119
칼뱅 45, 203, 228, 244
칼뱅 신학 90, 202~204, 207, 211
칼뱅 신학 추종자 204
캐드버리 21
캔터베리 대주교 32
캠벨 33
커들 부인 173
커즌 262
콩도르세 57
쾌락주의 157
클리퍼드 31, 32
키플링 96, 97, 99, 245

ㅌ

타일러 313
타협 23, 27, 28, 30, 253
토론 20, 21, 48, 63, 109, 112, 115, 122, 123, 125, 165, 215, 220, 260, 262, 310
토리당원 34, 35, 79, 269, 297, 304
톨스토이 217, 228, 256, 307
통치 122, 129, 164, 173, 175~179, 186, 188, 192, 193, 196
통치 방식 175, 193
투표권 125, 131, 172, 174, 182, 193, 198, 269
트레이시 53

ㅍ

팽크허스트 173, 187, 193, 194
편견 33, 35, 132, 148, 149, 151, 155, 163, 165, 189, 270, 278
편견의 문제 149
편견의 시대 163
평등 58, 104, 105, 107, 108, 113~116, 118~124, 304
평등 신조 115
평등의 이상 115
평등주의 124
평범한 남자 88, 89, 139, 248, 308
평범한 영국 남자 85
평범한 인간 63, 82, 154, 276, 308
평화 46, 67, 88, 129
포르티아 283

포용 140

품위 21, 41, 151, 156, 157, 163~165, 168, 183

프랑스 혁명 44, 55, 56, 58, 61, 130, 252, 287, 288, 306

ㅎ

하류 계급 156, 278

하커트 91

학교 31, 113, 215, 224, 227, 233, 234, 236, 240, 250, 257, 258, 260, 261, 268, 273, 298

학교 제도 272

핼리팩스 31, 32

행복 23, 51, 98, 261, 295

허지(Hudge) 77~83, 304, 307, 308

헨리 43, 53

혁명 30, 43, 46, 48, 55, 56, 58, 61, 129, 270, 306, 315

혁명가 44, 241, 269

혁신가 232, 243

현대 여성의 굴복 170, 173

현대 영국의 문제 58

현대 예술가 239

현대 정치 23, 30

현대 정치인 56

현대성 134, 177

현대의 사업가 176

현실주의 175

현학자 133, 165, 221, 259

호메로스 275, 278

환경 211, 212, 219, 253, 287

환상 22, 25, 49, 80, 123, 134, 300

황제 숭배론 96, 121, 124

회복 43, 48, 49, 99

회사 114, 115, 149, 239

회의주의 82, 294

횡포 199, 235

효용 116

효율 19, 24~26, 196, 248

휘그당 85

희생 126, 304